"申光计划"丛书

大 爱 交 响

曹鹏 传

"申光计划"丛书编委会　编

王荣华　主编

郑崇选　傅亮　陈颖诗　朱光　朱渊　吴翔　撰稿

上海人民出版社　　学林出版社

大爱史响
曹鹏传

王宗华题

聽見九霄古傳
叩魂性道
天音希聲
試新音日新人
重鑄集聲
大聲之響

崇新

编委会名单

主 任　王荣华　范永进

编 委　（按姓氏笔画为序）

王　伟　王明复　王荣华

兰保民　权　衡　沈惠民

张宏莲　范永进　郑崇选

洪民荣　高开云　黄　音

黄　强　曹小夏　蒋立明

温泽远　熊月之　薛　飞

总　序

　　时间如河水般缓缓流淌，每件小事、每个人都成为一颗沙砾，悠然静置在这条河流之底。历史，就是这种沉淀，这种聚积。为了勾连过去与现在，为了留住流逝的瞬间，为了记录那些杰出人物的不平凡事迹，我们需要一部部充满生活质感、紧贴时代脉络的纪实作品。正是出于这样的目标和信念，上海市教育发展基金会与上海工商界爱国建设特种基金会（简称"爱建特种基金会"）共同倾力打造的"申光计划"应运而生。

　　上海是我国改革开放排头兵、创新发展先行者，在各条战线涌现出一批为经济社会发展做出过突出贡献的杰出人才，创造了一批极具时代特色的先进思想、先进理念和先进举措，也积累了一批亟待抢救、挖掘、整理的宝贵精神财富。"申光计划"中的"申"代表上海；"光"是在上海经济、社会、金融、文化、生态及城市建设等领域做出过重要贡献，留下光芒及照亮未来的意思。随着岁月流逝，部分在改革开放中做出过杰出贡献的精英人士已逐渐步入老龄和高龄。"申光计划"通过资助形式，支持符合要求的专家学者围绕即将湮没在历史中的珍贵史料开展抢救工作，留住历史，铭记为上海经济社会做出特殊贡献的各界英才；存史资政，为后来者留下可供借鉴的经验。

上海市教育发展基金会与爱建特种基金会共同发起"申光计划"，不但有助于推动上海市公共事业的发展，更有助于记录和传承上海历史。

"申光计划"丛书首批推出的四种书分别是:《从草根教师到人民教育家——于漪传》《大爱交响——曹鹏传》《流金年代——龚浩成传》《岁月感悟——朱荣林随笔》。

《从草根教师到人民教育家——于漪传》讲述了于漪从草根教师到人民教育家的一生经历。全书以时间线叙述了于漪从经历战乱、流离却仍心系家国的少年长成社会主义基础教育教师典范的故事。

什么是教育？教育是"人之完成"，使学生从一个自然人培养成为一个社会合格公民。桃李不言，下自成蹊。在叩问语文之"门"的道路上，于漪始终坚持教文育人的教学理念，如若一位君子，不仅以其充盈的生命力向学生传道解惑，也用她至真至诚之心关爱他人，心系国家的发展。从一线教师到人民教育家，以教育自信创建自信的教育，于漪将她的教育理念融入毕生事业中，躬耕基础教育事业七十余载，对于学生，真正做到有教无类的悉心浇灌。

于漪是上海教育更是中国教育的一张名片，《从草根教师到人民教育家——于漪传》通过对于漪人生与事业的叙述，在字里行间展示出这位人民教育家的优秀风采及高贵品格，从而揭示于漪及其理念对中国教育的启发与意义。

《大爱交响——曹鹏传》是著名音乐家、指挥家曹鹏的个人传记。全书分为五部分，按时间线索叙述了曹鹏从江南少年长成音乐大家的故事。全书完整地展现了音乐家曹鹏的人生经历，更从其经历出发，梳理出一段波澜壮阔的历史，也蕴含了近代以来中国音乐文化的发展轨迹。

曹鹏是上海文化艺术界、教育界名副其实的先行者和示范者之一，也是广大艺术家和教育工作者的人生楷模和行动榜样之一。曹鹏深耕于音乐教育事业和青少年健康成长，做出了重要贡献，赢得社会的广泛赞誉。已至耄耋之年的曹鹏，仍亲执指挥棒，既普及高雅艺术，又用音乐拥抱"星星的孩子"。大音希声，大爱化人，《大爱交响——曹鹏传》作为曹鹏的个人传记，在传播音乐文化、传递上海城市精神方面，有积极的意义，也是提倡公益精神、提升城市文化实力的重要借鉴。

《流金年代——龚浩成传》讲述了著名经济学家、金融学家龚浩成的人生经历。龚浩成曾任上海财经大学校长、中国人民银行上海市分行行长，是上海证券交易所创始人之一、第二届理事会理事长，上海浦东国际金融学会名誉会长。

龚浩成终生致力于上海乃至全国的金融改革创新，该书从第三人称角度，"场景式"再现了由龚浩成参与的一系列金融改革的重大决策过程，披露了很多鲜为人知的金融改革往事，对上海银行业改革、上海资本市场创设、上海金融对外开放、上海金融服务环境建设等进行了详细回顾,正是这些创新为上海建成国际金融中心奠定了最初的基础和框架。

《岁月感悟——朱荣林随笔》是作家、教授朱荣林的随笔集。全书分为"初心与责任""交流与探索""文化与传承""发展与协调"四章,收录了朱荣林在不同时期,围绕政治、经济、社会、文化等不同主题所撰写的文章,书中饱含他对国家、对家乡深厚的眷恋热爱之情。

"申光计划"丛书首批书目通过研究并整理出版于漪、曹鹏、龚浩成、朱荣林的个人传记或自选作品,让大众了解20世纪八九十年代以来中国教育、音乐、金融、经济等领域发展的新兴面貌,对于记录上海的历史、上海的城市精神品格有重要意义。

文化是国家软实力的重要体现,中华优秀传统文化更是中国深厚的文化软实力,也是中国特色社会主义植根的文化沃土。2018年首届进博会,习近平主席在开幕式主旨演讲中以"开放、创新、包容"为上海城市品格定义;2019年,上海市委审议通过《中共上海市委关于厚植城市精神彰显城市品格全面提升上海城市软实力的意见》,指出要用好用足上海红色文化、海派文化、江南文化的丰富资源,全面打响"上海文化"品牌,加快建成国际文化大都市,厚植城市精神,彰显城市品格,全面提升上海城市软实力。

上海的发展成就正吸引着全世界的目光,这都是历代上海人民的智慧和努力的结果。如于漪、曹鹏、龚浩成、朱荣林等人,他们的事迹和精神将成为后人奋力前进的永恒动力。"申光计划"丛书的出版,正是一项弘扬上海城市精神、传承优秀海派文化的事业。通过丛书出版,以文会友,以德聚才,以史鉴今,凝练精神。

"申光计划"丛书由上海人民出版社与学林出版社共同出版,既是致力于文化学术专著出版的重要实践,也是文化思想的薪火承扬。时代变迁,文化发展需继之往者,开之来者。相信在各方共同努力下,"申光计划"能够推出一批高质量的精神文化产品,传播上海声音,讲好上海故事。

"申光计划"丛书具备以下四个特点:

第一,传承性。

"申光计划"丛书的传承性是指在讲述人物故事、记录历史事件、展现城市形象的过程中注重文化的传承、精神的传扬、大爱的传递,以平凡人的不平凡故事感染人,以典型人物的榜样力量鼓舞人,让这种"光"和"热"闪耀在浦江两岸,照亮更多平凡人的前行之路,激励一代代年轻人传承发扬、接续奋斗。

第二,真实性。

"申光计划"丛书的真实性体现在丛书从选题到内容,对上海市历史、文化发展的翔实记录上。丛书注重对原始资料的收集和整理,以确保所提供的信息的真实性和准确性。关于"申光计划"丛书,所有的研究、写作、编辑和出版工作都在严谨的学术态度和专业的工作方法指导下进行,确保了丛书的整体学术水平和研究价值。

"申光计划"丛书不仅诠释宏大的时代命题,更通过挖掘那些鲜为人知但鲜活生动的史料,让读者能够更真实、全面地了解人物、了解时代发展与城市变迁。

第三,多元性。

"申光计划"丛书的多元性在于时代感与历史感的结合。丛书所反映的内容有时代的宽度、历史的厚度、精神的高度,因此,在内容选择和撰写过程中,丛书注重由不同行业领域、不同年代故事、不同层次人物来铺陈和堆积,这样才能完整反映出上海改革开放乃至更长时期的这段波澜壮阔的历史。

"申光计划"丛书编委会由一批具有丰富研究经验和学术造诣的学者组成,他们来自不同的学科背景,包括文学、历史、哲学、社会学等。这种跨学科的组合使得丛书在内容和观点的表达上更加多元化和全面化。

第四,创新性。

"申光计划"丛书的创新性不仅在于选题的关注点,而且在于对于上海在重要历史时期和重大转折关头的故事的独特解读和表达方式。

这些故事不仅仅是当事人的难忘经历,更是上海这座城市的难忘时光。丛书不仅仅是简单地复述历史事件和人物经历,而是通过深入研究和分析,从不同的角度和维度,关注一些在传统历史叙述中可能被忽略或较少关注的主题,如普通市民的生活经历、社会底层的命运等。通过主要人物叙述中的微小故事,展现整个时代的风貌,这种内容上的创新性使得读者可以通过丛书获得新的历史认知和思考方式。

"申光计划"丛书的创新性还体现在其表达方式上。丛书通过采用多种文学风格和写作手法,如传记、散文等,来讲述故事和传达观点。这种多样化的表达方式使得读者可以获得更加丰富和立体的阅读体验,并吸引更多读者的关注和参与。

"申光计划"丛书首批作品已经出版发行,今后,"申光计划"将有步骤地每年推出一批经典作品,形成传统,形成品牌,成就力量。希望"申光计划"丛书能够让所有读者感受到历史的韵味和人性的光辉,让这些被遗忘和边缘化的故事重新回到人们的记忆中,成为人们思考和感悟的源泉。

"申光计划"丛书编委会

2023年7月

目　录

楔子

挥洒艺术魅力的曹鹏

贺绿汀

我认识曹鹏的时候，他为我的电影《宋景诗》配音乐并担任指挥，那时他还是一位意气风发的青年指挥家，后来他去苏联莫斯科音乐学院学习指挥，弹指之间，他也年逾古稀了。近50年的艺术生涯使他成为当代中国乐坛一位著名的又是独特的指挥家。

艺术家的独特性是他存在的真正价值，而形成这种独特性却是艺术家全部人生体验的结晶。我在不同时期都观摩过曹鹏指挥的作品。我清晰地看到他在艺术上怎样一步一个脚印地走过来而最终形成了自己独特的风格。他的指挥风格大气磅礴，又丝丝入扣，如有人所说强烈处气势如虹，细微处玲珑剔透。观赏他指挥的作品包括他诠释的古典名曲都能深刻地感受到他生命感悟的强大的内涵。

曹鹏作为艺术家的独特性还在于他长期致力于音乐同群众的沟通。曹鹏几十年如一日地孜孜不倦地把古往今来人类精神之精华的交响乐普及到群众中去，他期望在音乐知识贫瘠的土地上培养和造就出一代交响乐的听众。为此，他的足迹遍及大河上下，他去工厂、下农村、上军营、到学校，无论是几千人的大会场，还是几百人的小活动，无论是国家级的演出，还是"红领巾"小朋友的聚会，他都有求必应，他都热情而又认真地与之对话，用他的指挥棒循循善诱地把听众带入音乐艺术之门。

也许，人们现在还没有看到曹鹏这种努力的真正成果。一个民族需要创造自己的艺术经典，同时也需要能够欣赏艺术经典的民众；同样，一个民族需要自己的艺术大师，同时也需要能够理解艺术大师的民众。这两者的关系犹如鱼和水，苗和土，相依相存。提高民众艺术素质是一项艰巨而宏伟的工程，其意义是非常深远的。因此，随着时间的推移，人们才会看清曹鹏这种努力的真正意义，也才会理解曹鹏这种长期不懈的努力的真正价值。

这不仅是一种纯粹的艺术的力量，还是一种纯粹的人格的力量，只有具有神圣的使命感的人才会具有这样巨大的人格力量。

交响乐对曹鹏来说是他生命的全部，直到现在他还夜以继日地为振兴交响乐事业而奔忙着，他还有许许多多的计划、设想和意图在筹划着，他像年轻人似的活力和热情使他保持了艺术的青春。像曹鹏这样仍在乐坛上如此活跃的老指挥家已屈指可数了。我衷心地祝愿他艺术不老、青春常在。

（作者系中国著名音乐家、教育家。本文原为祝贺曹鹏从艺50周年而作。）

第一篇章

投身战火的理想之路

（20世纪30年代—40年代，革命初征）

江阴人不服输，喝的都是"翻跟斗的水"，敢于冒险和探索。"忠义之邦"赋予我倔强的秉性和勇敢的人格力量，让我的音乐天赋在深厚的浸润中生长、在斗争的烈风中激发。走向革命事业，体现江阴人刚毅豪迈的气质，更体现中华民族坚贞不屈、气势浩瀚的磅礴精神，我至今引以为傲。

——曹鹏

第一章

忠义街的精神底蕴

20世纪30年代的一个夏天，距离大上海300余里外的江苏小城江阴，正初露微熹。

知了刚刚开始在树荫间次第鸣叫，泛白的晨色中，城内一座略显逼仄破落、名为"真武"的道观前，早已人声鼎沸。

每年举行的特别的民间仪式"吊肉香"即将开始。山门大开，只见八抬大轿将观中一座巨大的"真武大帝"像抬出，紧跟着的主角，则是七八个菜市场上杀猪、卖肉的"屠夫"，他们各自用五六个尖锐、锃亮的铁钩子，穿过自己左手下臂表皮，将一面厚重的大锣吊起，边击锣、边行走，神态庄重。

据说，"吊肉香"是江阴独有的民间仪式，这种令屠夫和肉贩们痛苦的"赎罪"方式，带有些迷信成分，却凸显了生活于这方土地的人们所崇尚的品格和性情：勇敢、坚忍、善良、对生命的敬畏。

确实，江阴人的倔强秉性，也在中国历史上，成就了这个长江边的小县城闻名遐迩、数百年传颂至今的美誉——"忠义之邦"。

曹鹏指挥照

大爱交响——曹鹏传

在地理上，江阴界内江底的地形呈现出古入海口的构造，从春秋到唐宋，它一直是长江的入海口。而江边的鹅鼻嘴被称为锁匙，也就是长江的咽喉，历来是一个立体的军事要地。黄歇山脚下的江面，为长江下游最窄，仅有1500米，因此江阴自古就有"江海门户""锁航要塞"之称，乃兵家必争之地。

明末清初，一段壮怀激烈的历史，挺立了江阴这个小县城名垂青史的脊梁！

明朝末年，李自成起义大军攻陷北京，福王朱由崧迁都南京，建立南明政权。但仅仅八个月后，清军即大举南下，随着南明政权灭亡，清摄政王多尔衮发布了剃发令："留发不留头，留头不留发。"

江阴知县方亨严令百姓必须三天内完成剃发，这激起了江阴百姓的愤怒，他们立誓保护自己的民族文化。据史书记载，江阴市民先是斩杀清使，后又逮捕向常州府通风报信的知县方亨，共同推举典史陈明遇为帅，带领城中十万乡兵保卫家园。

常州府听说江阴反清起事，调集人马进攻，却连吃败仗，清廷即派前明大将刘良佐领军围攻江阴，刘良佐本以为小小的江阴县城几个时辰就可荡平，结果却令他大吃一惊。江阴民众居然顽强坚守了81天，迫使清廷三位亲王、二十四万大军及二百门火炮困于坚城之下无计可施，最后在付出战死七万多人的代价后才攻陷江阴城。

这场惨烈的攻城战，从五月底一直打到八月底，才以江阴失守而结束，清军为了报复江阴百姓的顽强抵抗，进行了惨绝人寰的屠城，城内仅剩下53人！

虽然贴近风花雪月、小桥流水、吴侬软语的江南地区，江阴却一度成为最具民族血性的城池。一边是南明成群结队的文武百官争先恐后投降清廷，另一边却是江阴百姓视死如归、坚贞不屈。在南明一败涂地的至暗时刻，小小的江阴在几个刀笔小吏的带领下，谱写了可歌可泣的悲壮史诗，在中国历史上留下了浓墨重彩的一笔。更令人敬佩的是，城破之前恰逢中秋，江阴百姓在大军压境之际，家家户户仍举杯畅饮，这种将生死置之度外的精神，同时在数万人身上展现，不禁令人肃然起敬，而"人心齐，民性刚"的人文精神，始终展现在每一个江阴人身上。

清嘉庆年间，时任江苏学政姚文田为江阴题写匾额"忠义之邦"，悬挂于南门城楼上，这也是江阴"忠义之邦"美誉的由来。登临鹅鼻嘴依傍的黄歇山，除了能远眺长江，还能俯瞰整座江阴城；下山来一路往南，就到了南门城楼"朝宗门"，意为太阳每天从这个方向升起，历朝历代的文官武官，换届的时候都要到此下马、摘冠，做一番礼仪后才能进入江阴城。朝宗门上写着"忠义之邦"，正对的一条老街名为"忠义街"。时光又过了数百年，从一年一度举行的"吊肉香"仪式中，人们依然能感受到江阴人深受"忠义之邦"浸润的倔强气质。

也许没有人注意到：一连数年，每当"吊肉香"锣声喧天、有声有色地走过人头攒动的"朝宗门""忠义街"时，总有一个瘦小的男童，挤在大声喝彩的人群里，用闪动着天真和羡慕、看上去有些仰望的目光，向昂首挺胸走过的勇敢者表达着敬意……

这个目光真切的男童，在此后的人生历程中，用源自故土却更为强大的勇敢，赢得了世人的敬意。他，就是曹鹏。正是"忠义之邦"的精神震撼，造就了曹鹏坚韧勇敢的精神品格，给他的人生铭刻了深深的印记！他出生在这个"忠义之邦"，虽然年幼，还未能知晓先祖们曾经的赤胆忠烈，但每年夏天的这一场"吊肉香"，却深深打动了他，印刻在他心里，至今挥之不去。多年以后，每当曹鹏想起家乡那段壮烈抗敌的历史，他总是这样说："回想那些无畏拼杀的先辈壮士，我就仿佛看到了勇敢与坚持，值得我去尊敬和学习！"

曹鹏在江阴老宅

曹鹏的人生征途，就是从勇敢和坚持开启的。

曹鹏出生在江阴城内大毘巷。

在大毘巷6号住着一户曹姓人家，男主人叫曹耀庑，是一名中学教员。1925年阴历十一月初九，已育有一女三子的曹夫人，又诞下一名男儿，取名曹灿蕰，单名淼，他就是曹鹏。这男孩长得眉清目秀、聪明伶俐，深得左邻右舍的喜爱，因他排行老五，所以大家都称他"五官人"或"五少爷"，家人则亲切地唤他"淼弟"。

曹鹏很小的时候，父亲远赴东北参加抗日。幼时起，他就不大记得父亲的面目，幼小的心灵上就种下了失去父爱的阴影。

曹鹏自幼便与母亲和哥哥姐姐生活在一起。大姐在教会学校求学，由于她聪慧过人，功课总是满分，所以学费全免；曹鹏还有三个哥哥，由于他幼时机灵、聪敏，最受全家宠爱。他还有一个小妹，机敏可爱，"我每次放学回家，总是先去看望小妹"。但小妹因为患痢疾，无力医治，三岁即离世。现在每每回忆起小妹，曹鹏仍感慨无比："在那个社会，虽然江阴已有一个红十字会医院，但老百姓又怎能跨入？医院都是为当时教会的洋人及少数富人服务的。"

春节是曹鹏最喜欢的节日。当年江阴北门外是当地最大的购物市场，每年春节前，母亲都带着孩子们去购买年货。从大年三十起，当地人要祭祖，江阴话称此为"祝飨"。孩子们对"祝飨"很有兴趣，因为祭祖仪式后，曹鹏和小朋友们又可享受一次美餐。到了大年夜，孩子们就整夜"守岁"，这时候母亲和大姐要整夜蒸糕。曹鹏回忆道："从年初一到正月十五，每天清晨及晚上，全家要向祖宗焚香、敬酒、叩首，元宵节晚上还要在大厅中的梁上挂起一个由母亲制作的兔子灯。"

四岁半时，曹鹏就走进了学堂，在校期间，他展现出男孩旺盛的精力和天不怕、地不怕的个性。

起初，曹鹏先入江阴私立章氏小学，是家族所办，有如私塾，一年后，他转入正规的江阴辅延小学，那时称"洋学堂"。辅延小学是一所名校，始建于清光绪年间，校名是取自"辅助延陵季子之教化"之意。季子是春秋时期吴王寿梦的第四子，因受封于延陵（今常州），故称延陵季子，是一位古代贤人。江阴周边地区，如沙州（今张家港）、常州、常熟等地，皆有人慕名来此求学。

少年曹鹏

那时候，孩子们的书包都很小，仅语文、算术、地理、卫生几本教材，几本书从大哥起一直传到小弟。课外作业很少，更没有补习教材之类的书籍，这也给了曹鹏这群顽皮的男孩们很多自由发挥的空间。曹鹏热爱生活，喜欢运动，从小学起，他就是学校有名的体育活动积极分子。他喜欢踢球，每天都和小伙伴们提前半小时到学校，几百个孩子在操场上兴奋地踢一个小橡皮球，因此，小球常被踢到城墙外的护城河边上，几个胆大的男学生就会顺着当年清兵攻城的炮击处（约二层楼房的高度）爬下去捡球。曹鹏也总是很好强，跟着爬过几次，那下面是一堆破碎的城砖，如稍有不慎摔下去，后果难以设想。幸得后来被老师及时发现，即严令禁止。不过，这也没有阻挡住曹鹏喜欢运动的心，后来，他学打篮球、练长跑，每天坚持跑满1500米，直到90多岁时，清晨在小区的绿茵上，也还总能见到他练太极、练十八法的身影，这都和他从小爱运动而打下良好的体质基础有关。

学校每个教室的黑板旁边挂着一根教鞭，每位老师还会自备一块打手板，倘若学生背书背不出或者调皮闯了祸，都是要挨打的。曹鹏不怕背书，他喜欢爬到树上看书、背书。在树上居高临下，看到的都是风景。层层叠叠的屋脊和姹紫嫣红的果木花卉，一直向远处延展。如果有风吹来，除了花香果香，还能闻到自家平台上酱缸里的酱香。有这些色香味相伴，曹鹏背起书来自然如有神助，所以，老师的打手板基本上与他无缘。

有一次，几个同学约曹鹏一起去采桑葚。那桑果黑紫黑紫的，极甜，几个孩子吃得高兴，居然把上学这码事给忘了，等到发现，早已过了上课时间，于是几个人一商量，干脆不去了。

回家前，曹鹏仔细擦干净被桑葚染红的嘴唇，他心存侥幸，蹑手蹑脚地走进了家门，可还是被周妈看见了，周妈的第一句话就是："五少爷，你到哪里去了，你们老师来过了。"

曹鹏的心一下子沉了下去。

母亲端坐在厅里等着他，一看母亲的脸色，曹鹏就知道今天这顿打逃不过了。原来，国文老师姓章，是个老学究，一见班上这么多人旷课，气得胡子都翘起来了，他一家家地走访告状，让家长们严加管教。

以前，母亲虽然严厉，但教育孩子时总是讲道理的多，很少动手责罚，可这次的"严加管教"让曹鹏终生难忘，不是因为身上的疼痛，而是母亲那伤心的样子，让他心痛，以后，他再也没逃过学。

"九一八"事变后，曹鹏心中勇敢的热血因国仇家恨沸腾。

因为日寇的侵略，江阴这座小城的宁静被打破。在少年曹鹏的心中，音乐的种子在发芽，抗日的热血在沸腾。九岁那年，曹鹏上三年级，全国人民抗日情绪高涨，老百姓面黄肌瘦的身影，在他幼小的心中激荡起反抗的火苗。

1934年，为了配合国民政府推行的禁烟活动，江阴举办了历史上第一次全县"抗日禁烟运动"音乐比赛。

因为是史上首届，所以方方面面都非常重视，辅延小学也把选拔参赛选手的任务交给了音乐老师。在音乐老师的心目中，全校800多个学生里，展现出极强音乐天赋的曹鹏是最合适的人选。他耐心认真地教他乐理，帮他选歌，最后在全校进行了选拔，曹鹏成为辅延小学唯一的参赛代表。

参赛前夜，母亲把曹鹏喊进房间，从柜子里拿出一个布包，慢慢打开。那是一套新衣，白色绸缎，最新潮的中山装式样，还绣着"扬歌抗敌"四个字，漂亮得令人心醉。从小到大，曹鹏一直穿哥哥们的旧衣，改短了，翻个面，再给他，可现在，为了这次比赛，母亲居然舍得花这么多钱为自己做衣服，所以直到新衣穿在身上，曹鹏仍不敢相信这是真的。

那天比赛，先考乐理，再比唱歌。一轮轮下来，小小年纪的曹鹏居然力克众对手，得了全县第一！奖品是当时的稀罕物件——钢精锅，奖牌则是一块银盾。曹鹏兴奋得拿了奖品就往台下跑，居然连鞠躬都忘了。最高兴的自然还是音乐老师，他请曹鹏下馆子，好好款待自己的爱徒。吃完饭，音乐老师又领着曹鹏上茶馆喝茶听书，师生俩开心地玩了一天。

此后，曹鹏便成了辅延小学的明星。每周一晨会，校长娴熟地背诵完"总理遗嘱"（孙中山遗嘱）、宣布"静默毕"，接下来就是集体唱校歌。于是，曹鹏便会跑上台去，像模像样地舞动着手臂，俨然就是一个"小指挥"。

那套白色中山装母亲做得很大，当时是把下摆袖子缝上去的，后来一年年地放，穿了很久。那只钢精锅，母亲用得更是小心，在日寇入侵、全家逃难到乡下时，也随身带着，一直到锅底烧穿了都舍不得扔。

日本侵略者并没有给曹鹏留下太多安心学音乐的时间。1937年，卢沟桥事变爆发，日本发动了全面侵华战争。不久，战火便烧到了江阴。江阴是长江下游的咽喉，是战略重地，可是，由于国民政府腐败无能，加上汉奸猖獗，在江阴苦守了三个月的中国官兵，最终寡不敌众，只能含泪撤离了阵地。

在日军侵入江阴县城前夜，江阴人只能纷纷逃难，背井离乡。曹鹏一家逃难到离江阴城30余里的乡下华墅镇，租住在一蔡姓大户人家里，蔡老先生单身一人，善良、真挚，常做些美食送给他们一家分享。

华墅是江南名镇，古称"花市"，已有三千多年记载史。早在宋元时期，这里就已经是江南棉花的集散中心，有"日出万匹，衣被天下"之誉，到了明清，这里的土布交易更是盛极一时。在华墅镇，曹鹏先进入了华墅小学上六年级，后入华墅中学学习一年。

当年的华墅中学办在一个大庙内，大殿上还供奉着一尊神像，看那披发仗剑的神勇模样，像是个武将。果然，不久曹鹏便从老师口中得知，那是明末抗清名将阎应元的塑像。当时的阎应元只是江阴的一个小小典史，却率领全城连妇孺老小在内的6万人，对抗24万清军精兵，不跪而死。那位老师自豪地说："都说江阴人'人心齐，民性刚'，阎典史就是最好的代表。"江阴城东门城楼上"忠义之邦"四个辉煌大字的典意，也出于此。这些英雄的故事，被曹鹏牢牢地记在心里。

有一天，因为农民自发组织百余人的"大刀队"，要来庙内广场上"习武"，学校宣布放假并告诉同学们，这天日军要来华墅镇扫荡，"大刀队"要去杀敌。果然，那天上午，日军气势汹汹地进入华墅镇，"大刀队"让孩子们赶快离校回家，紧闭大门。曹鹏隔着门缝看到，一小队日军对着校门冲来，只见"大刀队"杀声震天，冲奔如潮，日军连机枪也未能架起，就纷纷被"大刀队"杀死，只剩一个人逃回了陆家桥据点。这次杀敌大快人心，抗日的英雄事迹，大涨了华墅镇老百姓的士气，少年曹鹏也更明确了抗日的决心。

生活依然是艰辛的，每个月总有那么两天，曹鹏都要排队去领救济米。救济米是陈年的黄糙米，糙而硬，吃起来难以下咽。没了满院子的蔬菜瓜果，即使是最简单的下饭菜，也要花钱去买，而带来的一些首饰早已变卖殆尽。母亲虽然日日辛劳，为镇上居民缝缝补补赚点微薄的工钱，但生活还是难以为继，反复掂量之后，1942年，母亲带着两个儿子又回到了江阴城内。

回到阔别4年的大毘巷，可原先美丽温馨的家呢，哪去了？眼前一片狼藉，高悬着"圣阁"的楠木厅被日军炮火炸毁，瓦砾遍地。因为缺少照料，昔日满园花卉早已凋零，只剩一地的枯枝残叶。生活愈加艰难，但是"人穷志不穷"的家训，让母亲坚持要儿子继续升学读书，于是，曹鹏先进了江阴县中学，没多久，又转学到省立南菁中学

曹鹏指挥照

继续完成中学学业。

在日军占领下，江阴的四座城门都由日军及伪军带枪把守，凡进出城门者，皆须被搜查并要向日军鞠躬。曹鹏年少倔强，竟然勇敢地昂首挺胸而过。这下激怒了日军，将他的帽子摔掉，边骂"巴格牙鲁"边打了他一巴掌。这一巴掌，却让曹鹏变得更勇敢，他回忆说："我亲历日寇的'三光'野蛮政策和欺压凌辱，亲历中华民族的苦难，使我年幼之心，爆发出抗日救国的情怀！"

越是饱受压迫，越是要有反抗精神。在中国共产党的组织带领下，曹鹏和同学们开始秘密从事抗日救亡工作，组织读书会、办墙报、传唱抗日歌曲，抵制敌伪电影……那天，学校又在放映宣传奴化的电影，把学生们赶到大礼堂去看。曹鹏和一群进步学生决定抵制，他们在隔壁教室大声唱着《大刀进行曲》："大刀向鬼子们的头上砍去……"正唱着，门被踢开了，一群伪军举着枪冲进来，见到学生便用枪托乱打。学生们呼啦一下全散开了，只有曹鹏站着不动，被伪军砸了几枪托后带走了。同学们见曹鹏被抓，又围了上来，大家一路护送着。曹鹏回头对同学们说："麻烦你们跟我母亲说一声，就说我到同学家去，今晚可能不回去了。"在同学们钦佩的目光中，曹鹏昂首挺胸，走进了设在清果巷的伪警察局。

伪警察局局长也是江阴人，听了伪军的报告，倒也没对眼前的这个孩子怎么样，甚至和善地皱着眉说："你们这些学生，不好好读书，瞎起哄什么？这样吧，你认个错，就放你回去。"

但曹鹏岂肯屈从，他犟着脖子说："我们唱歌有什么错？没有错！"

夜深了，见曹鹏就是不肯认错，伪警察局长也没了耐心，他给校长打了个电话，让校长把曹鹏带回去好好教育，便把曹鹏放了。

行将毕业时，要进行日语会考，曹鹏和同学们又秘密策划了一个抵制活动。那天，考试开始的铃声响了，面对桌上的卷子，同学们个个端坐着，个个眼神中透出抗日的正义怒火，教室中气氛突然格外严肃。曹鹏、杨光甲、陈楚庆、祝育馨、章文绚等几位核心人物第一批站了起来，向讲台走去，一下子，全班50余个男女同学似狂飙一般，将一张张白卷怒掷讲台。

教日语的女教师叫沈菊茹，在日本留过学，对同学倒是很和善，见到讲台上的一叠白卷，吓得脸都白了。闻讯后，校长来了，日本人也带了刺刀进教室，追问是谁带的头，全班没人表态，也没有一个人害怕，个个坚强刚毅、昂首挺胸、岿然不动，最后，也只好不了了之。

这几次抗日活动，轰动了江阴城，也见证了江阴人心齐、人性刚的高尚品质，狠狠地灭了日军的威风，更让同学们认识到，只有抗争，才是中国人唯一的出路。曹鹏回忆说，"这就是我们江阴人的个性。顽强、勇敢地抵制奴化教育的斗争，体现着江阴人刚毅豪迈的气质，也更体现出中华民族坚贞不屈、气势磅礴的精神，我至今引以为傲。江阴，不愧'忠义之邦'名城之誉，勇敢的江阴人，也不愧为'忠义之邦'的子女！"

第二章

大毘巷的人文浸润

倔强秉性，勇者无惧，"忠义之邦"的气节，自幼便夯实了曹鹏走上革命道路的内心底蕴。而来自故土江阴的人文浸润，则成为开启他艺术天赋的"初航码头"。

文化名城江阴，自古是一块风水宝地。讲究阴阳平衡的中国古人，将山之南、水之北命名为"阴"，这个小县城，正好位于江苏南部的"大江之阴"，因而得名江阴。受江水润泽，江阴气候温暖，草木丰盛，数千年前，就有先民们在这里生息繁衍、渔猎稼穑。

在江阴老城内，现存的古井已经不多，只有"舜过井"还时常为人所记起。在当地人的传说中，井甃（zhòu，砖砌的井壁）就是由舜帝改良优化的。善于观察和思考的舜，根据原始水井土中挖掘的缺陷，改良发明了井甃，如果在井里面放上它，既能不让井壁坍塌，又能过滤泥水，就可以让天下的人都喝上干净的水了。

"舜过井"建于何时、舜帝是否真来过以及井甃的传说，随着岁月流逝，如今都已不可考，但舜帝的立志、求真、力行精神，却因为这口古井的存在而始终在江阴人身上承续。

江阴见诸文字记载的历史至少已有2500多年，战国时期的春申君黄歇与江阴结下不解之缘。据记载：楚国春申君黄歇与齐国孟尝君、赵国平原君、魏国信陵君并称"战国四君子"，作为水利专家，他在江尾海头的江阴，开凿申浦河、黄田港，所以这里才有了"延陵古邑""春申旧封"之称。

江阴素来有"一江春水向西流"的神奇景象，北岸和南岸的水流，于此形成非常奇妙的太极图形，水流到了南岸以后回溯往西流，流到镇江再转过来。山崖耸立、惊涛拍岸，是千百年来的"滨江要塞"，崇墉百雉，楚风吴雨，也是千百年来文人墨客必来"打卡"之处。

江阴景色佳绝，历代名人也充满正能量。

从时间上说，首推舜。

"九夫为井，四井为邑""改邑不改井"，在中国传统文化中，井被视为命根子，中国古人把"背井离乡"看成是人生一大苦事。一口水井，成了故乡家园的象征，具有很强的乡土文化情结。

第二位人物，当推江阴本地人徐霞客。

江苏学政衙署，是明清时期江苏省八府三州的学子们参加科举考试的地方。学政衙署大多设在省城，但江苏却将其放到江阴，主要是考虑到江阴地处全省中心，南船北马、交通便利。每年科考时节，江苏的学子都要汇聚江阴。400多年前，一位江阴本地的考生也曾在这里科考，落榜之后，他立志放弃仕途，转而背起行囊，游历祖国山河。他就是著名的旅行家徐霞客。徐霞客号称"千古奇人"，躬行"行万里路，读万卷书"这八个字。为了理想，徐霞客芒鞋竹杖，行游天下，成为明代著名的地理学家和文学家，《徐霞客游记》取得了超越前人的成就。

更被江阴人引以为豪的，是孙中山先生的一句话。

孙中山主管中国的铁路交通时，希望通过发展实业使中国富强。他提出了20年内要修筑10万公里铁道的宏伟计划，并于1912年10月进行了长江沿线相关视察。作为重要的军事良港，江阴势必是中山先生远大版图上重要的一步棋。孙中山来到江阴，在老城隍庙西厅内桐梓堂发表演说，他在结束演讲时殷切地期望："叫全国的文明从江阴发起。"

孙中山的这一声呐喊，可谓分量十足，彼时的中国百废待兴，但放眼全国，能够当作发展文明的模范地、享此殊誉的城市并不在少数，而江阴能够于此重要时刻担此重任，凸显了深厚的历史底蕴和人文精神。

出生在这方水土的曹鹏，幸得这份厚重文化精神的浸润！他说："江阴民风敦厚、淳朴，民性豪爽、刚毅，是一座文化底蕴深厚的历史古城。我根植于这江南水乡，得益于这秀灵宝地。"

第一重浸润，来自意趣盎然的幸福童年。这种幸福，来源于家乡

曹鹏手持乐谱与指挥棒

厚重的文化积淀及母亲丰富的精神滋养。

江阴有四座古城门：东曰春晖、西曰天庆、南曰朝宗、北曰澄江。进东门，沿着石板路往前走，就是大毗巷了。大毗巷幽静、古朴，深不过百余步，却藏龙卧虎，住着的曹、钱、张、沈（当代大书法家沈鹏是曹家邻居）、史、薛等诸家，无一不是书香门第、名门大户。这些深宅大院虽朱门紧闭，但那历经沧桑的青砖黛瓦，却难掩世代积淀的高贵。

在江阴，曹家是大姓。在曹鹏心中，故乡与家园，正是一个书声琅琅、鸟语花香、开启心智的地方。

曹家的房子很大，有五进，每一进都有个大厅，每间房内都有一个小天井。在临街一间房的小天井内，有一棵两人也围抱不住的大枫树，枫树上时常有喜鹊鸣叫，曹鹏小时候总听老人们说那是"福贵到家之吉兆"。每到深秋时节，巷子中落满大枫树的红色枫叶，为大毗巷一景。曹鹏家中还有一个花园，在花园中有假山石围起的一个小竹园，春季时幼笋出土，尤为喜人，更是全家人的美味佳肴。房顶上爬满扁豆、山药，园内有一块小菜地，让一年四季餐桌上的蔬菜既新鲜又美味。花园中还有高大的铁树和杨树，以及桃树、杏树、石榴树、金果树、白毛桃树。杏树每年都会结出似小拳头大的黄色杏子，透甜如蜜。石榴成熟时，裂开大口，将树枝压下，石榴籽颗颗饱满、光泽喜人。

中午时，孩子们围着红木八仙桌分享石榴，掰开后大口咬食，弄得小小的石榴籽四处飞溅，看着挺浪费，而目睹这一切的母亲却从不训斥大家，只是和颜悦色地提醒孩子们说："在每只石榴内都藏有'最补血'的一粒石榴籽，大家一定要仔细掰寻。"此言还真是有效，不仅让大家放慢了咬食的速度，还让每个人都要在石榴皮肉的深处仔细搜寻，直到掰出"最补血"的那一粒石榴籽。曹鹏说，回想起来，这实在是母亲教子的智慧。

每天早上，睡梦中的曹鹏都会被周妈的吆喝声吵醒。周妈是家里的老佣人，在曹家做了大半辈子，曹家便单独给了她一间房，把她当作长辈养了起来。但周妈闲不住，每天还是习惯早起。周妈没读过书，但会唱歌谣，做活的时候，曹鹏常听她"自说自话"地哼哼："一条丝瓜碧绿青，破篱笆上荡伶仃。经风经雨经霜打，越老越苦剩条筋……"有时候则是："萤火虫，夜夜红，阿公挑担卖胡葱，阿婆打浆糊灯笼，伲（儿）子当家做裁缝，媳妇背包捉蚜虫。"

周妈的嗓子并不清脆，但用方言唱来，自有特别的韵味，所以很多年后曹鹏都记忆犹新。

曹鹏常听周妈说，父亲祖上是做大官的。周妈曾把他带到楠木厅，指给他看那匾额两边各高悬着的一个金色的"圣阁"。那"圣阁"是一个宽一米左右的箱柜，上书"圣旨"二字，箱柜的两根箱柱及箱板上，镶嵌着金光闪闪的九龙戏珠。那里面究竟放着什么，"圣旨"又是什么样的，家中从未有人见过。那天，曹鹏借故拉着母亲的手来到大厅，问母亲那匾额上写的"观复堂"是什么意思。母亲告诉他，"观"即看，"复"即反复。"观复"出自老子《道德经》第十六章，意思是世间万物，只有静下心来一遍又一遍反复仔细观察，才能认清它的本质。

其实，曹鹏的本意不在匾额，而在"圣阁"，他趁机问母亲，那"圣阁"里藏着什么东西，能不能爬上去看一下？谁知刚才还和颜悦色的母亲顿时严厉起来，再三叮嘱：这上面的供物乃镇宅之宝，是不能擅动的！

尽管没能看到"圣旨"，但兄弟几个一直在楠木厅阁楼上的几个竹箱里拿出镶红玛瑙的官帽和官袍，穿戴玩耍，而且母亲也常讲述曹家的显赫家史、讲述祖上积德留芳的故事，也借此教育孩子领受古训，遵循孝道，接受传统修养。尤其父亲离家后，在家境日趋贫寒的日子中，"人穷志不穷"成了刻在孩子们心灵上的祖传家训。

每到春节前一个月，家中就开始忙碌起来，蒸糕、舂米粉、做酱油、炒花生、炒瓜子……家中的厨房很大，有两张八仙桌、一个碗橱、四个锅的大灶、两只腌菜和存水的大水缸、两只小水缸、一个舂米的石臼。灶旁是一个较大的稻草间，大年三十守夜，母亲、大姐通宵蒸年糕、制糖，孩子们不肯睡觉，就陪着守夜，等着吃热气腾腾的年糕、糖果，困了就挤在草堆上睡得很香。

从大年三十到正月十五日，厅堂的墙上挂满了一幅幅祖宗们的画像，个个是官顶、官袍，每天供果、香火不断。每早、晚由母亲带着全家顶礼叩拜，讲述祖宗的名字、故事。每天傍晚时，要在厅中央升起一盏兔子灯，全家人看着最小的曹鹏点灯、升灯，也是新年愉快的一幕。

大年初一早上，全家给祖宗进香、叩拜后的第一件事，是去长辈家拜年。母亲、大姐身着旗袍走在前，后面跟着四个男孩，只有大年初一去长辈家拜年的这一天，四个男孩才能穿着新的长袍及缎子黑马夹，戴着瓜皮帽，一长溜走在街上，倒也是江阴一景。

大姐聪明懂事，见母亲辛苦，每天放了学，都会帮着担当全部家务。那天，她刚进门，就发现地上都已经扫干净了。二弟、三弟、四弟都在上学，难道会是涞弟？一问，果然是。大姐开心地告诉母亲，"涞弟会扫地了！"于是，曹鹏被母亲大大地夸赞了一番。不久，三个兄长放学回来，也把五弟表扬了一通。曹鹏原本只是觉得扫地有趣，没想到家人会如此看重他小小的付出，开心至极，以后，便常常主动承担些力所能及的活。天黑的时候，家里会点上四盏灯。那时候用的是"洋油"，洋油灯虽亮，但烟大，灯罩很快就熏黑了，母亲要做针线，哥哥们要做作业，所以擦灯罩便成了曹鹏的又一项任务。每天傍晚，他都会把小手伸进灯罩，哈着气，用草纸一点点擦，直到灯罩变得锃亮，于是，他又得到了全家人的赞扬。

大姐出嫁的精美刺绣嫁妆，全都出自心灵手巧的母亲之手。天渐渐冷了，邻里亲友，家家都要做冬衣，母亲便会非常忙，天天早上出去，一直到掌灯时分才能回来，有时候甚至会忙到深夜。那时候根本没有路灯，为了省钱，母亲也舍不得打灯笼。曹鹏担心母亲是小脚，会磕着碰着，所以每天都会去接她，就着微弱的星光，踩着石板路，母子俩相互搀扶着蹒跚行走的景象，是寒冷的冬日里最温暖的画面。

因为长年劳累，母亲的身体虚弱，常常发病，让小小年纪的曹鹏十分心疼。那天，他拿出自己积攒的零花钱，在街上的点心铺买了一块小方糕，兴冲冲地跑回家，一定要看着母亲吃下去。小方糕是江阴有名的点心，有枣泥馅的，还有豆沙馅的，上面还用模子压出"福禄寿喜"的字样，一般人家在办大事时才有的吃。曹鹏吃过一次，从此忘不了那极致的美味，于是才"倾其所有"，想给母亲一个惊喜。可母亲却怎么都不肯吃。过了一会，曹鹏悄悄出去了，母亲一抬头，却在那放针线盒的小桌上，发现了那块点心。

真是个孝顺的孩子啊！欣慰的母亲眼眶湿了。

在这里，不得不提及曹鹏的父亲曹耀庑。他的父亲在曹鹏很小的时候，带着一腔热血，毅然抛家舍儿，远赴东北参加抗日活动，自此以后音讯全无，直到全国解放前，年少的曹鹏再也没有见过他。原来，他的父亲在东北参战后，随着队伍边打边退，退至苏联西伯利亚地区，后由斯大林派红军护送到新疆。当年，新疆尚由地方军阀盛世才控制，他割地为王，并宣布命令："谁要离开新疆，就地枪决！"从此，父亲便只能在新疆隐姓埋名，直至全国解放，他才孤身一人，返回故里。

正逢战事吃紧，得不到父亲护佑的曹鹏，自然时时产生思念之情。曹鹏回忆说："我从小觉得我没有父亲，人家孩子回去都能叫爸爸、妈妈，而我就只能叫妈妈，没有爸爸。"

日日与曹鹏相伴相守的母亲，展现了对儿女的润育之光。

她熟读四书五经，文化素养很高，床头常放一叠古书。她虽是三寸金莲，但聪明能干，粗、细活皆精。她秀美的气质背后，蕴藏着大江的执着和奔放，因此常常传递给儿子的，总是与江阴人的性格丝丝入扣的力量。

以前，尽管经济上捉襟见肘，但在孩子们眼中，母亲总是淡定地面对一切，从没见她在困苦面前低过头、示过弱，可是自从与父亲失去联系之后，曹鹏却发现母亲常常会私下哭泣，并虔诚地求神拜佛。一天，曹鹏放学后去母亲房内探望，见母亲正在念经。他不想打扰，刚准备退出，被母亲叫住了。母亲说："渌弟啊，你也一起来念念经，保佑你父亲平安。"

曹鹏便在母亲身边坐下，依样念起了"南无阿弥陀佛"。念一句，就放一根灯草，一直念到灯草高高堆起。以后，只要做完功课，曹鹏都会去母亲房里念经，让母亲心安，也让自己心安。

一年除夕，母亲把曹鹏叫到跟前说："渌弟啊，你去一趟民运巷，把你瞎子张叔叔请来，给你父亲算个卦。"张叔叔是父亲的朋友，早年也是一方才子，天文地理无一不精，中年失明后，干脆做起了算命先生，凭着腹中锦绣，没多久便成为远近闻名的神算。他有一肚子的故事，孩子们都喜欢他，亲切地叫他"瞎子叔叔"。他终生未娶，孤苦一人，独自住在民运巷四眼井旁的庙屋内。曹鹏走进潮湿的庙屋时，张叔叔正坐在地铺上喝茶，听见脚步声，便用手杖撑着起来说："是淏弟吧，是要让我算算你父亲的下落吧，走吧。"

曹鹏还没开口，瞎子叔叔便知道了自己的来意，这让他对瞎子张叔叔增加了几分敬佩。曹鹏扶着张叔叔走进厅堂，母亲已经焚起了高香，于是，张叔叔拿出算命的用具，一一摆放停当，便开始测算父亲的安危。张叔叔空对着一面墙念念有词，手里握着一根棍子，在墙上点点戳戳，说是在细细追寻父亲生命的痕迹。这样的测算几乎用了整整一夜，全家人都提着精神，以虔诚之心，陪着张叔叔，跟着张叔叔的神棍，紧盯着大墙，到了凌晨，筋疲力尽的张叔叔才大大地呼出一口气说，"熹哥健在，会回来的（父亲别名为'熹'）"。于是，母亲也长长地出了一口气，脸上现出笑意来。

以后，每年岁末，母亲都会让曹鹏把张叔叔挽来给父亲算上一卦，而张叔叔每次都会郑重地说一句："熹哥健在，会回来的。"全家人都会在这句话的宽慰中，安心一整年。

平时只要是上街、赶集，妈妈带着曹鹏总要在路边、集市的算命、测字铺前测上一字、算上一卦，当然一般总是报平安、报吉祥。曹鹏也分外懂事，这时处处对母亲体贴以分担母亲的忧愁，让她得到些安慰。

说不定，这也是曹鹏母亲"一箭双雕"的方法，主要的目的，就是不希望父亲这个形象在年幼的儿子心中消失，让曹鹏自小就对远方的父亲树立了正确的认识，他回忆说："母亲让我知道了父亲的离开是为了抗日，就算他牺牲了，那也是英雄，所以我也很崇敬他。"在日后曹鹏离家参加革命之际，也得到了母亲的鼓励。

母亲的爱是曹鹏获得的第一份激励人格的亲情浸润。

第二重浸润，来自纷乱年代的"名校"熏陶和"贵人"培育。

童年的曹鹏，尽管有些调皮，但在音乐上的天赋还是尽显无遗，亲友、邻居及家人都夸他对音乐的感觉天生过人。不知从什么时候开始，曹鹏也发现自己爱上了音乐。

他有幸遇见了一位好邻居，给予他近在身边的音乐浸润。

邻居姓於，祖上是职业道士，专门替人做道场，一代代传下来，便成了"家族企业"，一家大小，包揽了做道场的所有角色。中国人重视养生送死，并希望通过一定的仪式让亡灵得到超度，所以他们的业务非常繁忙，隔三岔五就会有人上门来请。做道场的场面很热闹，曹鹏曾挤在人堆里看过一次，别的孩子喜欢看那些全身披挂诵经念号的法师，他却被那些道教音乐所吸引。道教音乐纯净、质朴，乐器也不外乎笛、箫、二胡、唢呐、笃板、锣鼓等，但吹奏起来，自有一股江南丝竹的味道，让年幼的曹鹏听得如痴如醉。

於家的大哥比曹鹏要大上十来岁，见这个七八岁的邻家小弟喜欢音乐，便自告奋勇地要教他吹竹笛。他教学崇尚"冬练三九，夏练三伏"，还说越是恶劣的天气越能出功夫。冬天的晚上寒风凛冽，家家关门闭户围坐茶炉，可於家大哥却让曹鹏跟着他到周桥去练功。周桥是座古桥，因为年代久远，青石板已经被踏得溜滑。夏天的时候，河上凉风习习，是个纳凉的好地方，可是到了天寒地冻的时候，那毫无遮挡的北风，便会像一把利剑，扎向那些从桥上经过的人。於家大哥让曹鹏面对北风练习，还要求吹得圆润、流畅，这对小小年纪的曹鹏是个极大的考验，但他竟然都坚持下来了。曹鹏回忆说："不管这么做是否科学，但让我养成了从严刻苦的精神。而且，长笛跟随我一生，竟也成为我于20世纪50年代考试留苏的一个重要项目。"

於家大哥又在江阴口琴厂工作，所以还送了一支口琴给曹鹏，那时，这可是时髦、新奇的乐器，从此，他又多了一个"音乐玩具"。当然，曹鹏无师自通，不用人教就能吹奏了，每次放学回家，一路放歌演奏。妈妈说，只要传来琴音，就带来了儿子回家的欢乐。

当然，更多的浸润在学校。曹鹏四岁半就进入辅延小学求学，学校给了这位音乐天分十足的孩子第一个展示音乐才华的舞台。

音乐老师姓钱，是个无锡人，每次上音乐课，他都会让高年级同学把风琴搬进教室，然后教学生们唱歌。当风琴响起来的时候，曹鹏一下子就被征服了，他痴迷地听着，心里充满喜悦。

钱老师也记住了这个孩子，教学多年，他还是第一次碰到这么有天赋的学生，无论什么歌，曹鹏一听就会，从来没弹过的琴，曹鹏坐上去就能弹。从此，这对师生便有了默契，每天放学，只要钱老师有空，他都会手把手地教曹鹏弹琴、识谱。

辅延小学有一支小型的管乐队，钱老师在帮乐队排练的时候，曹

曹鹏演奏手风琴

鹏常在一旁静静地听，排练结束，他还会依依不舍地摩挲着那些金闪闪的铜管。钱老师见他喜欢，但年幼的他还拿不动大乐器，便给了他一支长笛。曹鹏喜不自胜，天天摸索着吹，没几天工夫，就已经能吹出很像样的曲子，让钱老师都为之惊叹。

辅延小学有音乐课，上音乐课时，同学们也都说，"曹灿蕴不必考，总是100分"。曹鹏在学校组织过口琴队，有一次演出，曹鹏用绳子系住口琴两端，悬于双耳，口中吹响口琴，双手则弹着风琴，边奏边弹，如此特长，受到大家热烈欢迎和赞叹。

当曹鹏参加县城抗日歌唱大赛获得第一名后，钱老师几乎每天在课后都要为曹鹏"开小灶"，增设音乐方面的培训：学五线谱、学乐理、弹风琴……更有甚者，以前每个星期一早上，全校在操场上举行周会，都是由音乐老师指挥大家唱校歌，现在，上台指挥全校师生唱校歌的人，变成了个头不高却精神十足的曹鹏。

"可以说，江阴辅延小学是培育我这棵'指挥幼苗'成长的园地。"曹鹏对此感恩有加。音乐老师们为他加课，学乐理、奏长笛、弹风琴等等，在音乐上倍加培育，辅延小学就是曹鹏音乐生涯的启蒙圣地。

随着年龄与阅历的增长，曹鹏迎来了帮助他笃志前行的中学时代。南菁中学的前身是南菁书院，曾是江苏全省最高学府和教育中心，取名"南菁"，是取朱熹《子游祠堂记》"南方之学，得其菁华"之意。这是个藏龙卧虎的地方，名师云集，很多都是当时独步海内的大师。他们与时俱进的开明学风，为国家培养了不少仁人志士，辛亥革命时期，位于江苏一带的同盟会负责人，几乎全都来自"南菁"这所学校。

值得一提的是，曹鹏求学的江阴南菁中学，历史上曾经培养了80多位中国大学的正、副校长，27000余名专家、学者、革命者和建设者，真可谓广育桃李遍天下。浸润在这样的氛围中，又遇见了识才的伯乐，再加上在抗日斗争中民族精神的激发，一个音乐天才，开始熠熠闪光！

在南菁，曹鹏遇见了他一生中很重要的一位老师——胡森林。

那是第一次上音乐课，刚走进琴房，曹鹏便被震住了：简陋的琴房当中，居然摆放着一架钢琴，一架真正的三角钢琴！在逃难的四年中，日日被艰苦的生活磨砺着，虽然音乐之火从未在他心中熄灭，但毕竟没有名师指点，他跟音乐有点疏远了，没想到在南菁中学，居然还藏着钢琴这样的音乐圣物！

这时，从门口进来一位老师，个子不高，很瘦，鼻梁上还架着一副眼镜。他自我介绍说："我叫胡森林，以后，你们的音乐课就由我来上。"他让大家围在钢琴周围，开始教大家唱歌。

胡老师弹琴教唱的时候，为了看得更清楚些，曹鹏一直挤在最前面。或许是曹鹏优美的歌声，或许是他热切的眼神，胡老师很快就发现了这个学生的与众不同。一曲毕，他站起来对曹鹏说："你来，你来试试看。"

"我？"稍做犹豫，曹鹏便大胆地坐到琴凳上，开始弹琴。许久没弹琴了，他很兴奋，而且，比起风琴来，钢琴的声音要悦耳得多，曹鹏越弹越熟练，对音乐天生的掌控能力，似乎又回到了他的身上。

　　弹完一首曲子，同学们热烈地鼓掌，胡老师也微微颔首赞许。以后，曹鹏便得到了胡老师的另眼相待。课余时间，胡老师常常教他乐理、弹琴。

　　后来，曹鹏才知道：胡森林老师是颇有名气的音乐家，科班出身。20世纪30年代初，近代音乐家刘天华在江阴举办"国乐研究会"，胡老师就是参加者之一。当时，苏南一带学校所唱的歌曲，几乎都是他创作的。胡老师会奏小提琴、弹钢琴、拉二胡，会作曲、唱歌，真可谓多才多艺。他的音乐课内容丰富多样，有时边奏小提琴或边拉二胡，边带大家唱歌。他教大家欣赏音乐，还给大家讲音乐典故，让曹鹏在南菁中学见识了一个全新的音乐世界。

　　曹鹏回忆说："那时，全江阴的中学，就我们南菁中学有一架钢琴，老师教我弹琴并把琴房的钥匙交给我，这把钥匙，开启了我通向音乐的人生之路。"

　　胡森林除了是一名音乐家，还是一位抗日进步人士，他和党的地下工作者一起，带领南菁中学的同学们进行抗日斗争。胡老师不仅为曹鹏开启了神圣的音乐之门，还激励他走向革命的道路，吹响了革命的号角。

第三章
勇敢者的革命初征

曹鹏在人文浸润和音乐熏陶中慢慢成长，不知不觉，快要18岁了。日本侵略者的暴行真切地激发着他的爱国情怀，他心里精忠报国的种子，正在生根发芽，他期待着自己能为民族解放贡献力量。

曹鹏和同学关系都很好，最知己的二位叫杨光甲和陈楚庆，他俩

1944年江苏省立江阴南菁中学同窗好友，摄于江阴中山公园
后排左起：曹鹏，茅绍敏，符锡九
前排左起：杨光甲，冷正辛，陈楚庆

都比曹鹏年长，对他像亲弟一般地关心保护，他们也是后来同去参加革命的战友。

杨光甲的家最大，属富家子弟，他是独子，自己有独立的房间，自然就成了同学们的"活动中心"。他们三人也都是学校的运动健将，每天清晨，曹鹏和陈楚庆都在操场上长跑一千五百米，风雨无阻。他们也是南菁中学的篮球、足球代表队的主力军。1943年，一张篮球比赛获胜的照片中，持球者就是曹鹏，后排居中二位，最高的是杨光甲，左边陈楚庆；边上唯一身穿着西装的是学校的体育老师，名胡希逊。胡希逊同时也是江阴城内的敌伪区长，长年有警卫员带枪随从，他又是杨光甲的亲戚，租住在杨光甲的家中，就住在杨光甲的房间对面，中间的大厅为公用。所以曹鹏和伙伴们的一切活动，都在这位伪区长的眼皮底下进行。

正是在这里，曹鹏遇见了革命的引路人。

有一天，曹鹏刚踏进杨光甲的家门，就见屋里多了一位中年男子。杨光甲介绍说是他的表哥，江阴人，叫陈谔，近日归来江阴访亲。陈谔却摆摆手说，自己已经不叫陈谔了，叫陈伟斯，或者叫他林路、林大哥也行。他伸出手来跟大家一一握手。

以前，曹鹏向别人行礼都是抱拳作揖，如今第一次跟人握手，觉得很新鲜。

以后，林大哥就常来这里，总让曹鹏感到既神秘又亲切。

青年曹鹏

林大哥见多识广，知道很多事。他痛斥日寇的种种暴行，还告诉大家什么是共产党和根据地，共产党是干什么的，根据地又是什么样的。最让年轻人兴奋的是，他教大家唱抗日歌曲。他的嗓音低沉浑厚，唱着"谁愿做奴隶，谁愿做马牛"时，有很强的震撼力。林大哥还教唱《延安颂》《松花江上》《黄河大合唱》，还秘密带来《论联合政府》等进步书籍给大家阅读。曹鹏听到了似幻想般的世界，一腔爱国救亡的热血沸腾了，天天放了学就往杨光甲家跑，然后拉上门帘，跟林大哥学唱抗日歌曲。继而，他们开始在学生中组织读书会、出墙报、演抗日小剧，宣传抗日……

有时候动静大了，他们会担心对面的伪区长发现，有所顾忌，轻手轻脚，后来却惊奇地感到：伪区长胡希逊从未干涉，伪警卫员也和他们成了朋友。事实上，他们的活动都在伪区长的保护下，林大哥是新四军江阴地下组织的领导，他们的活动点"杨光甲家"，成为在日伪统治下的一个安全特区。

1944年，刚过元旦，在一次聚会上，林大哥提出，组织一批进步学生秘密奔赴苏北根据地学习。曹鹏和几个同学一听，都高兴得跳了起来，于是各自回家准备行装。2月，林路带着十几名进步学生秘密前往靖江，事先都统一口径，说是去靖江走亲戚。沿途多次遭到日伪军搜身检查，因为正值寒假期间，曹鹏他们又有"良民证"和学生证，所以一路有惊无险，在交通员的接应下，成功到达苏中抗日根据地。

在根据地，曹鹏平生第一次看到了一个全新的世界。

这里治安好，真的是"路不拾遗，夜不闭户"。战乱时很多兵就是匪，谓之"兵匪一家"，可这里的兵却是老百姓的亲人，军民亲如鱼水，战士们说话和颜悦色，尊老爱幼，还帮着担水干农活。有个小战士知道曹鹏他们是学生，就拿着小本子，天天追着他们学认字。

大家就住在老百姓家里，每天端个小板凳去听报告。很多领导都来讲课，讲抗日形势，讲革命道理。这些道理，以前听林大哥讲过，但这样集中地接受教育，让曹鹏的思想境界上了一个台阶。讲课的人中有一位老师叫陈沂，就是林路的哥哥，他家是大地主，他们全家都来参加革命工作。曹鹏和队伍在江南一带打游击时，还在他家住宿一晚，他妈妈兴奋而亲切地忙着为全体游击队50余人做饭的情景，历历在目。

两周的学习，曹鹏终生难忘。他接受全新的革命教育、肩负开展地下工作的神圣使命，人生迎来了一个新里程。

回到学校，曹鹏觉得自己就像换了一个人，充满了力量。他跟进步同学讲述根据地的见闻，组织大家编写墙报，教唱抗日歌曲，开展学生工作。他如饥似渴地学习毛泽东的《新民主主义论》和《论联合政府》。虽然看不懂，但他心想，这是中国的希望，中国人的未来，不懂也要学。

伪区长身份的胡希逊还是住在同学们活动的杨光甲家，林大哥还是每天来和大家一起活动，抗日的地下组织，活动更有目标了。

一次，曹鹏跟胡森林老师学音乐的时候，胡老师问起他根据地之行，曹鹏这才知道，原来胡老师也是一位抗日进步人士，以后，除了音乐，他和胡老师又多了一个共同的话题。

一天下午，胡老师很严肃地把曹鹏叫到他的宿舍，拿出自己的小提琴交到他手中："这把小提琴交给你保管，万一我能回来，你再还给我。"

"胡老师，您要去哪里？"曹鹏觉得很突然，就不解地问。

原来，胡森林利用他在江阴的名气和人脉，为抗日做了很多事情，被特务盯上了。根据种种迹象，他意识到自己很快就会被捕，所以把心爱的小提琴托付给自己的得意门生。果然，没几天，他就被日本宪兵队带走了。

一面为胡老师担心着，一面又忍不住想看看那把小提琴。现在，这能发出美妙声音的乐器就在自己手上，他怎么舍得让它寂寞地躺在琴盒里呢。于是，他模仿胡老师的样子用弓去拉，可不管他怎么使劲，怎么调这个、拧那个，那弦就是不发声音。曹鹏只得怏怏地把琴放回琴盒，他想，或许这小提琴也会认生吧。

过了几天，胡老师被释放了。后来得知，正是那个伪区长设法把胡老师给保出来的。后来大家才知道，这位伪区长胡希逊也是一个有良心的中国人，他利用自己的身份和关系，掩护过很多党的地下工作者。曹鹏这才恍然大悟：怪不得啊，要不是这样，林大哥等在伪区长眼皮子底下唱歌演讲，我们堂而皇之奔赴抗日根据地，岂能如此太平无事？

至于胡老师的小提琴自己为什么拉不响，也找到了答案。原来，为了爱惜琴弦，每次拉完琴，胡老师都会把琴马放倒，弦松着，自然是拉不响的。想到自己的无知，曹鹏不禁哑然失笑。以后，胡老师教曹鹏就更上心了，假期中，他还在曹鹏家小住过几天，演奏各种乐器，以提高曹鹏的音乐修养。

1944年，全民抗战正进入关键的决战阶段。

不满20岁的曹鹏，也迎来了人生全新的起点：他希望自己像父亲一样"投身于革命，投身于抗日救国"。在党的地下工作者林路同志帮助下，满怀一片赤子之心的曹鹏，秘密从江阴渡江到苏北，加入新四军。

临行前，看着母亲已经开始花白的头发，从小就不会撒谎的曹鹏，不知该怎么开口。倒是母亲在得知情况后，拉着他的手问："渌弟啊，你记得岳母在岳飞的背上刺的是什么字吗？"

"精忠报国！"曹鹏大声回答。

"那你就报国去吧！"母亲坚定地说。

5月，在党组织的周密计划下，由地下交通员带领，曹鹏和杨光甲、陈楚庆、祝育馨（女）、吴天民共五位进步学生，冒着生命危险从江阴出发，通过几道日、伪封锁线，跟随林大哥渡江，来到了苏北抗日游击根据地。

想起"初征"第一步，一路的艰难险阻，曹鹏刻骨铭心。

曹鹏回忆说："我们一行五人直奔如皋，由于我们几个带了很大的行李卷，所以事先统一口径，佯作是学生，利用放假到苏北如皋我的姑妈家探亲休假，我在离开江阴时，还向母亲详记了姑妈家的地址。当年，日寇尚未攻入如皋城，但国民党军队却已撤离、逃跑，全城人民惊惶不安，风声甚紧张。在通过日、伪封锁线时，日、伪军还要逐个抄身、看'良民证'。约下午五时，我们终于到达姑妈家，由于父亲长期不在江阴，所以我自幼似未见过姑妈。姑妈家是一幢大宅，不速之客突然进入，使姑妈不知所措，我轻轻告知她，我们是要去参加游击队，她更是紧张，我安慰她说，没事，我们仅宿一晚，明晨一早即离。她立即将大门紧闭，让我们进晚餐。第二天早晨约五时，我们就起身离开了。"

一路上，沿线各村都有绝密联络点的地下交通员"接龙"，一站连一站，带他们到下一村的联络点。当地的交通员熟悉地形及复杂的敌伪情况，他们知道如何避开敌人的碉堡，如何隐蔽走田间小路，终于安全地带着曹鹏一行人到达新四军游击根据地。

到达根据地的第一天，曹鹏就给自己取了一个全新的名字。

再次秘密到达根据地，曹鹏有着说不出的亲切。他连背包都没来得及放，便跟着林大哥来到部队的报到处。新四军江南办事处总部工作人员拿来一张表格，要曹鹏填写"姓名、出身、年月"，而且工作人员特别告知他，必须立即更改自己的姓名。因为当时敌特、汉奸活动很嚣张，万一被发现，会连累仍在敌占区家中的亲人。

曹鹏听说要改名，脑中顿时蹦出一句"大鹏一日同风起，扶摇直上九万里"的诗句，他毫不犹豫，立即改名为"曹鹏"，也预示他参加革命是人生的一次全新启程。

"小时候，我对'曹灿蕰'这个名字就一直不喜欢，因为曾有老师点名时误读为'曹灿温'，更因为那个年代，还是男女授受不亲的半封建时代，男、女生座位分开，新来的老师在点名时会朝女生的方向找寻，常引起全班同学哄堂大笑，使我非常尴尬。"这次刚刚参加新四军，就能为自己取一个全新的名字，曹鹏非常高兴。

从此，曹鹏穿上了革命战士的军装，开始以音乐为武器、穿越炮火硝烟的初征。他的音乐生涯跟革命联系在一起，跟祖国的命运联系在一起。

最初，他在新四军江南办事处一个政工队做宣传工作，"大家知道我爱音乐、会音乐，就让我教战士们唱歌，组织歌咏活动"。当时，政工队大约有15人，林大哥是队长。政工队就是每天随着约50名游击队员们打游击，主要的工作就是配合部队向老百姓做宣传，宣传抗日，宣传什么是共产党，什么是朱、毛的队伍，所到之处，很受老百姓的欢迎。

行军的日子很艰苦，曹鹏回忆说："抗日战争时参加新四军，冬天光脚穿布鞋，每天背包走五六十里地，脚都裂开了，但强健了体魄，也培养了坚韧不拔的性格。那些年，我们爬过山沟沟，背着沉甸甸的背包，几分钟里就要集合出发。"如今曹鹏身体依然硬朗，一定程度上也是年轻时通过行军锻炼出来的。现在晚上演出结束回家时，曹鹏扶着妻子惠玲，进了院子曹鹏就说"有水，跳"，两人就会发出会心大笑。

当年，曹鹏和战友们行军路上经过农村，老乡们都将他们当成自家亲人，在部队和当地党组织安排下，战士们往往由村干部带到老百姓家里住宿，曹鹏和战友们用粮票跟老乡换山芋和胡萝卜吃。只有在文工团发津贴或者过年时，战士们才能改善生活，吃上大米饭。"那时能手捧一碗大米饭，大家真高兴，真好吃啊！"曹鹏说："解放军进入上海时，战士们都是睡在马路上的。其实这个传统从我们那时就有了，无论我们走到哪里，前往农村还是城市，都不会打扰老百姓，这就是人民的军队，军民鱼水情。"

二十岁的曹鹏

军爱民，民拥军。在那个年代，没有电话、没有手机，但老百姓会捎来情报，比如敌人还有多少里地就要攻过来了。一次，他在一座桥头刷抗日标语，突然过来了一个小脚老太太，急急地说："同志，快走、快走，日本人就在桥那边，正在冲过来！"老太太边说边拉着曹鹏一路小跑，颤颤巍巍地领着他，从自家后门走出，让曹鹏跟上部队。曹鹏说，"我当时只顾贴标语，要不是这位老太太相助，可能早就牺牲了！"

音乐伴随着曹鹏的斗争岁月，革命岁月也磨炼了曹鹏的音乐发展。

"抗战时，陈毅曾任新四军军长，我们文工团为陈军长写了一首歌《向陈军长致敬》，他听了我们的演唱后，笑着说，'不要向我敬礼嘛'。"这是陈毅给曹鹏留下的第一印象，也是一次"近距离"的精神浸润，让他真切感受到了人民军队的独特情怀。

在革命征途中，曹鹏与黄河结下了不解之缘。也是在那时，曹鹏听到了《黄河大合唱》，这一唱就是七十多年，直到今天，曹鹏每次排演《黄河大合唱》，心中依然澎湃着黄河的惊涛声。

"我第一次听到《黄河大合唱》，还是在1944年。当时我刚刚参加陈毅率领的新四军，成为文工团的一员，这首歌是鼓舞部队战士去夺取胜利的精神食粮。"曹鹏也把《黄河大合唱》称之为中国的贝多芬《第九交响曲》："如《黄河船夫曲》中所表现的船夫们与激流险滩搏斗的情景，浊浪滔天，惊涛拍岸，船夫号子和音乐交织成一幅黄河的惊险画面。在黄河边上，老百姓都非常普通实在，如《河边对口曲》中'张老三'与'王老七'的对唱，如《黄河怨》中一个被日寇侮辱的妇女的哭诉，写得如此深切、感人，使唱者与听者都不由心碎泪下。如果作者没有深厚的生活体验，根本写不出这样惊心动魄的旋律。"

而在战火硝烟中的"三渡黄河"更让曹鹏对《黄河大合唱》加深了理解和感悟。抗战胜利后，在山东大学（下文简称"山大"）文艺系学习音乐期间，曹鹏被选为乐队指挥。由于国民党军队进攻，曹鹏只能跟着部队北撤，这是他第一次渡过黄河。黄河的风浪高，水流急，渡黄河很危险。很多新兵和曹鹏一样，都非常紧张，坐在船上一点都不能动，以保持平衡，一切全听船老大的指挥。黄河中间有一段激流险滩，稍不小心就船翻人亡，船到这个危险的地方，船老大和船工就会激越地喊起"划呀、划呀、划呀"的船工号子，雄壮有力，声震云霄。在那惊险的时刻，曹鹏和战友们也和他们一起喊，还用空手帮着划水。

由于战斗需要，部队时进时退，曹鹏跟着部队，又在敌人的枪林弹雨之下两次渡黄河。有一次，军部已渡过黄河北撤，文工团却因情报有误，还留在黄河南岸执行慰问任务，敌人和文工团只相距五六里路。黄昏时分，文工团的战友们听到了枪声，又一时找不到要去慰问的我军部队，才知形势不妙，急忙掉头北上，直奔黄河大堤。在渡黄河时，遇上敌人飞机扫射，文工团团长的背包还被打了个洞，还好最后有惊无险。还有一次，曹鹏所在的文工团和军部失去了联络，竟然迎着敌人追杀来的方向错渡了黄河，那天下着倾盆大雨，文工团刚刚乘船渡过黄河，老百姓就赶紧来告知说："敌人还有二十几里地就要到黄河，你们快上船返回去！"曹鹏和战友们才安然无恙。

"我一生指挥过很多次《黄河大合唱》，每当我指挥《黄河大合唱》时，眼前浮现出的就是当年指战员们勇渡黄河的场面。"曹鹏说："对我们文艺工作者来说，那个场景就是一幅艺术的画面，我是完全投入这样的画面里，投入我们的母亲河，这样一种激流险滩，我们要冲过去，为了迎敌，为了全国的解放，我们要冲过去！"

伴着呼啸而过的枪林弹雨，曹鹏在战争年代，也在音乐的世界中不断成长，音乐让他无论遭遇怎样的人生低谷，总能积极、乐观面对。回忆起这段青少年时代的革命"初征"经历，曹鹏总结道：

我的音乐发展道路，不是一般的，是在斗争中成长，在斗争中发展。地下党也看中我这一点，因为我能够用音乐来进行革命。为了拯救苦难的中国，我们这群二十多岁的热血青年，冒着生命危险，走上了革命理想之路。在那战火纷飞、艰难困苦的岁月中，我们依然自信乐观，不屈不挠。我的音乐追求，就是根据革命的发展、革命的需要，在斗争中成长。

第四章

战火中的成长印记

抗战胜利，内战又起，1946年，国民党撕毁"双十协定"并大举进攻解放区，曹鹏随部队北撤，到了淮阴。

那时，新四军各部正向日伪军占据的城市进军，急需大批干部接管新解放的城市。为了培养解放区的各种建设人才，组织决定，送曹鹏等一批青年去华中建设大学（下文简称"建大"）上学。临行前，时任政工队队长林路同志写了一张推荐条："曹鹏同志很有音乐才能，希望各级组织注意培养。"这一纸档案，引导着曹鹏一生的音乐之路。时隔半个多世纪，这一纸证明，曹鹏始终感念在心："当年林路同志的一个纸条，我永远记着，这个纸条不是代表他个人，而是代表了组织。我的一生都是靠组织培养，所以我永远记着党，感激党。"

告别了尊敬的初征引路人，怀揣着介绍信，曹鹏踏上了理想之路上下一个重要的新阶段。

华中建设大学是华中解放区培养革命干部和建设人才的新型大

学，1945年创建于淮南解放区盱眙县的新铺镇，抗战胜利后迁往淮阴续办。曹鹏是第二批学员。

建大的所在地原是日伪军的司令部和兵营，墙上满布弹痕，室内空空荡荡，条件简陋，没有教室、桌椅和床铺。一个房间要住20多人，地上铺上草，放上被子，一溜的大通铺，同学学习、讨论、开小会时就盘腿坐在地铺上。学校实行供给制，一到建大就发了全套的新棉装，一穿上，就暖到心里去了。吃饭也很香，早餐是香喷喷的米粥和酱油黄豆，有学生觉得艰苦，可曹鹏却觉得，相比在日伪统治下，现在吃饱穿暖，心情舒畅，还有什么比这更好呢。

开学第一天，由彭康校长做动员报告，专门就"为什么来建大学习"组织学生讨论，要求学生们树立为国为民、为拯救中国、为解放全中国而斗争的学习动机。以后，学生们便天天带着小凳子听报告、上大课。建大有朱教务长、方教务长、姚教务长，都是教育战线上老一辈的专家权威。他们授课亲切生动，涵盖全新的革命道理、人生的辩证关系、国家命运，民族前途。下课了学生则回宿舍展开热烈讨论。学生过的是准军事化生活，纪律严明，每天早上吹号起床，由各队的队长带队出操。全校有上千人，都是年轻人，个个朝气蓬勃，为了理想，奔赴革命。学生喊着口令跑步的时候，尘土飞扬，有点地动山摇的气势，非常雄壮。

建大的学生来自天南海北，100多人一个队。曹鹏所在的队里，大多是来自苏北、有斗争经历的地方干部，一般文化程度较低，但觉悟高、能吃苦，作风淳朴豪放，所以被称为"土包子"队。四队、六队、七队、九队大都是来自上海、广东等南方敌占区的热血青年，他们文化程度高、生活习惯、生活作风和苏北学生又不太一样，被称为"洋包子"队。曹鹏在"土包子"队里是出类拔萃的，他不仅书读得多，而且也经历过战场的考验，于是同学们都说，他是"土包子"队里的"洋包子"。

学校开会、上大课都在大礼堂，开会前各队都要拉歌，这下曹鹏的才能显露出来了。他是纯正的男高音，又受过几位音乐名师的指点，在大多数没有受过音乐熏陶、五音不全的同学们中间，自然是"鹤立鸡群"的。以后，不仅队里拉歌时由曹鹏领唱，全校开周会，校长讲完话，也由他指挥大家唱歌。不久，学校成立了学生会，曹鹏顺理成章地被选为文艺部部长，经常组织大家排节目、演出，参加淮阴县（今属淮阴区）召开的春节军民联欢晚会。

在排练、演出时，曹鹏注意到一个与众不同的漂亮女孩，她扎着两条小辫，不管什么时候，总喜欢在脖子上围一条雪白的毛巾。她的嗓子非常好，一开口，总能引来雷鸣般的掌声。曹鹏从同学那里得知，这女孩是"洋包子"六队的，来自上海，叫惠玲。那时，他们还不知道，两人将会相伴一生。

与曹鹏一样，惠玲也是在加入新四军后改的名字，她本名夏惠玲，1944年1月，在交通员的带领下，由上海秘密通过敌伪封锁线，赴淮南游击根据地参加新四军抗日。因为避免连累家庭，所以一到根据地就被要求更改名字，于是就隐去了"夏"字。当时，惠玲只有14岁，参军之后，就被分配去学习打电报，仅仅学了两天，领导觉得她更适合学文艺，就被安排到了文工团，后来就有缘与曹鹏相识。

和平的日子没能维持多久，时局骤变，蒋介石背信弃义，国民党军队悍然向淮南和苏中解放区大举进犯。敌机空袭淮阴日益频繁，建大已不能正常上课。1946年3月，华中建设大学校长彭康，率领包括曹鹏等在内的一批师生到达山东临沂，并入了山东大学。5月，山东大学隆重地举行了欢迎大会，新四军兼山东军区司令员陈毅出席了欢迎大会并发表长篇讲话，对山东大学的现在和未来做了精辟的论述。

当时山东大学共有1600余名师生，设有政治、经济、教育、文艺四个系，文艺系内又分艺术、文学、新闻、英语四个专业，曹鹏在文艺系艺术专业的音乐班就读，惠玲则在戏剧班学习。在文艺系，曹鹏进音乐班学习指挥，惠玲进戏剧班学习表演，她是班里排演的歌剧《白毛女》的主要演员，扮演"喜儿"，曹鹏是乐队指挥。

由于曹鹏各方面表现出色，山大的党组织也加大了对他的培养力度。支部指派一个老党员，每天晚饭后就约曹鹏沿着城墙散步谈心，看看他对革命是什么态度，对艰苦生活又有什么看法，因为曹鹏是从敌占区来的，所以这城墙下的"考察"持续了很长时间。

1946年7月的一个晚上，曹鹏接到通知，去教师办公室报到，在那里，曹鹏意外地遇到了惠玲，原来，他们居然在同一天被批准入党，又分在同一个党支部。油灯下，两人同时面对党旗举起了右手宣誓。看着身边这个志同道合的女孩，曹鹏的内心倍感温暖。

不久，国民党部队又加紧了对解放区的进攻，为了保证学校的安全，山东大学转移到莒南县的汀水镇继续办学，文艺系艺术专业的同学住在汀水镇的后辛庄。后辛庄距离临沂约90里地，这个山区的小村子风景极美，花草繁茂，果树成行。山坡上遍布栗子树、枣子树，学生们上课、排戏就在打麦场上，天好的时候，不仅闻得着花香果香，还能时不时听到枣子、栗子熟透了落地的声音，很有点诗情画意。村前有条沙河，河水清澈见底，是个天然澡堂，每到天黑，女同学便拉起一道警戒线洗澡。男同学则会自觉地绕开，等女同学都洗完了再洗。学校的伙房在河的另一边，一天三餐都要涉水过河，河水浅浅的，河床上是细软的沙子，光脚踩在上面很舒服，所以涉水时可以大踏步地走。但有时也会上当，一次，曹鹏只顾抬头看风景，一不留神踩在树上坠落的栗子上面，毛刺扎了一脚，疼得不行。偶尔，安静的小河也会发威，大雨后，水会涨起来，浑浊快速地流淌，让女同学望而却步。这时候是男同学"英雄救美"的机会，他们会弯下身子，把女同学一个个背过河，再一个个背回来。

山东人的伙食，以高粱玉米面为主，只有在过年的时候，每个人才能吃上浅浅一碗白米饭，那是很高级的享受了。战火纷飞的年代，条件虽然很艰苦，但曹鹏所在的山东大学文艺系，倒是充盈着艺术气息。文艺系师资力量很强，执教的都是学界名流，系主任是著名学者李仲融、王淑明、胡考、宋之的、章枚等教授也都在艺术系任教。他们自编讲义，亲临讲坛，论述深入浅出，比喻形象生动，让学生们乐观进取，受益颇多。

后来也担任文艺系主任的章枚，秘密为解放区带来了手摇留声机及唱片，为学生们讲授音乐。在那个年代，这些都是极为高级的音乐"奢侈品"。章枚是广东人，身材瘦弱矮小，外表儒雅，平日说话带着广东腔。他曾在上海跟当时的工部局交响乐团首席指挥梅·帕契学习指挥艺术，是享誉乐坛的一位长者。

章枚，是曹鹏音乐生涯中又一位很重要的导师。在章枚老师那里，曹鹏第一次接触到了正规的指挥艺术。

事实上，自从成为新四军文工团团员后，曹鹏尽管只是初步接触了军乐队和编曲，但在各种演出工作中，他越来越深切地体会到："音乐之入人也深，其化人也速。"曹鹏至今还记得，课堂上，章枚跟学生们讲到《田园交响曲》中第四乐章的"暴风雨"时说："这个'暴风雨'就是我们现在的革命，我们必须反抗，必须斗争，从黑暗走向光明。"

由于前线战事激烈，山东大学根据上级"一切为了前线，一切为了胜利"的指示精神，以文艺系艺术专业的学生为主体，成立了山大剧团。

山大剧团的团长就是章枚。剧团的乐队有20来个人，乐器有一把大提琴、四把小提琴、一根单簧管、一支长笛，还有二胡、小号、手风琴、打击乐等。乐队要选个指挥，章枚在全文艺系的学生中千挑万选，最后还是选中曹鹏。

每天早上，章枚都会带着大家练声，然后排练。那时的演出，开场总是由章枚指挥大合唱，随后的歌剧演出，才交给曹鹏指挥。由于演出不断，"实战"机会多，很快，曹鹏指挥起来就已经得心应手了。

一天，章枚突然对曹鹏说，自己接到军部命令，要去司令部开三天会，晚上演出时的开场大合唱，就交给曹鹏指挥。那时候指挥乐队都是在条幕内的，一下子从幕后走到台前，要面对台下几千官兵和百姓，何况事先一次都没排练过……天哪，这怎么行！可是，军令如山，容不得推辞。那天晚上，曹鹏硬着头皮上台，还没举起指挥棒，就紧张得浑身颤抖起来，从第一音起，边指挥边颤抖直至结尾，回到台下都没能松弛下来。这生平第一次舞台上"颤抖的经历"，让曹鹏终生难忘。曹鹏回忆说，"颤抖"着完成指挥是一次很好的实践，使他深刻地意识到指挥艺术的难度。实践证明，因为经过了这场演出的锻炼，以后无论再遇到什么大场面，他都能镇定自若，不再紧张，在此后军区文工团的上百场歌剧指挥中，他积累了丰富的实践经验。

除了为指战员演出，深入农村向广大百姓进行宣传，也是山大剧团的任务之一。没有交通工具，外出就靠两辆毛驴车拉设备，一辆车装锅灶等生活用具，还有一辆车装汽灯、绳子、幕布等演出道具，其余的都向老百姓借。曹鹏身兼数职，既是乐队指挥、男高音演员，又是剧团装置组的成员。

比起其他剧团成员，装置组是最辛苦的，大家还在休息，装置组就要先出发了，五六十里地走下来，到了地方，还得先去借杆子搭台。山东农村的土墙都很矮，家有高大杆子的，都会在墙上露出半截，远远一看，谁家有杆子的，一清二楚，于是曹鹏便上前去敲门借杆子。借来杆子，在土台四周竖起，再挂上幕布和汽灯，就是一个简易舞台了。道具大多数也是借，借不到还要做，譬如沙发，老百姓家哪有这个，于是找一把宽一点的椅子，垫上草，再用布蒙上，乍一看，还足以乱真呢。锣鼓不是每个村子都有的，事先要打听好，有时甚至要翻几座山才借得来。那时候，军民关系极好，解放军威信很高，民拥军、军爱民，"三大纪律、八项注意"，真是深入人心。剧团向老乡借东西，几乎没有不肯的，但用完了，也一定负责送还。

曹鹏身体灵活，小时候家中园子内果木甚富，放了学返家，先爬上树，吃上几个鲜果，有时就坐在树丫上温习功课，没想到在剧团还派上了用场，爬杆子挂幕布，成了他的专利。一次下农村演出，演到一半起风了，把幕布吹开了一个口，曹鹏赶紧带着钳子爬上杆去把幕布绑紧。没想到，在戏里他有个角色，该他上场了，场记找人找不到，一看，在杆子上呢，赶紧招手："曹鹏曹鹏，到你了！"

曹鹏一滋溜下来，很快进入剧情。可台下为什么都在笑呢？是自己出错了吗？后来无意中一摸，腰上居然还挂着一把钳子呢！

因为物资缺乏，要先保证前线官兵的供给，剧团常在整个冬天都发不出袜子，就由后方乡亲们用粗布缝起来的袜子代替。齐鲁大地的冬天天寒地冻，剧团连着几天急行军，曹鹏的脚也常冻裂开很大的口子，血流不止。休息时，曹鹏找到卫生员，卫生员打开随身携带的药箱，只有一点碘酒和药膏，卫生员给曹鹏涂了点凡士林，就算治疗过了。

在战争年代，行军打仗途中欣赏古典音乐，实在是一件无法想象的事，但山大剧团的团员们却拥有这个福分。章枚团长的级别，可以有一匹马并配有一名警卫员，但他从来不骑，虽然身体较虚弱，但他总是背着背包，和大家走在一起，和大家同甘共苦。他的这匹马有时留给病号，更是专为一台手摇留声机和一箱唱片所用，那是他的心爱之物。到了宿营地，他组织学音乐的团员，让大家围坐一起，听音乐，听贝多芬、巴赫或者是柴可夫斯基的音乐。留声机的手柄被轻轻地摇动，音乐响起来了，雄壮而洪亮的乐声排山倒海地向大家袭来。每次听到贝多芬的《田园交响曲》，章枚都会深情地解说："这里是小河淌水……这里是鸟语花香……雨过天晴……"在那个艰苦斗争的年代，还能有音乐相伴，还能向往生活的美好，还能不忘初心，令曹鹏深受触动，并始终以此激励自己。

一个个雨夜，在胶东的一个小村庄里，一群热爱音乐的年轻人，在贝多芬的陪伴下，忘掉了疲乏。每次听完音乐团员们各自去睡，打开背包，被褥都是湿的，但他们心头是暖的，就地一躺便进入梦乡。一夜无梦，第二天起来，已是雨过天晴，大家重新奔向新的征途。天天如此，苦并快乐着。

1947年2月，国民党重兵向山东解放区大举进攻，山大剧团被编入部队，成为华东军区政治部文艺工作第三团。因为靠近前线，遇到的危险也比以前多。团里只有两支枪，六发子弹，一支是老套筒，还有一支是中正式，谁打前站，就由谁带着。晚上住宿，因为住得分散，两支枪根本分不过来，就在女同志宿舍放一面锣，一旦有什么情况，就敲锣发警报，所幸那锣声一直未曾响起。

有一次，部队撤退，伤病员跟着走了，他们留下的九个背包，却一时无法带走。首长让曹鹏留下，向老乡借匹毛驴，把背包捎上再去追部队。以前，问老乡借东西不费事，只要开口，基本上不会被拒，但这次有所不同，因为敌人眼看就要到了，老乡自己正忙着撤离呢，毛驴要是被借走，估计就还不回来了，所以老乡说什么都不答应。曹鹏一连走了好几家，一无所获。

把背包扔下自己走？这是不可能的事，但要是不扔，连自己也走不掉啊！他正束手无策时，幸亏团里见他迟迟未跟上，派了郭宗林、邱石平、殷红等几个人回来接应，这才解了曹鹏的围。

长途行军总会有掉队的，为了避免掉队者找不到队伍，往往会在岔路口留下一个人，等掉队的人赶上来了，再一起往前走。有一次，部队要去益都县，走到一个岔路口，把曹鹏留下等那些掉队的同志，可是等到天黑依然不见一人。夏天的旷野，空寂辽阔，漆黑一片，连一点星光都没有。曹鹏只记得部队是要去益都县，至于该怎么走，根本就不知道。不远处有条河，河边有青纱帐，曹鹏一想，还是沿着河边走吧，遇到情况，不仅青纱帐是个掩护，还能下河游泳。他深一脚、浅一脚地走了一会儿，见河对岸有影影绰绰的灯光，于是大着嗓门喊："老乡，益都县咋走啊？"河风一吹，对面那回话的嗓音便被撕碎了，什么都没听见。再走，又听见了水声，一看，不光水里有人，岸上还有衣服和枪呢。一定是特务！曹鹏警觉地一闪，躲进了青纱帐。观察了一会儿，却还舍不得走，心痒痒的，思忖着要去摸一把枪来，但随即冷静下来，自己还要去赶部队，万一被发现，估计很难走得脱，于是悄悄地绕开了，凭感觉选了一条路，走一会儿便蹲下身子辨认路上的车轱辘印，或者趴在地上听听是否有马蹄声。或许是老天垂怜，天快亮的时候，他居然找到了部队！那些掉队的人也到了，原来他们走的是另外一条道……

那时，曹鹏与惠玲已经从相熟、相知再到暗生情愫。每次曹鹏在条幕内指挥，惠玲也在条幕边候场上场，仅仅一个擦身而过，彼此已传达了无数情意。可是在那个年月，有爱也只能放在心里，况且烽火岁月一心工作，还没有谈恋爱的浪漫氛围。双方尽管克制着，毕竟两情相悦，有时无意中的一个眼神，或者一个简单的肢体语言，就把他们的内心表露无遗了。

惠玲是团里的台柱，不管是什么戏，《白毛女》还是《兄妹开荒》，主角都非她莫属，就连部队首长看过她的演出后都大为赞叹，加上她思想单纯、好学又漂亮可人，团内的大哥、大姐都很爱护她、

惠玲（中）演出剧照

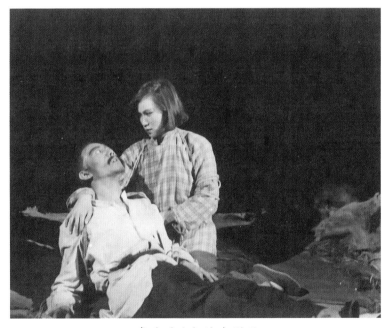

惠玲（右）演出剧照

关心她、帮助她，组织上也有心培养她。1949年春，在全团大会上，当时的领导宣布了一件事：由华东野战军渤海纵队和淮海战役中起义的国民党第五十九军改编而成的中国人民解放军第三十三军刚刚成立，也要组建文工团，需要华东军区文工团派人支援。在经组织研究决定的名单中有惠玲，而且明天一早必须出发去第三十三军报到。这突然的决定，令大家感到意外，惠玲和曹鹏多么想在离别前能单独相聚一会儿，能单独告别！

冬去春来，前线胜利捷报频传，部队文工团亦随军转战南北，在紧张的战斗生活里，"思念"二字常难排上号。也许是上苍有意安排，在1949年的春暖花开季节，军部电影放映队为慰问驻地部队，在夕阳落山的某村打谷场放映电影《列宁在1918》。谷场上坐满了各路来的士兵。有一位没扛枪的年轻人，正在人群中钻来钻去，想找个合适的位置，忽听银铃似的熟悉又陌生的一声呼喊：曹鹏！他回头一看，居然是惠玲！面对意想不到的重逢，曹鹏一下子愣住了。原来，第三十三军的驻地也离此不远，这意外的相遇，真是惊喜啊！两人携手到场外，倾吐心声，电影虽散场，两人不舍分别，曹鹏一口气把惠玲送回了第三十三军驻地，可仍是倾诉未尽。

"我再送你一程！"惠玲说。也许是快八月十五了，那晚，明月如镜，月光似水，直泻路边树梢，并肩细语，可以清晰地看到对方的眼睛。十几里地，送去又送回，难有分别。终于把惠玲送回驻地，亲眼看着她进了门，曹鹏才挥手转身，心中充满幸福，脚步也轻松起来。

以后，两人就只能靠军邮寄托相思。一封信在路上磕磕绊绊，至少要走半年，况且那是战争年月，每封信都会被多次拆开审查，所以信上只是报个平安，即便如此，两人很知足，只要有爱，距离又算什么？

后来，华东军区文工团和第三十三军文工团竟然都进驻了济南。这次，曹鹏专程去惠玲所在的文工团看望她，文工团张先农团长是一位和善的老同志，热情地欢迎、接待了曹鹏，还亲切地对曹鹏说："这里也是你的家。"张团长还把他俩的相会，戏称为"有情人会师济南府"。

终于，经过革命战火的考验和洗礼，曹鹏不仅找到了相随一生的音乐事业，也找到了相伴一生的最爱——惠玲。

第二篇章

卧薪尝胆的锤炼之路

（20世纪50年代—70年代，逐梦艺海）

人若无自信，就谈不上进取，国若无自信，也很难强盛。音乐对人民来讲，就是无形的力量。当命运来敲门，拿起手中的指挥棒，让生命的旋律奏响在人类胜利的春天。你的内心要与音乐在一起、与作曲家在一起，而要做到这一点，必须要有踏实的艺术积淀和勤奋的工作。让世界通过音乐了解中国，是一个中国指挥家的责任。让人民大众了解、接受、喜爱交响乐，也是时代的使命。

——曹鹏

第一章

"三板斧" 挺进新战场

回望解放战争的年代，经历了隆隆炮声和艰苦奋战，苦难深重的华夏大地，即将迎来新生时刻。这时，在革命队伍中锤炼成长的曹鹏，也迎来了他战斗事业的下一站——"东方不夜城"上海。

1949年4月，人民解放军"百万雄师过大江"，华东野战军从淮海战役战场渡江南下，解放上海，曹鹏随华东军区文工团进驻中国最大的都市。

为了更好地接管上海，文工团随军部驻扎在离上海不远的江苏丹阳集训休整，学习入城纪律。陈毅司令员还专门为大家做了报告，讲形势、讲政策，强调入城后要提高警惕，保持艰苦奋斗的本色，严守部队纪律。

5月26日，曹鹏随军区文工团乘火车来到上海北火车站。第一次走在"十里洋场"的大街上，全团人员两人一排，挺胸昂首地整齐行进，在挥舞着小彩旗的市民夹道欢迎中，步行到威海卫路（今威海路）上原国民党"三青团"所在的"新生活"俱乐部。7月12日，文工团又搬迁到梵皇渡路（今万航渡路）618号原国民党上海市市长钱大钧的一座官邸内。两处都是带花园的洋房，因为物资匮乏，大家都席地而卧，但与战争年代的艰苦环境相比，已是天壤之别。

吕其明在回忆中说："我们文工团整齐地走在上海的马路上。我和团里五六位同志的背包上面都架着一个小提琴盒子，马路上似乎投来路人不解的目光，难道'土八路'还有洋玩意？另外，也还有路人看不见的，那就是未来的大师朱践耳、曹鹏也走在我们的队伍中……"

作为军事管制委员会（下文简称"军管会"）军代表之一，曹鹏和文工团战友们参与接管位于吴淞口的上海第一钢铁厂，大家团结工人并且发动工人恢复工厂秩序，继续生产钢铁。文工团不仅为工人们带去了生动活泼的文艺节目，曹鹏也和工人们一起踏上高炉，将一把把汗水热情高涨地洒向飞溅的钢花。

戴着军管会的臂章，作为工作组的成员，曹鹏开始了忙碌的接

曹鹏戴过
的军管会臂章

管工作。那是私营企业，每个星期一上午，老板会坐着汽车来开厂务会，听汇报，布置生产。这时，工作组成员就会在一边旁听，也有工人代表参加，曹鹏很多没听懂，但也起了个监督作用。那时，我党对资本家以团结、尊重为先，尤其当时西方国家对上海全面封锁，所以团结各方力量、恢复生产、抓好生产是军管会的使命。那段日子，曹鹏就住在厂里，跟工人们同吃同劳动。上班跟大伙一块上高炉，下了班再组织文娱活动，教唱歌，教大家自编自演小节目。这些都是曹鹏的强项，没多久，厂里除了机器的轰鸣，还经常会响起歌声："解放区的天是晴朗的天，解放区的人民好喜欢……"有时，大家用上海地方话自编自演沪剧小剧目，内容是控诉工人们在日伪统治时的遭遇，如唱："特务要来捉伲去，赶紧忔我逃出去……"曹鹏还组织过一次工人进大光明影院看电影的活动，工人们站在大卡车上，兴高采烈地敲着锣鼓，车上用大红布挂着横幅"工人阶级到大光明看电影"。这的确是解放后工人阶级翻身当家做主人的一幕。曹鹏等人的工作卓有成效，短短几个月，工人们的精神面貌就完全不一样。

上海解放后，夏衍等同志奉命接管国民党在沪的一批电影企业，并于1949年11月16日宣告成立上海电影制片厂（下文简称"上影厂"）。1951年，华东军区文工团转业至地方，根据中共中央宣传部（下文简称"中宣部"）的指示，文工团的一批骨干，被选调进入上影厂，曹鹏的身份是"上海电影制片厂管弦乐队"（上海电影乐团前身）队长兼指挥，负责组建乐队及指挥配乐。上海解放后的第一部电影——《农家乐》以及由音乐家贺绿汀作曲的《宋景诗》等影片的电影音乐都是由曹鹏指挥演奏的。

初来乍到，曹鹏对电影音乐一窍不通，为了让曹鹏尽快熟悉工作，上影厂外聘了一位党外进步人士——相当有威望、对党有贡献的著名作曲家王云阶先生任音乐组组长及顾问。上海的秋天，天气已经很冷，但很多人的脚上都还没有袜子，王云阶先生便给每人买了袜子送来；当时，大家的伙食仍以素食为主，春节时，王云阶先生又给大家送来猪肉以改善伙食。

为商讨筹建电影乐队招聘及工作计划事宜，王云阶先生约曹鹏在南京路上南阳路口的一家咖啡馆见面。曹鹏以前从未进过咖啡馆，进去一看，店堂装潢奢华，弥漫着轻音乐，咖啡冒着香气，服务生穿着熨得笔挺的制服，彬彬有礼地穿梭在顾客中间。当时，曹鹏心里便打起鼓来，提醒自己：千万要提高警惕，别被资产阶级思想侵蚀了！当然，后来曹鹏意识到，原来约曹鹏在咖啡馆见面，是王云阶先生对他的尊重。

上海是中国现代音乐和电影的策源地，大师云集、藏龙卧虎，此刻正面临百废待兴、共克时艰的局面。曹鹏"久经沙场"，在部队已经指挥过数百场演出，但对电影配乐这一全新的业务还是感到了极大的压力。正值电影《农家乐》开拍，曹鹏却似初生牛犊，毫不畏惧，他一脚踏入电影音乐圈，立即不同凡响地亮出了成功的"三板斧"！

第一道"板斧"，就是勇于尝试、大胆创新。

录制电影音乐，对曹鹏而言是全新的领域，但他刚开始负责创作电影配乐，就大胆地进行了一次艺术尝试。有一部电影中有解放军接连攻下三座城市的跳跃镜头，为了让音乐更贴切地展现蒙太奇节奏的变化，他将《新四军军歌》中的同一个段落变了三个调子，为三段镜头配乐。这在当时的上海电影界是还没有人用过的手法，这次创新获得了成功，观众反馈还不错。

第二道"板斧"，是熟读乐谱、倒背如流。

当时的上影厂，西乐演奏人才奇缺，曹鹏的乐队也仅仅招聘到20余名演奏员，因此，每逢新影片音乐录音，必借原工部局交响乐团的外国演奏家加盟。这帮金发碧眼的演奏家，能力强、演奏认真，但当他们发现面前的这个乐队指挥不过二十五六岁，而且在上海电影音乐圈也是名不见经传的"新手"，便开始"为难"他。

有一部分演奏提琴的外国人看不起曹鹏这个"毛头小伙子"，第一次合作刚开始，便率先发难："你在指挥时，如果不指点到我，我就不拉弓！"

机灵的曹鹏当然知道，这是他们想故意试试自己这个年轻指挥究竟懂不懂乐谱。面对挑战，他并不畏缩，大棒一挥，指挥若定，很好地完成了电影配乐任务。

外国人服了，但也有些纳闷：这个年轻的中国人，究竟是怎么做到的？

原来，曹鹏是有备而来，开工前，他早就连夜苦读乐谱，甚至背熟于心，最终让那些眼光挑剔的外籍演奏家"服了"。

令人信服，自然与曹鹏的"打铁还需自身硬"相关。进入上海，尤其是进入上影厂以后，曹鹏第一次在大城市的图书馆中看到了管弦乐乐谱，这些乐谱上的曲子，曹鹏前些年已经在听广播时烂熟于心了。有了好的学习条件，曹鹏就照葫芦画瓢开始了管弦乐创作。他如饥似渴地学习和声、配器、研读总谱，并不失时机地出现在由意大利人指挥的原工部局交响乐团的排练现场及音乐会上，仔细观察、静心体会。当然，他还花了大量时间，熟读了大量有些复杂的乐谱，像贝多芬、柴可夫斯基的经典交响乐，他熟读得几乎能背诵出来。他说："背熟了，指挥起来，也就得心应手了。""我的一生总是以笨鸟先飞、勤能补拙来勉励自己。至今我还记得在录音棚中第一次跨上那高高的指挥台时的心情。虽然我是一名新兵，但我觉得自己就是一名决战前的将军，考虑的只有一件事——胜利。"

"三板斧"中的最后一击，是果断精确、惜秒如金，愈加显示了曹鹏作为一个出色指挥家的过硬品格与过人能力。

当时，借来演奏的原工部局交响乐团中、外演奏家，开出的酬金较高，每小时每人要"八个单位"。原来，1949年6月14日起，刚刚解放的上海市开始实行"折实单位"办法。"折实单位"以实物为基础，以货币作为计算单位，一个折实单位包含中白粳米1升、生油1两、煤球1市斤和龙头细布1市尺；6月14日当天，中国人民银行上海分行挂出折实单位牌价为302元，同时人民银行举办折实单位储蓄存款，以后各单位发放工资和私立学校收取学费等，都按折实单位计算。如此算来，这个每小时每人"八个单位"的要价，已经很高了；而且，如果录音超过合同规定时间十分钟，还要按一小时付费。因此，每次录制音乐，曹鹏都是惜秒如金，他这个乐队指挥，展示出超强的统筹整合与组织控场能力，为公家节省了大量开支！

更大的难题是录音胶带。解放初期，上海受英、美等帝国主义国家的全面封锁，上影厂的录音胶带仅剩下敌伪电影厂时期留存下来的有限的"存货"，都是从德国进口的，非常昂贵，而且当年这种录音胶带都密封在暗盒内，是一次性的，要求录制时不能有任何差错。

曹鹏回忆说："既不能浪费胶带，又不能超出预算，这些责任全在我指挥一个人的身上。"

《农家乐》是上海解放后的首部电影，描写的是土地改革时翻身农民的生活。曹鹏对农民很有感情，对农村生活也非常熟悉，加上葛炎作的曲非常贴近农民生活，特别是有一段用板胡演奏的"赶马车"的配乐，曹鹏更是特别喜欢。

为电影配乐，最重要的就是音乐与画面要精准合拍，所以对时间的掌控非常重要。上影厂实行的是包干制，相比供给制可以稍自由些，但为了精准把握时间，曹鹏拿到薪水后的第一件事，就是去买了生平第一块英纳格手表。这块表40块钱，把曹鹏的兜都掏空了，曹鹏没有心疼，因为是为了工作。

作曲和导演会把乐曲的长度和电影画面的时间告诉曹鹏，为保证万无一失，曹鹏干脆就住进了闸北电影技术厂的剪接室内，反复测量核对。剪辑车间是电影厂的重要部门，一般人不准进，更别提留宿了，可是，工人们看见这个小伙子这么拼命工作，都被打动了。"技师们对我都非常友好，教我摇片机算时间，甚至还教会我放映影片。我通宵达旦，读乐谱、对画面、掐秒表，看着总谱、对着画面，一遍一遍地核对，准确无误后才正式录音，一遍就过。深夜，在偌大的厂房，我一个人也有喜悦的时候，那就是当我纠正了导演和作曲家给我的影片长度时间，一小节不误准确地修正了乐谱，保证了录音的顺利进行。""我心里知道，录音的时候不能出一点错。当时我还是一个新手，感到责任重大。"曹鹏回忆说："最累的工作是改谱。比如电影的画面只有32秒，但乐谱却有35秒，这就要我设法去掉3秒。是去掉一小节还是一小节半，都要反复斟酌。有的时候乐谱不够长，还要在乐谱上标记好需要反复的小节。"曹鹏说，当时的乐谱都是手写的，他改动后，还有专人负责抄分谱，时间十分紧张。晚上累了，就直接睡在剪辑间的地板上。经过大量准备工作，正式录音时，基本都能一次通过。"电影厂这段时间的工作，对我是极大的锻炼。"

《农家乐》的配乐录音只用了一天半时间，演奏一气呵成，没出一点差错。以后，曹鹏又指挥上海电影乐团为《胜利重逢》《翠岗红旗》《大地重光》等影片配乐，由于准备工作充分，他们基本上都用最短的时间完成任务。有人赞叹曹鹏有本事，他总是诚惶诚恐地说，"笨鸟先飞"而已。

一番挑战与磨砺，"砍"好了"三板斧"，曹鹏走进大上海、开始新征程，他很快进入状态，出色地胜任党组织安排给他的艰巨岗位。在当年的演奏乐队中，曾经坐着一位圆号演奏家，他就是曹鹏最尊敬的黄贻钧，作为新中国交响乐史上第一任指挥、上海交响乐团团长，黄贻钧也对曹鹏这位来自革命队伍的青年指挥家兼乐队队长赞不绝口，这位资深的老音乐家，从曹鹏身上看到了中国交响乐的希望，也为今后他们的合作打下了基础。

1952年，上影厂请贺绿汀先生为电影《宋景诗》作曲。当时的上影厂条件简陋，只安排贺绿汀住在一间小阁楼里，里面摆放着一张桌子和一张床。贺绿汀当时已经是名噪一时的大音乐家了，可他却没有一点权威的架子，一日三餐都由食堂送去，并不讲究，每天只是足不出户地埋头创作。那段时间，曹鹏是唯一跟贺绿汀打交道的人，早饭后，曹鹏会登上阁楼，去取贺绿汀前一天写就的乐谱。偶然，贺绿汀也会抬起头来跟他聊上两句，但多半时候曹鹏会默默地拿走乐谱，然后先行指挥排练和录音。就这么边写边录，当贺绿汀完成了整部电影的作曲，曹鹏也率乐队完成了电影的配乐。可惜电影公映时，曹鹏已经去了北京电影制片厂（下文简称"北影厂"）。

那段时间，曹鹏家中发生了一件大事，多年杳无音信的父亲突然回来了！得知这个消息，曹鹏急忙请假回了一趟江阴。父亲离家时，曹鹏尚幼小，他也常有失去父亲的痛苦，但幼小的心灵更理解母亲的思念，所以他总是克制着，其实母亲在盼，儿子也在盼。

父亲是孤身一人回来的，两手空空，连一件行李都没有。在江阴时，他是学校的语文教师和体育教师，身体健康，性格开朗，曹鹏遗传了很多父亲身上的优良基因。可经过多年岁月的摧残，父亲变得木讷，不再爱说话，常常一个人默默地坐在屋檐下，望着天空。

无论如何，新的时代到来了，父亲也回来了，残缺的家终于团圆。曹鹏心满意足地回到了上影厂，以百倍的热情投入工作。那几年，他每年都是单位的先进工作者。

1952年底，中央电影局决定将上海电影乐团并入新影乐团（成立于1949年4月20日。1953年，乐队改属中央新闻纪录电影制片厂。1985年，乐团更名为中国电音乐团），曹鹏也随之去了北京。当时，新影乐团隶属于北京电影制片厂，专设音乐科，下辖交响乐团、合唱团、民乐团、创作组。曹鹏任副科长兼指挥。

在战争年代，一杆枪就如第二生命一般珍贵，当年的华东军区文工团，仅有"老套铳"和"中正式"两杆长枪，是给打前站者用的。打前站既艰苦又危险，曹鹏与王骏（解放后任福建省电影发行放映公司经理、福建省电影家协会副主席）、邱石平（解放后入北京电影厂任编导）及郭宗林（解放后任上海电影技术厂厂长）等几位是经常负责打前站的。曹鹏随身还带有三颗手榴弹。说实在话，由于没有遇到过任何情况，所以从未发过一枪一弹。

枪支管理在战斗部队是极为严格的。当年文工团演出《白毛女》这类戏剧时，一律严格规定战士枪支的子弹要退膛，因为部队中百分之八十以上都是受苦受难的穷苦农民出身，当他们看到舞台上黄世仁等坏人时，也确实感同身受，他们会情不自禁地呼起"打倒黄世仁"的口号，许多战士边看边哭，而且也确实发生过观众对着舞台要举枪射击演员的危险事。

当年的文工团团员，有手枪者仅五名：吕其明（著名作曲家）有一支比手掌还小的"勃朗宁"手枪，腰围上一串几十颗子弹，他父亲是党的省委一级书记，后被国民党杀害，这是他父亲的遗物，意义甚重；许兵克（著名舞蹈家、南京军区文工团舞剧团团长）有一支左轮手枪，是当年最具威力的武器；武超武（上影厂导演）、陈香夫妇每人有一支手枪；徐史（中央电影局艺教司司长）。

曹鹏也有一支手枪，是较晚在1948年下部队生活时首长赠送的，有五发子弹。但从未实弹射击过，在那战争环境中，枪是宝，子弹是宝中之宝。五发子弹：四发对敌，一发对己。腰部一直挂着的三颗手榴弹：二颗对敌，一颗留着和敌人同归于尽。这是铁打的信念。平时曹鹏真想试射一枪，也总是忍住不舍得。所以手枪能否打响，手榴弹是否失效，他一无所知。

随军进上海，后入上影厂，手枪就锁在办公兼宿舍的抽屉中。在上影厂时，曹鹏和吕其明同住宿在一间房内，午间休息时，吕其明睡午觉，曹鹏就是玩枪，拆卸、加油、擦亮就是他最好的休息。

1951年上级通知：枪支一律要由公安局登记入册并发有枪证，这时曹鹏才知道自己的枪编号是"106889"。

1952年，曹鹏调北京电影制片厂，因那时还穿着军装，戴着军管会的袖章，一支手枪就插在胸前，坐着火车进京了。直至1953年公安部通知"枪支一律上缴"，总算也安心了。

在北京电影制片厂，曹鹏指挥配乐的第一部片子是《龙须沟》。龙须沟是解放前北京天桥东边的一条有名的臭水沟，住在河沿小杂院中的人们生活贫困凄惨。解放后，政府彻底治理了龙须沟，把昔日脏乱不堪的贫民区改建成为整洁漂亮的大花园。电影强调的是新旧社会的对比。曹鹏很喜欢这部片子，说起老演员于是之的表演就赞不绝口。以后，他又完成了《智取华山》等片的配乐任务。由于曹鹏工作出色，年底被评为"模范工作者"，又被选为全厂的工会副主席（正主席是脱产专职干部）。高戈厂长很看重曹鹏的才能，希望提任曹鹏为全厂的音乐总编，可曹鹏坚决推辞了。他说："我还年轻，我不想做官，我要学习。"

北京电影制片厂原先有一名指挥，是一位优秀的音乐家——陈维文先生，由他与曹鹏两个人分担指挥任务，曹鹏的工作量相应减少，这给他的自学创造了很好的条件。那段时间，曹鹏跑书店，买谱、看谱、学和声、学对位、学配器、练钢琴，不懂时就请教创作组的专家。

解放初期，苏联大使馆和中苏友好协会每周都有音乐讲座，放送及讲解格林卡、柴可夫斯基、里姆斯基-科萨科夫等作曲家的音乐，每次讲解还分发讲义。那时，个人和单位都不可能有音像资料或音像设备，如此优越的学习资源，曹鹏如饥似渴地努力吸收。厚厚一叠音乐讲义资料，他至今还保存着。

为了方便出行，他还购置了一辆飞鸽牌自行车。有了自行车，哪里都能去，为了学习，不管是东单还是西单，不管是东直门还是西直门，骑上就走。

除了为电影配乐，曹鹏还是乐团指挥，每周还有一个任务，要带着十几人的小乐队进中南海为中央领导的舞会伴奏。中南海的安保很严，曹鹏他们第一次带着大鼓去的时候，警卫怎么都不让进，非要把大鼓拆开检查。这鼓一拆开还能用吗？曹鹏再三解释，最后还是用扫雷器仔细扫过后才放行。为舞会伴奏不需要指挥，曹鹏也不会跳舞，但曹鹏的压力比谁都大，因为中央领导近在咫尺，一场舞会下来，他比指挥一场音乐会都累。

第二章

"独生子"跨入新殿堂

进京以后，曹鹏可谓"三喜临门"。

第一喜：工作得到肯定。

在北京工作的那段时间，曹鹏一边做好本职工作，一边潜心学习音乐知识，作为新中国第一位电影乐团指挥，曹鹏努力工作，先后荣获"先进工作者""模范工作者"光荣称号。

第二喜，就是他与惠玲"有情人终成眷属"。

上苍眷顾，1948年，曹鹏随军部进济南，惠玲也随第三十三军进济南；1949年，曹鹏随军部进驻上海，惠玲也随第三十三军进驻上海；1952年，曹鹏调北京工作，惠玲也从上海警备区文工团调到公安部文工团工作。在北京，曹鹏住在东观音寺胡同，惠玲住在井儿胡同，骑自行车也就十分钟的事，简直可以"朝朝暮暮""如影随形"了。但两人都是单位里的重要人物，惠玲是团里的主要演员，曹鹏是指挥兼副科长，都是忙人，所以很少有机会见面，也许几周才能见上一面，释放一下彼此的相思。

说起经济这笔账，曹鹏对惠玲又记下重重的一笔。按说曹鹏在北京电影制片厂的工资有90余元，不少了，但父母那里要寄钱，姐夫李复华去世后，大姐曹婵一人抚养五个孩子，很困难，也要寄钱。以前家里一直靠四哥曹灿藻负担，曹鹏进城后，念着四哥的好，也常常寄钱给他，这样四下里一分，就所剩无几了。加上音乐科没有食堂，单身汉的一日三餐主要靠饭店。厂边上有家饭店叫"永和居"，成了北京电影制片厂单身汉的食堂。那店家也客气，一见熟人到了，便高声吆喝"曹鹏同志来啦，老三样，送一碗高汤……"吃完了也不用现钱，记在账上，厂里什么时候发工资，他们都记得清清楚楚，再去的时候，一张账单送上来，付账就是。那时代的人，确实也都相互信任，虽省事，但难有积蓄，都是"月光族"。

　　乐团的一位合唱队员想出售一架自用的钢琴，那天，曹鹏跟惠玲见面，说起那架钢琴时，曹鹏长吁短叹，惋惜自己无力购买，没想到惠玲竟然轻描淡写地说："你买吧，这钱我来出，学习最重要。"一架琴"200元"，在那时实在不是个小数目。惠玲的单位那时还是供给制，每月仅有几块钱津贴，也还要帮助哥哥一家，一个女孩子，要怎样的节俭，才能省下这200元钱啊！曹鹏甚是感动。艺术家对艺术的追求重于一切，这分量重重的一架琴，如虎添翼，有了自己的钢琴，业务水平提高得更快了，给曹鹏带来了一个艺术的新境界。情重胜琴重，根根琴弦，皆蕴含着惠玲的深情呀！

　　1954年5月，曹鹏和惠玲的结婚申请报告批下来了！

婚礼就在北影乐团的排练大厅举行，一切都由乐团同志们自发操办。桌上铺上白桌布，摆上糖果、茶水，房间里挂上彩纸条，虽然简朴，却很亲切、热闹。公安部文工团特地派了一辆大卡车把新娘子送来，同车还跟来了一车漂亮的男女合唱团团员及话剧队的演员们。电影局音乐处处长、老音乐家何士德先生为新人证婚，婚礼后还举办了舞会。曹鹏穿着深色演出服，惠玲穿着一身呢军装，一个英俊，一个娇美，得到了众人的诚挚祝福。

　　曹鹏的办公室也就成了新房，为了结婚，两人一起去购置了一张大铁床，颜色是淡蓝的，就算是新婚家具了。在新婚第二天，乐团的老音乐家、中提琴首席关紫翔同志，一大早还特地来乐团给他们俩照了张相，留下了他们的幸福时光。

　　第三喜就是得到出国深造的机会。

　　功夫不负有心人，深造的机会也很快向曹鹏招手。1954年，文化部决定在全国选拔五名音乐人才，赴苏联莫斯科柴可夫斯基音乐学院出国留学，但是该院"交响乐指挥系"在全国的考试中仅有一个录取名额，全国有那么多音乐人才，竞争的激烈程度可想而知。曹鹏在电影局有很好的口碑，电影局不仅推荐了曹鹏，还给了他三个月的假期，让他备考。最终，曹鹏在数百名竞争者中成功脱颖而出。与此同时，惠玲也坚决要求领导批准，报考了中央戏剧学院。二人情投、志同，都努力学习上进，尤为可贵。

　　这一次交响乐指挥的留学考试，除了格外紧张的备考记忆，更留下了曹鹏人生中值得珍藏的场景和画面。

莫斯科柴可夫斯基音乐学院是享誉世界的音乐学府，入试要求很严苛，考试的科目，除了必考钢琴、乐理、和声、视唱等基础项目外，对交响乐指挥还有两项特殊的必试科目：一是演奏交响乐队中的某一件乐器；二是现场指挥交响乐团。

很幸运，那支长笛，从辅延小学起就一直跟随着曹鹏，吹起来自然是驾轻就熟，他用长笛自如地演奏了两首中外乐曲：贺绿汀的《牧童短笛》和法国比才《卡门》组曲中的《小步舞曲》。曹鹏的音乐天赋与他对音乐的热爱，助他过了演奏关。

第二场考试在一个月之后，考的是现场指挥，考场就在北影乐团的排练大厅，曹鹏选的曲目是莫扎特的《费加罗婚礼》序曲以及鲍罗丁的交响音诗《中亚细亚大草原》。指挥交响乐团演奏，也充分体现曹鹏巨大的优势。当时，在全国报考交响乐指挥系的考生中，几乎没有人具有指挥乐队的实践经历，而曹鹏的职业就是北京电影乐团的指挥，更有一个优势，就是他指挥的电影乐团也是现成的。

乐团的同志们，抱着极大的热情支持曹鹏。考试那一天，大家早早来到演奏厅，打扫卫生、忙碌准备，全体还主动穿上了礼服盛装。乐团一位小提琴家唐国枢鼓励曹鹏说："闭着眼睛抽签，也应该是你！"他的话让曹鹏感动不已。

当天，评委们来到北影乐团排练厅。在铺着白布的长条桌后面，坐着七位当时国内一流的艺术权威，排练厅一下成了大考场，气氛突然严肃、紧张。曹鹏身处熟悉的大厅，面对自己朝夕相处的同事，完全沉浸在作品中了。乐团演奏员都似自己在出国留学考试一般，演奏得特别投入，分外传神。直到乐曲终了，曹鹏回身行礼时，才想起来这是一场考试。

在乐队的默契配合下，乐曲演奏得格外优美动听，赢得评委一致掌声，全票通过，曹鹏终于成为中国留学生进入苏联莫斯科柴可夫斯基音乐学院交响乐指挥系深造的"独生子"。曹鹏回忆说："在这么多人的考试中获胜，实现了梦寐以求的愿望，我很荣幸。这是我艺术人生全新的重大起点。"

惠玲也被录取了，将去中央戏剧学院表演系本科深造。不久，她又怀孕了。

真是喜上加喜啊！

1954年9月，曹鹏进入北京外国语学院俄语系学习。那是专为留学苏联的学生开设的"留苏预备部"。

赴苏联留学之前，留学生要在国内接受为期一年的预备教育，留苏预备部临时租借在鲍家街中央音乐学院旁边的新城中学，教室里放满了双人床，一间教室要住40多人，虽相当拥挤，但国家对他们寄予厚望，也格外照顾。当年，国家还处于物资极度匮乏时期，家家户户的粮食都要定量供应，重体力劳动者如钢铁工人是每月32斤，而一般居民则为每月24斤。预备部留学生受到比较优厚的待遇，不仅粮食不需定量，而且伙食标准很高，每天每人的伙食费是一元，在那个物价低廉的年月，这一元钱足够天天大鱼大肉了。在出国前，北京"出国服务部"还给曹鹏发放了在苏联一年四季的衣服：九斤重的丝棉大衣、三套西装、三双皮鞋、皮质书包乃至手帕等全部生活用品。作为指挥系留学生，他还额外得到了一双黑色演出皮鞋和一套燕尾服。

一年的俄语学习是填鸭式的"满堂灌"，俄语课由苏联专家授课，语法课只能是中国老师上，否则更难让学生理解。每天都有一堆功课，有六七十个生词，只要落下一天的课，就很难跟得上了。

中央戏剧学院在棉花胡同，每周六放学后，曹鹏都会骑着自行车去接惠玲回家，惠玲坐在自行车后座。周一清晨他先把惠玲送回棉花胡同，自己再去上课。

胎儿在惠玲肚子里一天天活跃起来，有一天深夜，惠玲把曹鹏喊醒，说要上厕所。那时都是公厕，曹鹏把惠玲搀扶到厕所门口后便在外面等着。过了一会儿，惠玲出来了，说不知为啥，就是感到胀得慌，其他什么也没有。当时两人都没经验，但不知怎么的，曹鹏忽然脑子里灵光闪现，说："别是要生孩子了吧！"已是半夜时分，夜深人静，没有任何交通工具，曹鹏立即骑自行车沿途找寻三轮车，总算在鼓楼找到一辆，紧赶慢赶把惠玲送到医院，一检查，曹鹏就被医生狠狠责怪了一番，说要是再晚来些，大人、孩子就都危险了。

1955年5月27日，曹鹏和惠玲有了个可爱的女儿。叫什么名字好呢？曹鹏把字典翻了个遍，还是没看到什么称心的名字。过了一周，户籍警上门来，说再不来登记，要影响上户口了。又是曹鹏一下灵光闪现，想到妻子改名前姓夏，便给女儿起名叫曹小夏。这个名字好，看似漫不经心，细想一下，却别具新意：一曹、一夏，夫妻俩牵着小宝贝，一家三口，都在这名字里了。尤其在七年后，他俩又喜添人见人爱的小女儿，起名为夏小曹。每当父女同台演出时，总有记者提起"名字"事，小女儿的回答是："因为爸爸、妈妈没有学问，只认识三个字，只能倒来倒去。"这成了每次演出前的一首欢乐的"前奏曲"。

约半年后，"留苏预备部"搬到北京郊外的魏公村外语学院本部。学校是军事化管理，平时不得请假。经学校特别批准，曹鹏每天可以回家，并且免了他早上7点钟的早操。

从北影厂宿舍到魏公村足足有20里地，骑自行车也要两个小时，这来回四小时的时间，成了曹鹏看书、背单词的大好时机，一刻也舍不得耽误。公路的两旁都是大片农田，郁郁葱葱，一望无边，傍晚，夕阳西落，镀了金的两边的行道树美不胜收。清晨，空气清新，已成熟的庄稼随风摇曳，谷香沁人心肺，好在那时候北京城路上车不多，曹鹏便在这如画的风景中穿行，一手握把，一手拿书，一路骑行，到学校的时候，上节课的单词基本上都解决了。晚上回家又多了两件事，哄孩子，洗尿布，一样都不含糊，浑身仿佛有使不完的劲儿……虽然忙，但女儿小夏自幼就乖巧灵敏、聪慧过人，给夫妻俩增添了很多幸福和欢乐。直到曹鹏出国的日子近了，曹鹏才把大姐接来，帮着照顾家里。

1955年，曹鹏开始了在莫斯科柴可夫斯基音乐学院的留学生涯。8月，从苏联开来一辆专列，迎接新一届的中国留苏学生。这批留苏学生有好几百人，其中赴莫斯科柴可夫斯基音乐学院的有5名：瞿维、朱践耳、邹鲁学习作曲；仲伟学习声乐；曹鹏，则是这届留学生中学交响乐指挥的"独生子"。

每个留学生都被"全副武装"起来，从厚呢大衣到衬衣、外套、鞋子、帽子，甚至是袜子手帕，把两个大箱子塞得满满的。从北京到莫斯科要走11个昼夜，因为这趟列车未纳入正常运行计划，所以专列就成了"专门停的列车"，但凡有车经过都要避让。不过也有好处，可以让坐电车都要晕车的曹鹏缓口气，何况沿途的风景很美，放眼望去，是缓缓流淌的伏尔加河和漫山遍野的茂密森林，停靠时间长了，还可以在附近的小城镇里转转，看看那里的风土人情。

车到莫斯科车站，每个学校都派人来接，音乐学院来的是先期赴苏留学的李德伦。刚到学院的第一件事，便是被告知去管理员处领被单枕套。这里的床上用品每10天清洗一次，但需自己领来更换。管理员是个胖胖的大妈，语速非常快，曹鹏自以为在国内学了一年俄语，简单的对话应该没问题，谁知对方说的一句都听不懂，向李德伦学长求助，得到的回答是，初来乍到都一样，只要过了三个月适应期，就听得懂了。曹鹏有点将信将疑，可是没多久，他果然就能跟苏联人自由交谈了。

曹鹏的俄语会话能力之所以能够"速成"，全靠瓦沙。

音乐学院一般由二至三名学生住一间宿舍，为了让中国学生尽快融入社会，一年级是和苏联学生混搭着住的。曹鹏住的是二人间，室友瓦沙是小号研究生。刚到的第一天，瓦沙便主动提议在入睡前用俄语跟曹鹏对话。起初瓦沙说些什么曹鹏完全听不懂，听着听着就睡着了，听见曹鹏的鼾声已起，瓦沙还要连喊几声"曹鹏，曹鹏"，见曹鹏没有应答，这才结束"授课"。以后，曹鹏的会话能力提高了，但经常还是会在瓦沙的"催眠曲"中入睡。

瓦沙对曹鹏非常友善，每间宿舍都有一架钢琴，练琴时间由两人商量着安排，常有学生因为练琴时间发生争执，但曹鹏跟瓦沙却从未有过，只要曹鹏下课后回到宿舍，瓦沙总会把钢琴让出来，自己去地下室练习。可惜，曹鹏和瓦沙只做了一年的室友，两人就因瓦沙毕业而分手了。

那时的留学生，每月有500卢布的津贴，如果善于计划，开支是绰绰有余的。食品便宜，一盒肉馅饺子只要1卢布90戈比，面包更是廉价，且在所有餐厅都是免费的。有时候学业紧张，下午要两、三点才能吃上午饭，于是曹鹏便在早上吃面包时，夹上比面包片更厚的黄油，可以耐饥。但是，虽然很快吃惯了黄油、面包、鱼子酱，家乡的美食还是让人牵肠挂肚，李德伦、严良堃和曹鹏等一合计，便组成了一个10人"伙食团"，大家轮流值日，当值者负责为大家做一顿中国式晚餐。可是，理想很丰满，现实很骨感，轮值真的实行起来远不是那么容易。这些艺术家在家吃惯了食堂，不知柴米油盐为何物，严良堃学长掌厨时，告知大家晚餐是鸡汤，可打开锅盖一闻，臭气熏天，原来，他不知道鸡需要剖开洗净后，才能下锅煮。还有一次，不知是谁值日，买了鱼却不知道要刮鱼鳞，烧好一吃，奇腥无比。曹鹏当值时也出过洋相：苏联人不吃海参，所以中国出口的大海参，在市场上居然无人问津，价格仅5卢布一公斤，比素菜都便宜。曹鹏一下子买了5公斤，兴奋地煮了一大锅，但他同样不知道海参是有内脏的，需要切开把泥沙洗净，结果可想而知，一大锅海参只能全部"泡汤"。

"伙食团"坚持了不到一年，便宣告解散了，因为太花时间，况且大家的厨艺，也实在不敢恭维。

1957年，曹鹏在音乐学院读三年级的寒假，当地政府宣布：所有在校大学生要下集体农庄劳动一个月，曹鹏和同学们一起到距离莫斯科约90公里的集体农庄参加劳动，开始了一个月的农庄生活。

苏联土地广阔，人口稀少，农村尤其缺少劳动力。大面积的土豆在成熟后要用人工抢收，否则一经霜打，土豆叶片和茎秆就容易枯死。那个年代，苏联许多男性公民在反法西斯的战斗中壮烈牺牲了，农村剩下的少数年轻人，也去莫斯科或其他城市打工，只是在农忙时回农庄帮助收割几天，所以家中基本都是老人留守着。曹鹏和同学们一起去劳动的地方，是一个约有20户家庭的小村庄。一大片土地上，坐落着一套套别墅式的木质小洋房，每户农家的后院是一块约两亩的自留地，主要种植土豆。深耕细作，土豆又大又光亮……苏联郊外的乡村就像曹鹏在油画中看到的那样。尽管看上去很美，曹鹏和同学们住宿的农庄却还没有通电，照明仍是煤油灯。每家小木屋进门前，有一个约2平方米的小房间，是为进入房间前脱换鞋子及劳动服所用。老太太每天跪着擦地板，房间内打扫得非常干净、整洁。床上全是鸭绒被、鸭绒枕。由于农村都靠近山区，离住家十分钟路程左右即可上山，山上森林茂密，遍布着各种植物，曹鹏和同学们每天都上山采野菜及蘑菇。蘑菇很大，五光十色，有时候采集到颜色漂亮的蘑菇，苏联同学也会以丰富的生活经验制止曹鹏："不行，有毒！"

苏联乡村的寒冬，常在零下20摄氏度左右，甚至更低，但是由于木材丰富，每个家庭就在房间中央建了一堵墙，是一直用木材燃烧着的"火墙"，再加上为蒸煮土豆等饭食所建的大火炕，所以农村房内非常温暖。总的来说，当时苏联农民的生活条件是相对优越的。在曹鹏的记忆中，那里每家有一头奶牛，奶牛是宝，老太太每天都会挤牛奶并制作黄油等奶制品。除了自己食用外，每天有商家前来收购新鲜牛奶，这也是农村人一笔重要的收入。"每家都有一间为奶牛备食的干草房，此干草房及火炕上都可以睡觉。为体验俄文学大师高尔基所描述的童年生活，我也在火炕上、在干草房享受了怡然的异国风情。"

每天早上，曹鹏和同学们伴着牛铃声起床，顺着窗户望去，总有一个牧童从村头沿着整个村庄的路，带领着每家每户的牛，走向远方的山区放牧。到了傍晚时分，牛铃声又从远方飘来，牛童骑在牛背上，每家的老太太会等在门口、手中拿块面包，不停地叫着自己家牛的爱称。牛听到主人呼唤的声音，自动走向家门口，老太太像见到自己孩子般抚摸着它，边给它喂食边带它走回牛棚。起初，曹鹏和同学们喜欢跑出来围观，但老太太却让他们离开现场："牛怕受惊。"他们就又进屋，躲在窗户旁观看这幅生动的景象。

曹鹏在农庄度过的集体生活，成为留学生涯一段有趣而难忘的回忆。有一次，曹鹏听到公社的广播声突然响起：某村某家的牛放牧后未回家，请大家帮助找寻。奶牛是宝，这家人简直跟失去孩子一般，焦虑不安。大约又过了半小时，公社广播又告知：某家的牛自己又找回家了。"这真是乡村生活中兴奋又可爱的一件大事。"

1959 年，曹鹏回国休假。回国有两大任务，一是看病。那段时间他老是头疼，吃止痛片也不管用，所以想回来检查一下。可是，在协和医院找来专家会诊，吃中药、打针灸，各种方法都尝试了，就是找不到病根，估计是学业繁重所致。

另一项任务就是与上海交响乐团合作，在上海音乐厅指挥一场音乐会。

那个年代的人们，心目中只有工作，对生活从不提什么要求。在上海交响乐团，曹鹏就住在乐团二楼办公室，那里有一间约七平方米大的储存衣服杂物的"箱子间"，平时的交通工具是自行车。

演出当晚，黄贻钧团长专门为曹鹏雇了一辆三轮车，算是特殊照顾，他自己则和副团长陆洪恩一起骑自行车随行。谁知那辆三轮车老得掉了牙，一路上老是出状况，在上桥时还掉了链子，怎么都挂不上。黄、陆二人已骑车远去，曹鹏心急如焚，偏偏蹬车者又是一位上了年纪的老车夫，说不得催不得，还要不停地安慰他。待曹鹏到达音乐厅时，第三遍催场铃声已经响过，幸亏燕尾服早已穿好，所以他直接就奔上了指挥台。说来也怪，只要举起了指挥棒，曹鹏就立即进入了状态，把一部柴可夫斯基《第四交响曲》演绎得优美动听。

事后得知，黄贻钧团长一直想物色一名年轻指挥，自从当年认识了曹鹏，这位年轻人就一直是他心目中的最佳人选，这次邀请曹鹏与乐团的合作，实际上是一次考察。音乐会取得了圆满成功，黄团长的心里自然也有了答案。

第三章

"传帮带"迈步新起点

带着"独生子"的自豪，平生第一次跨出国门，曹鹏十分珍惜国家给予他的留学机会，时刻不忘身上担负的使命，把更多的精力放在了学习上。

在莫斯科，他感受到当地浓厚的音乐文化氛围。曹鹏一周至少要去剧院听两场音乐会，目睹了俄罗斯乐团的风格大都非常严谨、规范，有时候甚至是严苛。曹鹏还曾"偷师"俄罗斯著名指挥大师穆拉文斯基。"他排练时从来不许外人参观，那天，我早早就来到剧院，'猫'在座位下面。他对乐手的要求非常高，不放过每一个细节，甚至对音乐家也不留情面。"

20世纪50年代，莫斯科柴可夫斯基音乐学院汇集了一批蜚声世界的苏联音乐大师任教，有俄罗斯钢琴学派奠基人H.涅高兹，大作曲家肖斯塔科维奇、哈恰图良，交响乐乐器法大师D.罗加里·列维茨基，大提琴家克努谢维斯基、洛斯特拉波维奇，小提琴家奥依斯特拉赫、柯岗等，交响乐指挥系三位导师也都是当代权威。曹鹏记得："那时候学校里有一座专门给教授坐的老式电梯，但肖斯塔科维奇喜欢走楼梯，他为人非常谦和，总会主动和我们打招呼。"

在曹鹏的印象中，肖斯塔科维奇谦和儒雅的外表，很难让人联想到他跌宕的人生，肖斯塔科维奇的一生几乎都在被迫害的阴影中战战兢兢地度过，曹鹏知道，肖斯塔科维奇写过多部交响曲，其中《第七交响曲》又名《列宁格勒交响曲》，是他获得世界性声誉的一部作品。"1941年到1944年，是苏联抗击纳粹德国侵略的艰苦岁月，德军将列宁格勒（现名圣彼得堡）团团围住。在被围困的900天中，城内饥饿倒毙者仅官方统计就有60万人。而肖斯塔科维奇正是在被围困的最初几个月里创作了这部作品，后来，肖斯塔科维奇后撤到古比雪夫和莫斯科大剧院乐团一起，在空袭警报中完成了《第七交响曲》的首演。"几个月后，这首曲子准备在列宁格勒公演时，乐团只剩下十几名演奏员，其余的不是饿死，就是拿起武器参加到保卫列宁格勒的行列中去了。街道上贴出布告，请城市中所有音乐家立即到广播电台报到。一位当时的组织者回忆说："我们把他们从昏黑的公寓中找出来，他们瘦得多可怕！但当得知要演奏《列宁格勒交响曲》时，他们立即恢复了生机。"

这部作品的总谱由一架运送药品的飞机带进被围困的列宁格勒。1942年8月9日，乐队在指挥伊利亚斯博格的领导下，在德军的隆隆炮声中完美地演奏了献给这座城市的交响曲，成为苏联历史上一个可歌可泣的壮举。

曹鹏在莫斯科

曹鹏感慨地说："音乐不仅是为了让人愉悦的，伟大的音乐就像是时代的号角，而伟大的音乐家又像是预言家。"

在莫斯科柴可夫斯基音乐学院的6年间，老师的教诲给曹鹏的艺术人生打下了厚重的底色。那时，苏联的音乐创作氛围比较开放，曹鹏和中国同学们第一次见识到如此丰富多彩的音乐世界，这让这群创作手法比较单一的中国年轻音乐人眼前一亮。学习期间，曹鹏每天都是晚上十一、十二点睡觉。"老师巴拉萨年教授上课时就会提出各种建议，打开了我们的思路。老师对手稿要求极其严格，要求四拍一节做小结、段落宽窄须对齐，手稿换页时也要照顾到指挥看谱。"曹鹏说，在学校养成的习惯跟了他一辈子，直到90多岁他都保持了一种习惯——手稿就和今天电脑制作出来的一样，一个个音符都对得工工整整。

柴可夫斯基音乐学院指挥系由三位指挥权威任教——高克、阿诺索夫和金兹布尔克教授，曹鹏的导师是指挥系主任金兹布尔克。指挥系的学生非常少，那年只招了两名，曹鹏是唯一的中国人。

"金兹布尔克教授像父辈一样无私地关怀着我，关怀着远道而来的中国留学生。没有他在音乐道路上给予的无私帮助，我就不会有现在的成就。"曹鹏说。

"金兹布尔克教授，个子不高，但很壮实，一脸的大胡子，看上去十分威严。我在三年级时，他把胡子剃了，但威严依旧。"曹鹏永远记得他第一次见到金兹布尔克教授的样子，但更让他难忘的是老师第一次上课，就给他定下了规矩——"指挥要有自己的谱子！不要从图书馆借！谱子是指挥的财富！"

第一次上课时，金兹布尔克教授要讲授贝多芬的《第一交响曲》，他发现曹鹏没有自己的谱子，就跟他说了自己上课的规矩。不过，到了第二次上课时，教授发现曹鹏还在用图书馆的谱子，这才知道中国留学生"囊中羞涩"，买不起谱子。令曹鹏没有想到的是，第三次上课时，金兹布尔克教授竟然拿出他签了大名的谱子送给了曹鹏。"后来我在上海音乐学院任教时，我将这份总谱传送给了我的优秀学生叶聪，相信他能领会其中的含义。"曹鹏回忆说。

当年除了吃饭，曹鹏每月的津贴，还要用来买谱子、买唱片和听音乐会。跟金兹布尔克教授越久，曹鹏越是体会到，艺术靠教是教不出来的，必须自己去领会，去发挥，所以每周课余时间，曹鹏都要听三四场音乐会。音乐会的票价低廉，一般是5个卢布一张票，要是买下年的期票，则只要2.5个卢布，吃一顿饭的钱就够听两场音乐会的了。但谱子却不便宜。自从第三次上课时金兹布尔克教授买了谱子送给曹鹏以后，只要是上课需要的谱子，曹鹏都会自己掏钱去买。莫斯科有家格涅辛音乐书店，是一家旧书店，谱子种类齐全且十分便宜，曹鹏是那里的常客，每周都要像淘宝一样去那里转上两圈，在那里他甚至还买到了苏联卫国战争时期出版的谱子。苏联卫国战争时期的经济极其困难，连吃饭都很难保证，可是居然还在出版乐谱，可见他们对文化的重视和尊重，从来没有间断过。

　　然而，和善的导师，更有严厉的一面。背谱授课，这是金兹布尔克教授的教学特点之一，在音乐学院三位指挥系教授中，唯有金兹布尔克教授要求背谱才能上课。曾有一位苏联同学站在教室门口恳求说："请原谅，由于本星期太忙，未能背谱，可否看谱上课？"教授答："不可以！下星期背熟了再来上课！"金兹布尔克教授对熟读乐谱、理解音乐的要求非常严格，反对一味追求表面花哨、哗众取宠，而缺乏参透作品内在深度的指挥。相比起苏联同学自幼听着交响乐成长，年轻的曹鹏生长于战争环境。"我1949年进上海后，才听了第一场交响乐音乐会，所以我刚进入莫斯科音乐学院的时候，跟苏联同学的学习基础有很大差距。但老师对我的要求却是一样的，不会因为我是中国人，就可宽松一些。"所以，第一次授课时，曹鹏没有背出谱，教授就毫不留情地拿走了他的谱子。

　　之所以导师要求如此严格，是因为当年能考入莫斯科柴可夫斯基音乐学院交响乐指挥系的学生，每年仅一至两名，进入指挥系就意味着"成熟"，意味着跨入了更高的门槛，意味着已不是"学生"而是"指挥"。所以在指挥系，老师从不布置作业，每次上课的内容，都由学生确定，一切皆要学生自立、自创，处处皆要学生展示自己的才华、智慧，展示自己作为交响乐指挥的能力。"音乐学院交响乐指挥系每堂课已不只是在上课，应该说都是在考试。每堂课都要求学生已有'画龙'之能，老师再加以'点睛'而已。"上课时，教授会问：

"今天你带了什么乐曲让我们欣赏？"曹鹏会说"贝五第三乐章"，然后把四手联弹琴谱放在钢琴上，由两位钢琴老师直接视谱弹奏，自己则把对乐曲的理解，用自己的方式表现出来。其实，这样的授课方式对学生的要求非常之高，别看金兹布尔克教授从来不看谱，但只要曹鹏漏了哪怕一个呼吸上的细节，都会马上被他"捉"出来，逃不出他"如来佛"的手掌。所以两个小时的课上下来，压力非常大。在曹鹏看来，正是当年课堂上这些近乎严苛的要求，成为他70多年艺术生命始终不竭的动力。

所有的辉煌都来自幕后默默无闻的巨大辛劳付出。导师对待指挥艺术的严肃、严谨、精细、全面，让曹鹏不断自我审视、不断顿悟提升。在莫斯科柴可夫斯基音乐学院，曹鹏看到了大师们在舞台上的辉煌，乃源于舞台下的刻苦努力和辛勤劳动，更源于对艺术严谨、认真的崇高品德。

有一次，听过一场音乐会之后，曹鹏和同学们正在教室中议论，对那个指挥评头论足，恰逢金兹布尔克教授进门，当大家问他的看法时，教授却说："你们先说说那位指挥家带领下的乐团有什么长处吧。"一句话点醒了众人，大家方意识到自己的肤浅和导师对他人的尊重。

金兹布尔克教授不仅仅在课堂上教，还让曹鹏到家里去。有一次，正逢金兹布尔克教授要举行音乐会，他请曹鹏到家中和他一起整理乐队演奏的乐谱。在老师家，那满书橱的乐谱，让曹鹏深受震动。老师家简直是一个图书馆，不仅总谱齐全，连乐队演奏的分谱也都自备，在总谱上、分谱上，弦乐的弓法、管乐的呼吸、表情的要求乃至指挥的动作，都仔细而清楚地标出。曹鹏也知道，老师在自己举行音乐会前让自己去他家，其实是为了让曹鹏看到：作为一名指挥究竟应该如何工作。金兹布尔克教授请曹鹏一起整理乐队的谱子，他修订弓法，修改表情记号，改完一份，便让曹鹏照着样改第二份。曹鹏记得这些曲子金兹布尔克教授已经指挥过很多次了，他不解地问导师，为什么还要再一次修订。金兹布尔克教授很严肃地告诉曹鹏："一个乐曲，即使我已经指挥了上百次，这次仍应作为首次！每一次都要有新的意境出现，这就是艺术创作！"

这些"一对一""传帮带"的点点滴滴，都让曹鹏终身受益。"老师对指挥艺术的严肃严谨、精细全面，让我领悟到指挥艺术的一个崭新天地，让我学习到指挥工作从难从严的工作精神。"而曹鹏也不负所望，继承了恩师的优良传统，半个多世纪过去了，他仍坚持保留着背谱、改谱的习惯，虽然年岁大了，记忆力难免会有衰退，但他认为，指挥背谱在普及音乐中有着很好的示范作用。今天，他的家中除了总谱外，各类曲目的分谱都在，而且还在不停地更正、修订。

柴可夫斯基音乐学院在学术上非常开放，指挥系的学生可以到任何一位教授那里上课。李德伦是阿诺索夫的学生，他有时会请金兹布尔克教授帮他上堂课，而曹鹏也会去高克和阿诺索夫教授的课堂听课，只要轻轻推开门，说一声"请原谅"，无须老师许可，便可进去坐在沙发上或站在一旁听课，离去时再说一声"谢谢"。那两位教授都不要求学生背谱，有段时间曹鹏心里非常纠结，曾动过念头想换一个导师，这样可以轻松一点，但最终还是没换，因为金兹布尔克教授音乐方面的学养深厚而全面，曹鹏实在不舍得离开。

导师的言传身教，让年轻的曹鹏在学习音乐的路上砥砺前行。那时候，学校的宿舍内晚上11时熄灯，曹鹏就打着手电筒在被子里背谱，这也锻炼了从苦从难的学习精神及非常强大的记忆音乐的能力。在学院宿舍内，为方便放学的学生夜自修，辟有一大间"红角"俱乐部，电灯通宵不灭，每次上课前一天，曹鹏都会在"红角"彻夜不眠、反复背谱。

柴可夫斯基音乐学院的学习条件非常优越，学院还拥有一个附属歌剧院，专为声乐系尖子生和交响乐指挥系学生的艺术实践服务，几乎每个月都可以让曹鹏指挥该院附属歌剧院的专业乐团作为实习，练习自己课堂上所学的曲目（课堂是指挥双钢琴）。歌剧院定期公演，对外售票。剧院还设有一支专业的交响乐团，60余人，也是指挥系学生的实践基地，指挥系的学生从一年级起，每月就有一次排练乐团的机会，学期结束，还可以举办一场指挥乐团对外公演的音乐会。

那天，曹鹏指挥的首场音乐会结束后，金兹布尔克教授高兴地来到后台祝贺，称赞说："你指挥得很好，音乐会很成功，我很高兴。"出于中国人的谦逊，曹鹏连连表示，自己做得很不够，还有很多不足之处。谁知教授却当真了，惊讶地问："你是说哪里不够？什么地方有问题？"曹鹏一时语塞，不知该作何回答。幸亏一旁的李德伦反应快，赶紧说："音乐会的确很成功，曹鹏这是谦虚。"这才为曹鹏解了围。事后曹鹏才慢慢意识到，这就是中西方文化的差异，虽然"满招损，谦受益"是中国的传统美德，但有时谦虚过头了，就不合时宜。

五年时光，转眼就要过去了，作为一名来自社会主义新中国的留学生，曹鹏在名师指点下，表现出色，自二年级起，即可指挥学院的交响乐团举行对外售票的公演音乐会，在三年级时，更可指挥水平很高的"莫斯科市交响乐团"举行的音乐会。音乐会的演出，除了在莫斯科音乐学院的大厅举行外，还到海军俱乐部为海军官兵演出、到农村为集体农庄庄员演出，每次演出后总是满堂喝彩，掌声雷动。这时，曹鹏的老师又告诉他：你在课堂里学了交响乐，指挥了交响乐团，但是你要想更进一步，就要再学一年，指挥歌剧，知道歌剧是什么样的。所以，曹鹏又申请多留了一年，在音乐学院附属歌剧院，在歌剧《塞维利亚理发师》排练中继续深造。

同时，金兹布尔克教授还把他推荐到许多面向公众演出的音乐会担任指挥工作，作为可贵的实践机会，让一个远道而来的中国学生在实践中启迪、悟道，并打开了通向交响乐的一个新天地。

良师钦点，加上自身的不懈努力，曹鹏在莫斯科的留学生涯迎来了闪光的时刻。在金兹布尔克教授教导下，曹鹏的指挥艺术突飞猛进，导师考问关于曲式、配器、调性等问题，甚至要求他当场在五线谱纸上默记某页总谱，都难不倒他。虽然教授从来没有教过什么"指挥秘诀"，也不曾教过什么漂亮手法，但曹鹏却从导师日常的举止言行中，体会到大师如何严肃而精细地对待艺术。

临近毕业，在金兹布尔克教授的帮助下，曹鹏登台指挥了歌剧《塞维利亚理发师》全剧的两场公演。

这是极其难得极其荣耀的事，不仅在中国指挥系的留学生中绝无仅有，其他国家的留学生也很少有此机会。金兹布尔克教授提出两部歌剧让曹鹏挑选，一部是《沙皇的未婚妻》，一部是《塞维利亚理发师》。或许导师更希望曹鹏能选择俄罗斯作品，但当曹鹏说不喜欢《沙皇的新娘》时，金兹布尔克教授马上同意了学生的选择。

在曹鹏得到指挥歌剧《塞维利亚理发师》这个见习机会后，曹鹏见证了一位指挥拥有一本属于自己倾心而为的总谱的重要性。《塞维利亚理发师》的总谱音乐学院只有一本，是给歌剧院专用的，且规定不得外借，只能在剧院中阅读，无奈，曹鹏只能买了一本钢琴伴奏谱。"要指挥好《塞维利亚理发师》这个歌剧很难，因为歌剧里有很多宣叙调，没有乐队演奏，我的指挥台就是一架钢琴，所以要自己弹钢琴，配上舞台上演员的歌唱。钢琴谱是意大利文，但是我们要唱俄文，所以我又给它注上俄文。老师看着我日日夜夜艰苦'作战'，就从家里把一本总谱带给我，我如获至宝，感动不已，否则我用钢琴谱看，不可能知道这里有长笛进来、那里有圆号进来，老师给我一本总谱，问题就迎刃而解了，我也是很有幸学到了这一手。"

曹鹏以前在部队文工团几乎天天指挥歌剧，以为自己很懂，去了歌剧院后，才知道自己只是一张"白纸"。歌剧院的工作安排科学、高效、有序，每天都会在宿舍的楼梯口贴出排练的详细日程表，什么时间、什么地点，排练第几场、第几幕，导演是谁、指挥是谁，哪些演员或合唱团员参加，都写得清清楚楚。排练时，先由语言老师辅导演员念词时的吐字发音，再由钢琴伴奏排练，达到一定水平后，最后才交给乐队指挥。歌剧排练时，所有的工作人员都是极其敬业的，不管是主角、外聘特约演员还是一般的群众角色，唱必"放声"，演必认真，一旦有迟到或不到，以及其他不规范的事发生，第二天的排练日程表上，就见不到这个违规者的"大名"了。

与曹鹏合作的导演，是在全苏都享有盛誉的人民演员谢尔盖·亚科夫列维奇·列梅舍夫，他曾是莫斯科大剧院的台柱子，一位大师级的人物。尽管曹鹏只是一个学生，却得到了导演极大的尊重，排练时他就在一旁等候，从不打断曹鹏的工作，在乐队联排和彩排等场合，他也完全听从指挥的处理，没给曹鹏一丁点的干扰，在这样宽松愉快的氛围下，曹鹏指挥起来如鱼得水，他的想法和才华也得到了充分的发挥。

进入苏联莫斯科柴可夫斯基音乐学院交响乐指挥系，是我艺术生命的新起点，也是我艺术道路上的重要转折点。这座高等音乐学府的大师们渊博的学识，在学术上的开放，以及超越门户的兼容，使我们得以拓宽视野、博采众长、终身受益。在投身革命事业的十年中，我虽然指挥了许多歌剧、音乐会演出、电影音乐，但进入莫斯科音乐学院系统正规学习后，才悟出了自己在指挥业务上是一张白纸。这六年的留学，是我艺术创作上的第一个丰收期。

　　曹鹏在人生追求上好学奋进，在艺术造诣上走向成熟，一个富有勇气、才华、个性和正直情怀的国际指挥家，已经呼之欲出。

第四章

"中国风"奏响新航程

1960年，曹鹏迎来了在莫斯科留学深造的第六个年头。

这一年的10月7日，距离莫斯科数千里之外的兰州，早已进入寒风阵阵的秋季。早晨，一道电波传到兰州电影制片厂宿舍，给曹鹏的夫人惠玲带来了意想不到的惊喜和暖意。

自从曹鹏赴苏留学，他们俩就开始了"天各一方"的生活，惠玲从中央戏剧学院毕业后，被组织上分配到兰州电影制片厂工作。这天早上，她偶然打开很久不用的收音机收听广播时，竟然听到了曹鹏的声音！

那是在莫斯科音乐大厅举行的音乐会，此刻正在国际直播，演出的指挥曹鹏正在向现场观众讲话。

1960年10月5日，在金兹布尔克教授的帮助下，曹鹏在中华人民共和国迎来十一周年庆典时，在莫斯科指挥了一场中国交响乐作品专场演出，这是我国现代音乐史上首次在海外举行的中国交响乐作品专场音乐会。在国内刚问世即好评如潮的小提琴协奏曲《梁山伯与祝英台》，也借着这次音乐会首次推向海外。这不仅是曹鹏个人，也是中国音乐史上值得记载和庆贺的大事。

小提琴协奏曲《梁山伯与祝英台》，由作曲家何占豪、陈钢于1959年创作完成。主题取材于家喻户晓的中国古代民间四大爱情故事之一"化蝶"，吸取越剧中的曲调为素材，综合采用交响乐与我国民间戏曲音乐表现手法，依照剧情发展精心构思布局，采用奏鸣曲式结构，单乐章，有小标题，以"草桥结拜""英台抗婚""坟前化蝶"为主要内容，由"鸟语花香""草桥结拜""同窗三载""十八相送""长亭惜别""英台抗婚""哭灵控诉""坟前化蝶"构成曲式结构。作品旋律唯美凄婉，却是表现青年男女冲破封建礼教、追求自由爱情的斗争故事。该作品于1959年5月27日在上海兰心大戏院作为上海音乐学院向新中国成立十周年的献礼作品首演，下午场和晚上场分别由沈榕和时年18岁的上海音乐学院学生俞丽拿担任小提琴独奏，樊承武执棒上海音乐学院学生管弦乐队协奏。

有了金兹布尔克教授的爱才、惜才，曹鹏在指挥艺术上的水准突飞猛进。按学院惯例，每位学生毕业都要举办作品音乐会。1959年秋，快毕业的曹鹏从国内的报纸上得知，小提琴协奏曲《梁山伯与祝英台》正声名鹊起，受到广大听众的关注，他由此萌生了举办一场"中国交响乐作品"专场音乐会的想法，决定要让这部优秀作品在海外亮相，就向老师提出：希望在1960年，用"中国交响乐作品"作为自己毕业音乐会的演奏特色，老师当即表示支持。

1960年的《梁山伯与祝英台》总谱封面

在金兹布尔克教授的支持和帮助下，他确定了由歌剧《草原之歌》、小提琴协奏曲《梁山伯与祝英台》以及贺绿汀和马思聪作品组成的演出曲目，他赶紧打国际长途电话给当时还在中央戏剧学院的妻子惠玲，要她想方设法，赶快把《梁山伯与祝英台》的总谱寄来。

惠玲马上行动，几经周折后，曹鹏收到了总谱，如获至宝。

现在，尚未得知演出日期却一直翘首盼望的惠玲，竟然在无意中收听到了这次演出盛况的国际直播！曹鹏回忆说："因为时间紧急，我根本来不及通知她演出日期，但她却意外听到了这场音乐会，真是老天爷帮了一个大忙！"惠玲也在后来的回忆中感叹："如此巧合，真是天公的赏赐！"

多年后，作曲家陈钢也在回忆中感慨于这种巧合："那天，正在兰州电影厂工作的惠玲，无意中打开了一台破收音机，突然听到了一个最亲、最熟的声音，那不是她日思夜想的夫君曹鹏吗？他在讲话，在指挥《梁山伯与祝英台》，他正通过飞舞的彩蝶，传递他对亲人和故土的爱的致意……"

由于曹鹏不失时机地把《梁山伯与祝英台》选入演出曲目，使这一部中国音乐家的新作有机会首次在海外亮相，音乐会主办方——莫斯科广播电台在得知这一情况后，特地为曹鹏请来了世界顶级的小提琴演奏家——与奥伊斯特拉赫齐名的鲍·格里希登。被来自东方如此美妙的旋律所深深吸引的格里希登，为演好《梁山伯与祝英台》，在家闭门苦练，茶饭不思，倾注了很多心血。

那时，中苏关系已经出现了裂痕，中国大使馆的工作人员要找留学生，竟不便自亮身份，只能设法借用学生证进校。中国留学生过党的组织生活，也不便向学院借会议室了，只能以排练的名义借教室，并且进去后先要四处查看有没有安装窃听器。曹鹏担心这时演出中国作品会受到阻挠，他向负责这次音乐会的全苏广播电台的总编打听，不料总编雪尔克·雪尔克维奇却说："上面吵是他们上面的事，我们还是友好的。"

紧张的筹备工作，就从翻译和抄谱开始。那时还没有复印机，一部全新的中国曲目，歌剧剧本要翻译，谱子要手工抄写，工作量大得惊人。剧本的翻译是全苏功勋艺术家阿尔弗诺夫，抄谱请了两位有经验的乐队队员，让他们利用寒假抄写，并严格规定了交谱的时间。电台总编告知曹鹏，一旦发现抄谱有两个以上的差错，下次就要换人了。他们对待工作的严格、规范，让曹鹏感触良多。

在研读妻子从国内寄来的《梁山伯与祝英台》总谱时，曹鹏发现：协奏曲中所用的几件中国民族乐器中，唯独板鼓在莫斯科无法找到。这板鼓在乐曲中有画龙点睛之功效，用不用大不一样。但是，这小小的一件乐器，却难倒了曹鹏。上哪去找呢？于是，他打了国际长途电话，向国内的好友、当时在上海市文化局当领导的孟波求助。但由于当时交通不便捷，板鼓若由上海邮寄到莫斯科，已赶不上排演。无奈，曹鹏只能在莫斯科各处寻觅，但走遍了莫斯科的各大博物馆，也均无功而返。正无奈失望，许是心诚感动了神灵，当他偶然走进自己学院演奏大厅的格林卡音乐博物馆时，居然在进门处的玻璃柜里发现了一套崭新的板鼓，鼓、板齐全，连棍子都在！曹鹏大喜过望，赶紧奔进馆长室，向馆长陈述板鼓对这次音乐会的重要性，那位女馆长得知曹鹏是音乐学院的学生后，既没要曹鹏出示身份证明，也没让曹鹏打借条，当即打开橱柜的门，拿出板鼓递给了曹鹏，还慈祥地握着曹鹏的手说："祝你好运！"

万事俱备，只欠东风了，这个"东风"，就是乐团的演奏。

莫斯科交响乐团演奏员的素质虽然都很高，但是否能理解中国乐曲中的东方韵味呢？曹鹏心中没底。排练前，他给乐团首席打电话，说明在《梁山伯与祝英台》的演奏中有中国风格的"滑指"，问是否需要在一起商讨弦乐的弓法。首席却说，他已经将全部弦乐的弓法都编写好了，也已按曹鹏在乐谱上的译文"关于中国风格的滑指等说明"进行了练习,没有问题。曹鹏又找到大提琴首席,说明乐曲中有一小段乐曲具有浓郁的中国风格,需要特别留意,没料到大提琴首席立即把这段乐曲拉了一遍,不仅音色优美,对乐曲的理解也完全准确。

曹鹏最担心的就是板鼓的演奏了,俗话说"隔行如隔山",其他打击乐只要敲之便能响,但这个乐器如无扎实的基本功,要么敲不出声,要么刺耳难当,连中国的西乐演奏家面对板鼓也是一筹莫展,别说是异国他邦的人了。于是,在首次合乐时,曹鹏提前赶到排练厅,想去打击乐声部指导一下。打击乐声部的演奏员很抱歉地说,按曹鹏"由一人演奏,左手摇板、右手击鼓"的要求,难以做到,所以只好两人操作,一人打板,一人击鼓,合二为一。他们随即在曹鹏的指挥下演奏起来,居然配合娴熟,胜似一人,令全乐团的演奏家都为之鼓掌。这些音乐家扎实的基本功和深厚的音乐修养,让曹鹏折服。

1960年10月5日,在莫斯科工会大厦圆柱大厅,隆重举行了庆祝中华人民共和国成立十一周年的"中国交响音乐会"专场。这是我国音乐史上第一次在海外演出中国交响乐作品专场,莫斯科交响乐团在曹鹏的指挥下,也第一次完成了中国交响乐作品音乐会。当然,这场特别的音乐会是一项"浩大"的工程,金兹布尔克教授联系了全苏广播电台担任国际转播,莫斯科交响乐团、全苏广播交响乐团、广播合唱团、九名独唱演员及多名钢琴伴奏者参与演出,而且还邀请了全苏功勋艺术家用俄语演唱罗宗贤的歌剧《草原之歌》。音乐会曲目中,有时任上海音乐学院院长贺绿汀的《晚会》《森吉德马》和时任中央音乐学院院长马思聪的《蒙古舞曲》。

引人注目的，还是诞生不久的何占豪、陈钢的新作——小提琴协奏曲《梁山伯与祝英台》第一次走出国门、海外首演，曹鹏也成为把《梁山伯与祝英台》介绍到海外的第一人。

其实，临上台时，曹鹏才知道这场演出将向全世界广播。演奏开始前，曹鹏面向全场观众，用中文说道："大家好！我叫曹鹏，是中国留学生，在这里要举行一场中国作品交响音乐会，《梁山伯与祝英台》这部作品是中国的'罗密欧与朱丽叶'，它将在这里进行中国以外的世界首演，我希望中国观众也能听到，这将是我莫大的荣幸！"

《梁山伯与祝英台》由老一辈国际比赛获奖者、著名演奏家鲍·格里希登担任小提琴独奏，由于他练得非常认真，拉出了中国韵味。

无与伦比的《梁山伯与祝英台》，征服了莫斯科大剧院内所有观众，雷鸣般的掌声像潮水般涌来，似乎要把屋顶掀翻，连在场的苏联著名音乐家肖斯塔科维奇、哈恰图良也不禁击节称赞。演出如愿获得了成功，在海内外引起很大反响，《人民日报》做了专题报道。此后，这部讲述中国版"罗密欧与朱丽叶"的作品传遍了全世界，只要有华人的地方就有《梁山伯与祝英台》。

曹鹏为自己的留学生涯，交出了一份出色的成绩单。曹鹏至今保留着他使用的小提琴协奏曲《梁山伯与祝英台》第一版乐谱，封面已经翻烂。翻开乐谱，音符旁边有他密密麻麻的字迹。"作曲家手里都没有这版乐谱，只有我还保留着，已经成文物了。"

10月7日，曹鹏又成功举行了毕业音乐会，演奏的是门德尔松的《小提琴协奏曲》和威尔第的《命运之力》序曲；10月9日，曹鹏又在莫斯科广播大厦录音棚指挥录制了小提琴协奏曲《梁山伯与祝英台》等，作为永久保留带（俄文名"黄金磁带"）。

谈到这次演出，不得不再次谈到曹鹏的恩师金兹布尔克教授。他为曹鹏的"出师"呕心沥血，功不可没。音乐会结束，金兹布尔克教授还特地把曹鹏请到莫斯科的北京饭店吃了一顿中国餐。北京饭店的价格昂贵，曹鹏等中国留学生从不敢问津，即使金兹布尔克教授这样的大师，平时生活也是很简朴的，肯为了爱徒如此破费，可见师生感情之深。饭后，师生二人还一起到照相馆照了合影。1961年3月12日，曹鹏毕业回国，在莫斯科火车站，老师又突然出现，前来送行，并赠送给曹鹏一张照片，背面深情地写着："我们相处得多么融洽，我深深地爱着你，但是，多么遗憾，我们要分别了……"

回国后，曹鹏立即给恩师写信，告知他自己已应聘于中国最优秀、历史最悠久的上海交响乐团任指挥，让他放心。后来，曹鹏也曾收到老师60诞辰演出的节目单，再后来，学妹郑小瑛从莫斯科柴可夫斯基音乐学院毕业归国，老师托她带话关心曹鹏，要曹鹏写信给他。但那时，由于中苏关系恶化等客观原因，曹鹏再没机会报答恩师，甚至连通信这样情感上的交流都无法实现。到了1976年，在上海音乐厅举行的一场演出后，一位现场采访的瑞士广播电台记者，称曹鹏是"有着俄罗斯风格"的指挥，问起曹鹏的学习经历，曹鹏说："我的老师是列奥·莫兹维奇·金兹布尔克。"记者告诉他："金兹布尔克教授去年已经过世了。"曹鹏闻讯，眼泪顿时夺眶而出，那沉重的思念、难解的不安，只能压在心底。

离开导师27年后，1988年，为恢复上海与列宁格勒友好城市关系，曹鹏成为五人谈判团成员之一，他终于有机会第一时间奔向母校。在莫斯科柴可夫斯基音乐学院三楼第二十六号指挥教室，曹鹏轻轻叩开了门，一眼就看到了朝思暮想的恩师的遗像。

"他瘦了，他瘦得多了。就在这间教室，他为我精心传授，细心筹划，关爱备至。"在恩师像前，曹鹏禁不住热泪泉涌，深深地躬拜。陪同他的教工，也被曹鹏对恩师的情谊感动到流泪："都过去这么多年了，现在这样懂得感恩的人不多了！"

曹鹏深情地告诉他们："中国人尊师重教，一日为师，终身为父，师恩胜似父呀！"

已经"出师"的曹鹏，始终深怀感恩之心……

1961年3月，跟恩师惜别后，曹鹏坐了5天5夜的火车，回到了北京，下火车的第一眼就看到惠玲，久别重逢，彼此都有太多的话要诉说，可他俩只是简单地说了几句后，曹鹏便匆匆地跟着回国的留学生去了北京外国语学院，一集训就是半年。

得知曹鹏回国，上海交响乐团黄贻钧团长立刻请副团长陈希民专程赴京要人。曹鹏在1959年的那次回国演出，给黄贻钧留下了深刻印象，他是个爱才惜才的人，既然拿定了主意，就一定志在必得。

　　电影局、北影厂却不肯放人，曹鹏自己也很为难。其实，他内心是愿意去上海交响乐团的。电影录音毕竟不是纯粹的音乐，有时候录了半天，电影画面中驶来一列火车，呜的一声呼啸而过，曹鹏辛辛苦苦精雕细刻录的音乐，便完全听不见了。可他又实在说不出口，北影厂对自己实在太好了，当初留学考试时那么支持，出国期间又一直拿着厂里60%的安家费，住的又是北影厂的房子，所以曹鹏的表态是：服从组织安排。

　　协商近一个月，上海、北京双方互不让步。最后，文化部出面协调，来听曹鹏本人的意见。曹鹏还是那句话：服从组织安排。但这次，人事部门却一定要曹鹏说出自己的想法来。

　　"我是南方人，妻子惠玲也是上海人，当然回南方生活比较适应一点，但是，我还是听从组织决定。"曹鹏终于说出了自己的意愿。

　　为了支持上海交响乐团，也为了尊重曹鹏本人的意见，文化部最终下达了一纸调令，曹鹏即被调往上海交响乐团任指挥，已在兰州电影厂工作的惠玲，也一并调往上海，到上海歌剧院声乐训练班教授歌剧艺术。

　　1961年8月，曹鹏来到了被他称为一生中第四所大学的上海交响乐团。

早已对曹鹏赞叹有加的上海交响乐团团长、著名指挥家黄贻钧，很快让曹鹏感受到了选择的正确。上海交响乐团在团长黄贻钧及副团长陆洪恩等领导下，技艺水平出众。解放前，黄贻钧大师长期在上海交响乐团的前身——原来的上海工部局交响乐团任演奏员，能作曲，能演奏小提琴、小号、圆号，他为人厚道、助人为乐，解放前上海一些穷困的音乐家都能得到他的帮助。由于黄贻钧大师的带领，加上乐团演奏家的总体素质很高，所以当年的上海工部局交响乐团曾经在20世纪30年代被誉为"远东第一交响乐团"。曹鹏加盟，上海交响乐团如获至宝，而学成归国的曹鹏也一直仰慕上海交响乐团"远东第一"的盛名，他决定倾其所学、努力报国，彻底改变"以前上海滩基本上都是外国人指挥交响乐队"的历史。

上海交响乐团的正门在淮海路上，进门是一条幽静的林间小道，走不多远就能看见一棵大樟树和一片漂亮的大草坪。草坪边是一座三层楼的小洋房及一个音响优质的排练厅。团长们的办公室设在小洋房二楼，外间是客厅，里间仅十平方米左右的一小间，就挤进了三张大办公桌，分别坐着团长黄贻钧、副团长陆洪恩和陈希民。曹鹏一到上海，黄贻钧就在当时的文化俱乐部宴请了曹鹏全家，又把自己办公桌右面的抽屉撤空并转了个向。他对曹鹏说："这张桌子我们俩合用，面对面坐，那抽屉给你放放谱子。"曹鹏连忙推辞，说自己不需要办公室，但黄团长却坚持要为曹鹏留着座，让他有个地方可以休息。

刚到乐团，曹鹏就已经感到了温暖。

那时的上海交响乐团人员精干，连炊事员在内仅106人，却藏龙卧虎，乐队首席柳和埙，钢琴独奏家顾圣婴，作曲家茅于润、吴增荣等，都有很高的艺术修养。黄贻钧更是学贯中西，集演奏、指挥、创作、教学、组织于一身，是我国乐坛难遇的一位奇才。曹鹏惊喜地发现，西欧乐团那些以艺术为中心的优良传统、高超的演奏技艺和对音乐的理解能力，上海交响乐团都具备。每天还未上班，演奏家们便会自觉地提前到团，大厅中、走廊里、草坪上，到处都是演奏家在练习，琴声悠扬，管乐齐鸣，整个大院成了一个音乐的天地。演出前，演奏员们还会自行预习，听唱片理解内容，探求弓法等演奏技巧，对艺术精益求精。

曹鹏首次指挥上海交响乐团，是排练一首大型的新曲目。在留苏时，曹鹏已经习惯乐队在试奏后，他会收起全部乐队演奏员的乐谱，回家仔细推敲，修改表情记号、弓法，管乐呼吸处加编号乃至改配器等，每次都要忙到深夜或熬个通宵，可是那天排练结束，他请乐务周生永帮他收一下乐谱时却被告知，谱台上全是空的，演奏员们都已带回家练习了，这样的自觉和律己，让曹鹏十分感动。

乐团指挥一共三位：团长黄贻钧兼首席指挥，其他两位是陆洪恩和曹鹏。都说文人相轻，但黄贻钧待人宽厚谦和，那两位指挥也视黄贻钧为兄长，相处得极为融洽。

那时的上海交响乐团，演出相对固定，基本上两星期一场音乐会。每年十月，需要安排下年的音乐会时间及曲目，黄贻钧都会用一张白纸打上格，分成12个月，空出节庆日、团员暑期休假、下基层演出及中外客席指挥等日程后，交给曹鹏和陆洪恩，等他们先行确定各自演出的曲目，自己再补充和协调。

三人尽管都是乐界翘楚，但从不恃才自傲，反倒会在遇到疑难问题时和盘托出，坦诚求教。有一次，陆洪恩排练贺绿汀的管弦乐组曲，对乐曲的处理找不到感觉，于是三个人便一起坐下探讨，最后达成共识：贺老的作品如同人品，风格纯朴明朗，既含蓄秀丽又刚毅挺拔，对待贺老的作品要像演奏莫扎特作品的风格一般深耕细作。陆洪恩受到很大启示，再排练时就很出彩。还有一次，黄贻钧排练贝多芬《第三交响曲》，休息时对曹鹏说，自己一直找不到准确的速度，很是苦恼。曹鹏立即给了他自己的建议。曹鹏在排练后，自然也会听取另外两人意见，为此得益良多。遇到演出，不管当晚执棒的是哪一位，其他两位必定同时出席，散场后，等三人到齐了，一人一辆自行车，慢慢骑行。也巧，三人的家都在同一个方向，在静静的夜空下，边骑边聊着音乐，悠悠哉哉，实在是一桩美事。

几乎每个周六晚，曹鹏、陆洪恩和小提琴家隋月龙等都会在黄贻钧家聚会，黄贻钧则会备好酒菜，于举杯中谈艺论道，研究乐团当前的工作和今后的发展。都说"三人行，必有我师"，何况几位都是业中高手，所以他们的聚会研讨，让乐团的艺术水平节节向上，声名远播。

黄贻钧一向是"有饭大家吃"，解放前，音乐家常得到他的慷慨帮助。他在上海音乐学院兼训练乐队的指挥课，每月有数十元的额外收入，所以只要是北京李德伦、韩中杰等来上海做客席指挥时，他都会叫上曹鹏、陆洪恩、柳和埙等人，由他自费宴请。黄贻钧每月还有15张优惠餐券，可以免粮、油票在文化俱乐部吃到市场上稀缺的肉类等菜肴，隔一段时间，他就会请曹鹏去文化俱乐部改善一下伙食。黄贻钧家里有9口人，15张票，平均每人2餐还不够，把券拿出来宴请他人，实际上是剥夺了家人的利益。在20世纪60年代，这样的分享是极其难得的。

实际上，曹鹏也受到了这种情怀的感染。每年团里都会有一次"改善生活"的机会，岁末年初，只要食堂的炊烟一起，大家就会盼着属于自己的一块大排。大排浓油赤酱，香气扑鼻，很多人自己舍不得吃，下班后带回去与家人分享。一次，团里正发大排，曹鹏见一位演奏家的孩子在一旁眼馋地看着，便把那块大排给了孩子。30年后，当年那孩子已然成年，但他依然记得当时的所有细节，他说，那块暖心的大排，影响了他对做人准则的确立。

领导如此风格，全团也自然风气良好。20世纪60年代正是困难时期，团里的乐器都很一般，遇到重要演出，黄贻钧便会动员演奏家们使用自己的优质乐器。出于对团长的尊重，一些老演奏家也愿意拿出家中珍藏的名琴等参加演出，以确保演出质量。

日子虽然清苦，但精神是丰满的，"君子以文会友，以友辅仁"，上海交响乐团艺术精、风气正，让曹鹏十分热爱这里浓郁的艺情和人情。

　　早在1959年10月，曹鹏作为新中国留学深造的指挥家，受邀执棒上海交响乐团，将自己留苏期间第一场归国指挥的音乐会安排在了上海音乐厅，这也使他成为上海音乐厅正式命名后第一批踏上这个舞台的艺术家之一。如今，曹鹏从已经拥有数百年交响乐历史的苏联"修成正果"，学成归来，正式融入了上海交响乐团这个中国顶尖的演出团体。

第三篇章

拳拳之心的践行之路

（20世纪60年代—21世纪初，深耕岁月）

　　交响乐艺术必须一代又一代传承下去，不能在我们这个时代中断。音乐可以善民心，可以移风易俗，一个民族，如果不提高艺术素养，那就没有未来！交响乐的普及和传播正是提高民众文化素质的重要途径，普及就像铺路，不断铺路才能不断攀登。愿我的指挥棒，成为人民大众进入音乐圣殿的一座桥梁。

——曹鹏

第一章

走出去，走进去

20世纪60年代初的黄浦江上，轮船的汽笛声，伴随着涌动的波浪，一天比一天喧腾。无论是外滩的江堤，还是人声鼎沸的南京路，树荫间的枝条，正在阳光下奋力向上生长，盛夏的大街小巷，也显示着一片热潮。当然，酷暑里的霓虹灯，也在期待更多交响乐经典的旋律，如同清爽宜人的微风，阵阵袭来，声入人心。

重返上海，进入上海交响乐团，内心似火的曹鹏，"学业"却没有终止。正如他自己所说："我一生共读过三所大学，华中建大、山东大学、莫斯科柴可夫斯基音乐学院。要是说还有第四所大学的话，那应该就是上海交响乐团。这既是一座神圣的艺术宫殿，同时又是一所特殊的社会大学，在这里我学会了付出、奉献及感恩，也尝尽了人生百味。"

那个年代，中国专业的交响乐团还不多，也很需要具有国际视野、勤奋严谨的高水准交响乐指挥充实这个艺术领域。"我回来以后，一定要为中国音乐事业的发展努力奋斗！"为此，他以青年指挥家的身份，积极投身于这一座城市、投身于这一个社会大学，既要贡献出他的所学、所思、所能，也要在艺术追求的实践中进一步汲取知识、感悟、能量。曹鹏的理想，就是要为新中国交响乐事业这一张"白纸"，擘画"最新最美的蓝图"。

在莫斯科柴可夫斯基音乐学院学习的那几年，让曹鹏的指挥艺术和修养获得了极大提升。回国后，他成为新中国诠释俄罗斯古典音乐作品最优秀的指挥家之一。

如果说，听贝多芬的作品，我会选择卡拉扬指挥的版本，那听俄罗斯的音乐作品，我更喜欢俄罗斯乐团的演绎。尽管音乐是一种通用的国际语言，许多其他国家乐团演奏俄罗斯作品也都非常优秀，但纯正的俄罗斯风格，就体现在指挥的一些细微处理上。虽然摆在指挥面前的是同一份乐谱，但每个人的理解和处理都会带有一些难以言状的微妙特点，尤其是在处理古典的俄罗斯作品时。

在上海交响乐团，曹鹏和大家分享着自己的留学经验："在莫斯科留学期间，我就十分关注莫斯科的交响乐普及。他们的民众文化素养很高，长期的交响乐普及功不可没。回国以后，我跟随老一代指挥家的步伐，在全国各地开了许多普及音乐会和普及讲座。"他也告诉大家：交响乐不是高不可攀的"阳春白雪"，也不是束之高阁的"老古董"，他想把交响乐送到每个人心里。

回到上海，曹鹏马上开启了工作模式。"我在回国后能进入如此优秀的乐团，能在如此优秀的黄贻钧大师领导下工作，多么有幸！"

1996年5月，上海交响乐团、上海合唱团在
上海船厂演出，指挥为曹鹏

那些年，曹鹏带着乐团走进工厂、农村、军营、学校举办音乐会，足
迹遍及长江南北、黄河上下，帮助市民理解交响乐，爱上交响乐。他
总是告诉大家，"都知道音乐会的关键在于听，如果说'看'音乐
会，就显得有点外行了，但真要说'看'音乐会的话，也有一点值得
看，那就是指挥和乐手的交流"。曹鹏说："优秀的乐团是跟着指挥
走的，而不是埋头看谱，在一次成功的音乐会上，你会发现有时候指
挥哪怕做一个小小的动作，乐手就会给予一连串的'回报'，两者

随着音乐不断交流互动，这种互动会形成一种气场感染观众，让人激动。"在曹鹏看来，优秀的指挥家不在于他的动作有多潇洒，而在于能否掌握作品的精神，"你的内心要与音乐在一起、与作曲家在一起，而要做到这一点，必须要有踏实的艺术积淀和勤奋的工作"。

那个年代，文艺的目标很明确，就是为工农兵服务，所以每年总有一段时间，交响乐要从高高的乐坛上走下来，下厂、下乡、下基层。

第一次下乡是在1962年，在崇明劳动三个月。住在潮湿的草棚里，平时生活优渥的音乐家们，都舍弃了个人的生活习惯，努力地"改造"自己。曾有人因为怕打鼾影响别人睡觉，临睡前特地用胶布把嘴封上。

那时，上海金山海边还是一片荒滩，全团演职人员融入上万建设大军中，每天一起挑土、平地，参加石化城建设。

初下基层，厂里的工人对交响乐是陌生的，有一年去上海电缆厂体验生活，三个月的时间，曹鹏就住在厂里，跟工人同吃同住同劳动。第一次演出后，开座谈会，问工人知不知道什么是交响乐，工人们都说知道，交响乐就是"交关响的音乐"，引得众人皆笑。因此，这三个月，曹鹏就一直在考虑怎么才能让工人师傅们了解、接受并喜欢交响乐。他白天在车间里帮工人们打打下手，到了晚上，曹鹏便对一些大家耳熟能详的曲子进行改编。他的方法是：演出前，先给大家介绍乐器，什么是小提琴，什么是长笛，小号能发出什么样的声音，圆号又是什么样的。然后他再把《洪湖水浪打浪》改成小提琴独奏，把《十送红军》改成长笛独奏，把《三大纪律八项注意》改成铜管演奏。再次演出前，曹鹏再次召开座谈会，这下大家都说听懂了，交响乐原来就是"交关好听的音乐"。以后乐团又去了闵行的汽轮机厂、锅炉厂等大型工厂演出，果然，照曹鹏的方法演出，很受欢迎。

"为了提高，就要先从普及做起，再跟他们讲贝多芬，让他们听'命运在敲门'。音乐对人民来讲，就是无形的力量。"

曹鹏的指挥往往能准确无误地把握乐曲内在情感，把静止的乐谱化作活泼的生命力，调动听众的感觉意识，形成强大的共鸣与和声。这都有赖于他长期以来身心相许于音乐，旋律跟随生命的弧度而流动，驾驭音乐就自然随意。

期待重振音乐神采的上海，因为曹鹏的到来，此刻拥有了一份希冀。

当年，他在听了济南部队前卫歌舞团民族乐队的演出后，曾经写下了《鼓舞和教育》，文中写道：

使我感受最深的正是他们整个乐队的精神气质。他们热情充沛，全神贯注，不论是独奏者，还是伴奏者，不论是打一下小铃，还是击一下大鼓，都能全身心地投入音乐中。由于他们全神贯注地演奏，才使整个演出具有强烈的感染力。在演出的进行中，与其说我是在欣赏音乐，还不如说我是在用心地观察和学习。

曹鹏认为：

前卫歌舞团民族乐队的演出具有鲜明的时代感，充满了革命热情、浓郁的民族风格和人民军队的英雄气概。全体演奏员在统一的意志下合作得那么和谐，可以看出每个演奏者对乐曲都有很深的理解，而且在技术上又是很"过硬"的。他们的演出既体现了高度的集体主义精神，又充分地发挥了每个人的艺术才能。只有当人的思想起了变化，人的情感起了变化，才能充分发挥技术上的特长，才能表现出现时代的英雄人民的思想情感，才能使乐队的面貌焕然一新，获得旺盛的生命力，才能有真正的强烈的乐感。从这里也使我体会到"人的因素第一"的道理。

在1962年第三届"上海之春"国际音乐节上，大型交响乐合唱《英雄的诗篇》，是受到人们注意的一个节目。作曲家朱践耳为毛主席的五首诗词谱曲，联成一气，气势磅礴，动人地描绘了红军长征的英雄形象。《解放日报》在报道中这样评价曹鹏这位三十六岁的"指挥新人"的表现："这一部复杂的大型交响乐大合唱作品，是由年轻的音乐指挥曹鹏指挥的。在曹鹏的指挥棒上，我们可以感觉到指挥者的热情和魄力。他对整个乐队有一定的控制能力，在他的指挥下，在演奏员们的通力协作下，乐队比较完满地表达了乐曲的形象和情绪。"

曹鹏的名气开始"响"起来了。当时，上海音乐团体众多，但科班出身的指挥却凤毛麟角，知道上海交响乐团来了个莫斯科柴可夫斯基音乐学院指挥系毕业的曹鹏，大家就纷纷前来相邀，管乐团、电影乐团、合唱团、上海音乐学院，都请曹鹏前去帮助训练、指挥演出，总政歌舞团在上海举办了一个指挥训练班，也请曹鹏去当老师，曹鹏一时"声名大噪"，忙得没法歇脚。

那时，在中国舞台上演的歌剧大多是片段，上海歌剧院领导找到曹鹏，说一直想排一部完整的歌剧，希望曹鹏能帮助圆这个梦。曹鹏听后也很兴奋，他在莫斯科指挥过整部歌剧，对歌剧的排练程序了如指掌，回国时，他又带回了当时排练的日程表，所以歌剧院张院长一开口，他就马上答应了。

当年，我国仅在北京、上海两地各有一所歌剧院，此次排演完整的西方经典歌剧，就上海歌剧院而言，属"开天辟地"第一次，领导层自然十分重视，尤其对指挥人选格外看重。歌剧院党委书记和院长、导演，一致将目光锁定在曹鹏身上。他们知道：曹鹏是在莫斯科音乐学院正规学习歌剧的指挥家，并于"莫斯科音乐学院歌剧院"指挥演出了罗西尼的《塞维利亚理发师》整场歌剧公演。

不久，歌剧院党委书记朱可常特地上门邀请，并告知，对排演哪一部歌剧，现在有两种意见。有人主张排演捷克作曲家斯美塔纳的《被出卖的新娘》，也有人主张排演意大利作曲家普契尼的《蝴蝶夫人》，这次她专程上门，就是想听听曹鹏的意见。

普契尼的歌剧《蝴蝶夫人》，于1904年2月17日初演于米兰，此后在世界歌剧舞台上久演不衰。歌剧描写的蝴蝶姑娘巧巧桑，是一位天真、纯洁、活泼的日本姑娘，为了爱情背弃了宗教信仰，嫁给了美国海军上尉平克尔顿。婚后不久，平克尔顿返回美国，三年杳无音信。巧巧桑坚信爱情，日日苦守，却不知平克尔顿另有新娶，当他偕美国夫人回日本时，巧巧桑心碎，交出孩子后刎剑自尽。

曹鹏更倾向于《蝴蝶夫人》，他认为，普契尼在音乐创作中直接采用了《江户日本桥》《越后狮子》《樱花》等日本民歌来刻画蝴蝶夫人的艺伎身份和天真心理，东方韵味浓郁，更能被中国人接受。何况，这是一部抒情悲剧，东方文化比较内敛，中国演员不擅长演喜剧，但对悲剧的把握毫无问题，所以他主张排演《蝴蝶夫人》。听罢，朱书记当即拍板，"就听您的，排《蝴蝶夫人》"。

曹鹏不辱使命，在上海歌剧院的排练工作，他严格按照莫斯科音乐学院歌剧排练的程序：演员和乐队分头练习，练好了再合，再走台。以前，演员总是把乐队当钢琴使，乐队要一次次地陪练，劳神费力，现在这么一改，大大提高了效率，皆大欢喜。这都是按照莫斯科音乐学院歌剧院的一套正规程序而实施，效率很高。

"朱可常书记非常支持我们的业务工作，张拓导演具有很强的事业心及很深的艺术修养，该剧主要演员也都技艺精湛。全院演唱、演奏及舞美都具有很高的艺术水平，全院同仁们工作都非常认真，我们的合作甚是完美。"

1963年，由上海歌剧院担纲、曹鹏任指挥，首次全场完整版的意大利歌剧《蝴蝶夫人》，在天蟾舞台隆重上演，成功连演九场，一时在音乐界引起了极大的轰动，媒体热捧，一票难求，盛况空前，开创全国演出全场欧洲歌剧的新的历史。

不久，曹鹏又接到一个外事任务，世界著名的古巴"阿隆索芭蕾舞团"将来中国巡演，指定上海交响乐团为他们伴奏，由曹鹏指挥。

阿里西亚·阿隆索是国际著名舞蹈家，虽双目失明，但技艺未失，只要走一次台，便能自如地在台上飞舞，比起明眼人毫不逊色。那时，中国与古巴十分友好，所以"阿隆索芭蕾舞团"的来访，便成了一项政治任务，巡演先后去了南京、武汉、杭州、广州，走到哪里，都享受最高的接待规格。

在积极、热情投身新中国音乐事业发展的过程中，曹鹏积累了丰富的指挥经验，凝聚了丰厚的艺术素养，逐渐形成了自己的艺术风格。他指挥演奏过为数众多的中外作曲家和交响乐作品，受到社会各界的赞扬。

还在他留学期间，曹鹏就惊奇地发现导师居然还在早已指挥得娴熟的甚至可以说是倒背如流的《命运交响曲》乐谱上，仔细地推敲、修改着乐队分谱上的表情及弓法等记号。曹鹏始终记得金兹布尔克教授的教诲：指挥家对艺术的追求永无止境，即使指挥过上百遍的作品，当第一百零一次拿起指挥棒时，永远只是起点！

在他指挥的数百场音乐会中，《命运交响曲》始终占据首位。他把《命运交响曲》的第一乐章理解为"人类尊严的乐章"；第二乐章是对"人类神圣的春天"的描述；第三乐章表现了"人类在痛苦中抗争"的情绪；第四乐章是"人类胜利的一幕"。他理解贝多芬，也理解"命运"，而使他真正从本质上理解"命运"的，是经过了"文化大革命"，摆脱了厄运，再一次指挥《命运交响曲》时，《命运交响曲》也在他生命的旋律中奏响。

多年后，瑞典著名钢琴家杰那斯·萨理姆在上海音乐厅听了曹鹏指挥的贝多芬《第五交响曲》后，激动地说："曹鹏是一位出色的贝多芬专家，他对作品理解竟如此透彻，使我怀疑中西方文化之间的隔绝是否存在过，感谢曹鹏为贝多芬在中国找到了这么多知音。"日本著名指挥小泽征尔早在1976年访问中国时，曾论道中国乐坛："李德伦和曹鹏等中国指挥家，都是交响乐的优秀指挥，并引起了世界的注意。"一位听众曾致信曹鹏："在您构筑的艺术殿堂里，使我忘却了生活的重负，驱走了尘世的纷扰，在这片净土中灵魂得到了升华。"

在动荡岁月，曹鹏的指挥工作一度中断，但他一直惦记着：在他学成归国、来到上海时，黄贻钧大师向他表达的心愿——大力开展对外文化交流，热情普及交响音乐。20世纪70年代，他终于实现了几代人的心愿："那些年，我带着不同乐团去了许多国家，总是带着中国作品。让世界通过音乐了解中国，是一个中国指挥家的责任。"1975年，为接待罗马尼亚交响乐团，曹鹏在"息棒"多年后又走上了指挥台。表演交流结束后，罗马尼亚的乐队对曹鹏说："你们上海交响乐团不愧是东亚第一，这个乐队好！"

跟外国友人第一次交流后，曹鹏就开始重执指挥棒了，再也没有

1975年出访时与歌唱家合照，从左到右依次为：饶岚、曹鹏、林明珍、李谷一

中断过。

1975年11月至12月，历时30天，曹鹏和上海交响乐团85名团员，赴澳大利亚、新西兰等国家和中国香港等地区演出。这是新中国成立以来国内大型交响乐团一次盛大的出访，所以配备了强大的阵容，除了艺术总监、首席指挥曹鹏，还有李名强、林明珍、胡松华、李谷一、饶岚等一大批上海、北京著名的歌唱家和独奏家。所到之处，皆引起热烈反响。

曹鹏等人在澳大利亚共访问了悉尼、堪培拉、墨尔本和阿德莱德，在新西兰访问的则是惠灵顿、奥克兰和克赖斯特彻奇等四个城市。演出的曲目有交响音乐《智取威虎山》、钢琴协奏曲《黄河》、交响组曲《白毛女》等。乐团还特地赶排了澳大利亚、新西兰的歌曲《剪羊毛》《玛蒂尔达》及新西兰作曲家的交响作品。澳大利亚、新西兰大部分人并不了解中国，演出的曲目也都是首次公演，没想到反应如此热烈，出乎所有人的意料。不少观众从几百里路之外赶来观看演出，演出结束全体起立鼓掌、跺脚、欢呼，掌声经久不息。有一些老华侨，欣赏了民乐专场演出后久久不愿离去，说离乡背井几十年，是这些曲子让自己想起了故乡。

回上海途经香港，他们演出半个月，又一次万人空巷，掀起了一个高潮。很多人通宵达旦排队买票，买不到票的，就在家里观看电视实况转播。据当年香港《文汇报》12月9日报道："上海乐团的二晚演出，票务全部售罄。作者居住的街道，共160户人家，家家户户在收听电视直播，真是万人空巷的局面。"

在演出所在地新光剧场，从进门的走廊、大厅一直到每级台阶，都摆满了祝贺上海乐团演出成功的花篮，气氛极其热烈。原来很多香港市民觉得：大陆只有革命、没有文化，这次演出颠覆了这种由隔阂带来的误解。香港著名导演鲍方看了演出后提议，为这台节目拍一部纪实片，并得到批准后派出最强的摄影团队，在上海拍摄完成。

出访历时37天，正式演出20场，取得了圆满成功，赢得了国际性的赞誉。海外同行和舆论界评论说："曹鹏的指挥，纤细处玲珑剔透，强烈处气势如虹。他有时不用指挥棒，但十个指头却产生了十根指挥棒的作用。指挥和乐队间的合作丝丝入扣，使演奏水平提高到了一个新的高度。"

曹鹏回忆赴澳大利亚演出："每场票全部卖空，连加座都卖掉了。因为他们没有见过中国的交响乐团，以为中国是没有交响乐的。我每次演出，全场起立，鼓掌热烈得不得了，经久不衰，给我印象很深。让外国人了解中国的交响乐，对我来讲也是一生中很重要的音乐经历。"

他与澳大利亚昆士兰青年交响乐团创导者、首席指挥柯罗的友谊与合作，就是让世界与中国互相了解的有力佐证。

昆士兰青年交响乐团建立于1967年，团员最大年龄不超过23岁，在柯罗先生的领导下，已闻名于世界乐坛，成为一个训练有素、引人注目的年轻交响乐团。曹鹏是在1975年和柯罗相识的，当时，上海交响乐团正在北京，准备去澳大利亚、新西兰等国访问演出。柯罗刚好来北京访问，曹鹏闻讯就邀请他到乐团来排练钢琴协奏曲《黄河》，作为友好交流的曲目。柯罗第二天就来了，因为时间很紧，刚得到乐谱的柯罗在排练时告诉曹鹏：昨晚几乎整夜都在细读乐谱。在排练中，柯罗的谦虚、认真、诚挚，使曹鹏看到了他作为一位优秀指挥家的良好品格。因此，通过音乐的合作交流，他们便成了好朋友。

上海交响乐团到澳大利亚访问的第一站，是美丽如画的首都——堪培拉。柯罗在北京时曾表示过一定要参加上海交响乐团的首场演出。果真，他乘飞机从昆士兰赶到了堪培拉，犹如自己就是上海交响乐团的一位成员，为上海交响乐团成功的演出，兴奋激动。

在曹鹏心目中，柯罗先生是一位有影响的著名指挥家，有着深厚的功底，他精通乐队的各种事情，知识渊博。他的指挥内涵而有气魄，具有大将风度。数十年来，他付出了巨大的劳动，昆士兰青年交响乐团的成功和荣誉，也都显示了柯罗先生的成果。昆士兰青年交响乐团曾于1984年来上海访问，当时演奏了肖斯塔科维奇的《第五交响曲》等，精湛的技艺、良好的群感，青年人热爱音乐事业、朝气蓬勃的演奏风格，曾经给上海的音乐爱好者留下了深刻的印象。

带着中国的交响乐团走向世界，同时也不断开阔眼界，曹鹏曾经颇有感慨地说：

培养青少年的音乐文化修养，是当今许多国家已开始和着手的一项精神文化建设巨大工程。昆士兰青年交响乐团着手这项工作已二十余年，这是很可贵的，这是绝非金钱能换到的精神财富。建设一个交响乐团不易，培养成一个优秀的乐团更是不易，在乐团，树立起良好的传统可贵，一代代坚持下去更是可贵。我非常钦佩柯罗先生的毅力和胆识以及他对开展青少年音乐教育工作的贡献。

此番话，绝非虚言，凸显了指挥家曹鹏在事业追求中最为看重的使命感。正是拥有了这一份神圣的使命感，风雨过后，即使已经步入半百之年，依然驱使着这一位伟大的指挥家，继承前辈呕心沥血的奉献传统，不断播撒勃发有力的音乐种子。

1979年，曹鹏受聘去上海音乐学院指挥系兼课。曹鹏的指挥生涯迎来了与时俱进的重启。

第二章

铺路是指挥者的天职

1978年以后，改革开放的春风不仅吹动了社会经济生产领域，还唤起了人民大众对文艺活动的需求。港台流行音乐开始风靡内地，《何日君再来》一时传遍了大城小镇，各地方的文艺创作、表演活动也重整旗鼓，蓄势待发。

一度荒芜的中国艺术舞台，也深切呼唤着交响乐归来，响起"振兴中华"的雄壮旋律。受到时代使命呼唤的曹鹏，满怀信心开始指挥事业。

但是，1980年，当他再次怀着神圣的心情走进上海音乐厅、重登交响音乐会指挥台，第一次演出的"凄惨"境况，却在曹鹏心里造成了剧烈的震动！

交响乐遭遇到冷落，当时，在可以容纳一千人的上海音乐厅演出现场，只有零零落落百来个听众，空荡冷清的观众席不时传来谈笑打闹声，还有嗑瓜子的声音，剧场简直变成了"茶馆"！演出的序曲，就在这些不和谐的"杂音"中艰难进行。演出尚未结束，台下已经有人纷纷离场。曹鹏重登指挥台的激动心情与现实的冷清境况，形成鲜明对比。

多年后，曹鹏在采访中表示，这件事对他的刺激很大。演出结束后，他抚摸着谱架，仰望着音乐厅的圆形穹顶，悲从心起，不免自问和反思：

交响乐凝聚着人类精神的伟大追求，是不分民族、不分国界、不分时代的永恒的人类精神财富，这些宝贵的艺术必须一代又一代传承下去，不能在我们这个时代中断了。过去十年的动荡内乱，连伟大的音乐家贝多芬也遭到了批判，青少年几乎是交响乐盲。向大众普及交响乐刻不容缓！现在所有的工作必须重新开始，一步一步来，要提高一个民族国家的精气神，必须提高文化素质，而交响乐的普及和传播正是提高民众文化素质的重要途径！一个音乐工作者的责任，就是要跟随老一代指挥家普及交响乐的步子，继承老一代艺术家的普及事业。交响乐需要走出象牙塔，培养自己的听众，交响乐不能仅仅是曲高和寡的少数人自我品味的收藏，还必须是面向大众、面向社会，走进人民内心的艺术。

曹鹏在苏联学习音乐的经历也影响了他对普及交响乐的态度，早在学生时代，普及交响乐的种子已经在他的心里发芽。归国后的曹鹏，一直谨记导师金兹布尔克教授的赠言："要欣赏古典音乐的无限魅力，必须让交响乐走进大众的心灵。"

在苏联留学的时候，曹鹏对当地的音乐普及工作已经非常关注。

每个星期日上午，在莫斯科最好的音乐厅都会有一场普及音乐会，由优秀的交响乐团演奏，莫斯科音乐学院的教授会到场做讲解。他们的讲解生动简易，与观众形成良好互动。入场费用仅1个卢布一张票，相当于当时人民币五角，于是父母经常带着孩子们去感受交响乐。那个年代，中国留学生在当地享有较好的声誉，音乐厅管理人员对曹鹏等音乐学院的中国留学生十分友好，常常让他们免费入内。如遇到重要的受欢迎音乐会，票已售空，曹鹏和同学们也可以进去站着欣赏。他在莫斯科学习的时候感悟到，苏联交响乐的普及工作具有几百年的优秀历史传统，相比之下，我们社会的文化传统被破坏得太多了。一位苏联音乐家告诉曹鹏，他们是一直在注意培养20年后的听众，20年后的听众就是现在的小学生群体。

俄罗斯民族重视音乐普及工作，也卓有成效。曹鹏的好友左贞观说的一个故事，正说明了文化对提振一个民族精神的重要性。苏联解体时期，他的朋友去听音乐会，那期间商店货架空空如也，连面包都难买到，但音乐厅仍是人山人海，当晚演奏马勒《第五交响曲》，音乐会结束，观众热烈地鼓掌，全场起立，掌声经久不停。左先生当场就掉了眼泪，说："俄罗斯民族有救，文化是根，根还在，就还有希望。"同样，中华民族在多年的动荡之下挺立过来，在改革开放的新时代，更需要振奋人民精神、提高民众的音乐文化素养。

很多人问过曹鹏，为什么俄罗斯盛产优秀的音乐家。在他看来，这不仅与其悠久的历史文化有关，更重要的是他们对音乐教育的重视，对音乐普及工作的重视。在俄罗斯，每周都有顶级乐团的普及音乐会，票价非常便宜。"我留学时，人们只要听说我们是学交响乐指挥的，都会竖起大拇指，你在那里会深深感到人们对音乐的尊重。"曹鹏说，"艺术是一座城市的灵魂，而优秀的剧院就像城市的大树，它能让艺术在这座城市繁衍、蓬勃"。

秉持坚定的信念，在家人、朋友、音乐同仁的支持下，曹鹏开始了他身体力行普及交响乐的追梦岁月。"人们的音乐素质高了，可以促进整个社会的进步、发展。"怀着这样的信念，回国后的曹鹏致力普及交响乐。在曹鹏看来，交响乐不是高不可攀的"阳春白雪"，他也不觉得指挥就只能背对着观众、站在高高的指挥台上，相反，他愿意转过身来，把音乐送到每个人的心里。

他满怀热情地为不同的人群演出和普及交响乐。他的足迹遍及华东地区，他去工厂、下农村、上军营、走学校，他七访复旦园、四赴华师大、三到同济府。除了指挥演出外，曹鹏还奔走于各大高校、青年宫的业余乐团排练中，辅导青少年业余乐团。专业的音乐素养和充满热情的演讲，使曹鹏能够用生动形象的语言和深入浅出的方式进行交响乐普及教育，每到一处，曹鹏都受到大家的欢迎和喜爱。他说："我的使命是普及交响乐，而基层才是最大的剧院。"

人们都很好奇，曹鹏是如何一步一步引导大家进入交响乐殿堂的？

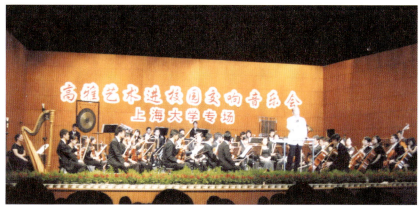

艺术巡演、普及

曹鹏通常习惯从乐队的组织及各种乐器的性能讲起。他把中提琴比作女中音，把大提琴比作男中音，边讲边请乐队演奏一首乐曲。在他生动简明的介绍下，听众很快就了解了各种乐器的特点。在此基础上，他们再演奏人们熟悉的喜欢听的世界名曲，并加以分析。比如演奏贝多芬《田园交响曲》第三、四乐章，他会按乐曲的节拍和不同的特点向观众说明："三拍子的舞蹈，表现出节日盛会的欢乐场面；很快，当音乐节奏变为粗线条的两拍子舞蹈，这时集会的人们的兴奋情绪达到了高潮；突然远处传来一阵隐隐的雷声，暴风雨猛烈地扑来，可它一下就过去了。我们刚刚听到最后一声雷响，笛子的声音就传出来了——看呀，牧童出来了，单簧管和圆号奏起牧歌。第五乐章开始，雨过天晴，大地显得比以前越发清新……"他边讲解边演奏，在观众的眼前打开了一幅幅诗意浓浓的画面。每次演出，总是人越聚越多，演出结束，仍久久不肯散去。

交响乐普及需要由浅入深，由易到难，循序渐进，往往需要根据不同背景、不同知识水平的对象来介绍交响乐队、乐器、中外经典曲目，还有形式多样的乐曲形式等音乐知识。曹鹏希望通过讲解，不仅让人们了解交响乐的基本知识，更让人们理解和体会蕴藏在音乐背后的文化和精神内涵，只有从内心深处与音乐有共鸣，人们才能由衷地喜欢交响乐。

除了得益于曹鹏十分精通乐队配器的素质，在他生动讲解和演出的背后，是他指挥台下付出的努力和汗水。曹鹏常常自己编写乐谱，为乐队所有乐器改编乐曲，将听众熟悉的音乐经典作品改编为乐队作品，用广为流传的大众熟悉的名曲吸引听众走进欣赏交响乐的大门。作为指挥，不仅要写乐谱，还需要自己写讲稿，一场演出，曹鹏不仅是指挥，还是报幕员，又是解说员。他这种边演奏边解释的普及讲授形式，生动有趣，拉近了与观众的距离，收到了良好的效果。曹鹏的讲解语言诙谐幽默，引得台下观众笑声不断。每次介绍美国作曲家安德森的《养鸡场的舞蹈》一曲，他会让担任单簧管首席的演奏员，为观众演示如何用乐器模仿鸡叫声，然后话锋一转，摇头说，现在城市不准养鸡了，模仿鸡叫声还是非常困难的。观众不仅觉得有趣，而且还加深了对乐器的印象。

在一次演出结束后，一个青年工人来到后台找到曹鹏说："我们这代人曾经荒废了不少读书的机会，以前不知道交响乐为何物，只知道《国际歌》《东方红》，还唱过《红灯记》《沙家浜》，后来便直接迷上了邓丽君。但是，听您的交响乐，让我们都补上了一课！我现在听贝多芬的《D大调小提琴协奏曲》，已经能够把握它的戏剧效果，听出了小提琴与乐队的内在联系。优秀的音乐作品的确是很好的精神食粮。我从中受到了教育，获得人生的启迪。同事们都笑我变得高雅了。"不管是工人群体、还是学生群体，都能从曹鹏的普及中与优秀的音乐作品拉近距离，很多人都说曹鹏的指挥棒是引导他们进入音乐圣殿的一座桥梁。

1980年至1986年的六年间，曹鹏和乐团的同志一直在做普及交响乐的铺路和架桥工作。六年来，他带领乐团举办了150多场音乐会，听众逾十万人次。这些数字背后，凝聚着他们一次次风雨不改、身体力行的行动和汗水。连续演出，对于一个60多岁的人来说，谈何容易！每次演出后，连手臂都抬不起来，躺在床上全身像散了架，可第二天一站上指挥台，他依然精神抖擞。20世纪80年代初期，上海交响乐团还组织爱乐者成立了"上海交响乐爱好者协会"，曹鹏也积极支持、出力。

1982年，曹鹏带领上海交响乐团，冒着40℃高温，在大世界夏季

讲解音乐会

露天讲解音乐会连续演出30场，堪称当时的音乐盛事。

其实，上海交响乐团在盛夏季节到大世界演出，已有多年传统。从1958年至1966年，乐团几乎每年暑假都要到大世界演出几场，曹鹏和当时的团长黄贻钧、指挥陆洪恩等都经常去指挥演出。乐团成员的演出热情很高，青年钢琴家顾圣婴不仅担任独奏，在人手不够时，还兼任过打击乐演奏员，打过小鼓和大钹。演出节目多为小型多样的音乐名作，很受观众欢迎。但1982年这一年，上海交响乐团在大世界演出的场次之多，是往年所没有的。

20世纪80年代初，大世界仍是当时上海的一个文化娱乐中心，孩子们能去大世界看一下哈哈镜，是一次很高级的娱乐享受。那里每天都有各种演出，越剧、京剧、话剧、杂技，五彩纷呈，热闹异常，观众也来自四面八方。黄贻钧团长选中了那里，决定把大世界作为普及交响乐的一个大平台。

音乐会原定的计划，是安排黄贻钧团长和曹鹏各指挥15场。但是，那时黄贻钧得了感冒，经常发烧、咳嗽，身体状况不佳。在团里，众人都知道，黄贻钧团长为人总是克勤克己，对他人总是厚道宽容，不管遇上多大困难，也依旧咬牙坚持，顶着风雨撑过去。虽是这样，曹鹏考虑到黄团长毕竟比自己大十岁，加上大世界的演出条件有限，是在室外屋顶上，要不就是闷热，要不就是有风雨。这种条件，对一位接近70岁、拖着病体的老人实在太说不过去。有时，演出中突然来了雷阵雨，大家还要急急忙忙抢收乐器、谱架等一切演出器材，跑到楼下躲雨，几十个人和乐器设备，全部挤在楼下一间又闷又热的房间内。每天日晒雨淋，再骑上自行车回家，每个人奔波劳累，都是大汗淋漓。那时大部分上海家庭，根本没有洗澡的条件。曹鹏心疼直言："简直是病上加病。"最终，在曹鹏一再坚持和诚恳劝说下，黄贻钧同意让曹鹏全部负责，指挥30场。

曹鹏为了能取得更好的效果，他和乐团早在六月末就邀请部分中学音乐教师、青少年工作者和团干部，到团内排练厅听一次预演，并仔细地征询大家对普及音乐会的意见。八月份，刚好是上海的炎炎盛夏，在逼人高温下，曹鹏大汗如注，每次都骑着自行车从家里赶到演出地点。一个月内，连演30场，演奏曲目包括世界名曲、芭蕾舞剧音乐和我国音乐家的名作等，开上海大世界"交响乐演出"之最，每场都坐满了观众。他笑言："酷暑难不倒普及交响乐的热心人。"

曹鹏的指挥普及演出，还演遍了上海40余所高校及上海所有的俱乐部。1983年，他为上海中学生连办五场暑期交响乐讲座；1985年，他不慎双脚骨折，打上了石膏，生活和行动十分不便，医生建议说必须卧床休息一个月。但他并不安心休养，而是决定音乐会按计划照常进行。他到上海中医学院为大学生举行普及音乐会，坐在指挥凳上指挥贝多芬的《第五交响曲》，大学生们看他忍着伤痛，坐在台上热情洋溢地指挥，都非常感动。在随后的11月16日到18日，曹鹏又连续三天在音乐厅演出了五场贝多芬专场音乐会。在11月末12月初，又连续指挥廖乃雄先生翻译引进的《卡尔米娜·布拉纳》，这是他指挥上海乐团在国内首次演出大型清唱剧。曹鹏"拖"着伤脚，仍然连续一个月坚持完成所有演出，并取得完美的效果。奥尔夫夫人还在演出结束后，对演出全体参与者致以祝贺信。有一位当年听过该场清唱剧的李亚美指挥写信给曹鹏说："我曾多次听过您指挥的音乐会，最使我难忘的是德国奥尔夫清唱剧《卡尔米娜·布拉纳》。仅在您拆了石膏的当天，您就登上了指挥台，为了音乐，为了激发广大听众对音乐的爱，为了提高人们的音乐欣赏水平，您真是把自己置之度外了。当时，我把您的情况介绍给在座的德国专家时，他们深感钦佩，激动不已。那一晚，我不仅欣赏了优美的音乐和您高超的指挥艺术，更感受到了您对事业的执着追求和为之献出一切的百折不挠的精神……"

曹鹏还赴北京、南京、江阴、常州、苏州、成都、广州、青岛、

曹鹏受伤后到中医学院演出，坐着指挥并讲解

温州、杭州、厦门、台湾、香港、澳门等地区传播交响乐，都引起热烈反响。每到一个地方，他对生活安排上没有任何要求，只是即刻就进入排练状态，不浪费一分一秒，随后就是巡回演出。1984年5月，曹鹏前往合肥，指挥安徽省歌舞团管弦乐队演出"世界名曲专场音乐会"。他优美舒展的动作、充满激昂热情的力量，感染了在场的所有观众。他的指挥控制了整支乐队，相互之间配合默契，随着他手势的起伏，听众被带入音乐的美妙境界。当地同行由衷地称赞曹鹏是"良师益友"。

那年，南京军区文化部发出邀请，希望上海交响乐团能来部队演出，不久，上海交响乐团便派出了最强阵容，由曹鹏带队赴安徽山区，南京军区文化部部长、剧作家沈西蒙亲自陪同前去，进行为时一个月的慰问演出。为了让军人也能了解交响乐，曹鹏选了很多当时的热门歌曲进行改编：用小号演奏《三大纪律八项注意》；用小提琴演奏《洪湖水浪打浪》；吹奏《十送红军》的是长笛；《谁不说俺家乡好》则用的是短笛吹奏。著名作曲家沈亚威创作的《淮海战役》大合唱组歌中，"追上去！追上去！不让敌人喘气！追上去！追上去！不让敌人跑掉！"也由曹鹏改编成器乐演奏，同时加上如贝多芬《第五交响曲》等西欧经典名曲，边讲解边演奏，一场音乐会生动活泼、气势恢宏、雄壮激越，一时间，交响乐成了军营里最热门的话题，山区寒冷的山沟中充满着温暖的情意。

曹鹏以顽强的毅力坚持为听众服务的意志品质一成不变。1985年

7月，曹鹏接到邀请，自己携带厚重的乐谱前往福建指挥福建省歌舞团交响乐团，暑期为学生音乐周演出。

福建省立音乐专科学校1940年创立，为全国各地培养和输送了不少人才，音乐的底蕴非常深厚。可是，因为当时福建尚处于海峡两岸军事对峙前沿，音乐文化的气息相对缺乏，福建省委请曹鹏来，就是想借此东风推动一下福建的文化建设，重振福建在音乐领域的地位。

第一场演出对象是各界人士，曹鹏当场配合演奏对乐曲进行讲解，曲目中有高雅经典的精品，如贝多芬的交响曲等，也有如《雷电波尔卡》、《卡门》序曲、《玩具交响曲》等易懂动听的作品。这种示范性的深入浅出的讲解，引起了听众极大的兴趣，引领着大家走入交响乐的圣殿。曹鹏也以他高超掌控、训练乐队的能力，将该院交响乐团顿时提高到了相当水平。报纸上天天好评如潮，掀起了福建的"交响乐热"。原计划只演一周，而且主要对象是学生，谁知演出引起了轰动效应，小学、中学、大学要求包场不断，机关、工厂、企业也要求包场。

闻此盛况，福建省委以省委办公厅名义颁发通知，组织了一个专场，规定局级以上干部都要接受这场普及音乐会的教育，不得请假。音乐会又掀起一个高潮。一天两场演出，仍无法满足需要。一天在举行座谈会时，一位小学生说他们都是第一次听到交响乐，但全都迷上了，剧场安静得连一根针掉下去的声音都听得见。

因为过度劳累，曹鹏突发急性双臂肩关节炎，发作起来，黄豆大的汗珠滚滚而下。演出结束的晚上，疼得睡不着觉，夫人惠玲陪着他，只能帮忙按摩缓解疼痛。但曹鹏硬是忍下来，咬着牙坚持演出。曹鹏上台时云淡风轻、潇洒自如、神采奕奕的样子，让人完全看不出他正遭遇病痛折磨。

曹鹏在福州、厦门、三明共计举办了26场普及性音乐会，受到群众热烈欢迎，福建省委领导同志表扬他在福建撒下了交响乐的种子。福建省文联党组书记、著名画家丁仃，还特地写了"普及后贤"的条幅相赠，感谢曹鹏为普及交响乐而不遗余力的付出。

"普及是植树、是造林、是铺路，是指挥者的天职。"这是曹鹏的座右铭。他一直把目光放在青少年身上，因为"少年强则国强，少年进步则国进步"，普及交响乐，也应该从青少年抓起。

早在1983年7月、8月暑假期间，曹鹏就在上海音乐厅策划了五套专门面向青年学生的普及音乐会曲目，每套曲目演两场，由全市大、中、小学校每个学校选派两名优秀及爱好音乐的学生，免费欣赏交响乐，每一场演出曹鹏都进行讲解。曹鹏还提出一个要求，请大家认真听仔细记，因为五套曲目演完后要进行书面测试。听交响乐还要测试？这事新鲜，不过，效果却非常明显，全体学生都很认真地对待测试，测试卷上都写明学校、家庭地址、电话。最后，成绩好的学生接到通知，去上海交响乐团领取奖品：一把纸扇，或者是一个笔记本。在那个年月，这样的奖品已经是一个很大的惊喜了。

边实践边思考的曹鹏意识到，想实现普及交响乐的宏大目标，光靠一己之力是不够的。授人以鱼不如授人以渔，全国有那么多音乐团体，要是他们的水平提高了，大家一起为普及交响乐出力，岂不更好？

1984年5月，受安徽省文化厅邀请，在时任安徽省文学艺术界联合会主席赖少其、中国音乐家协会安徽分会主席银星的支持下，曹鹏来到安徽省歌舞团对管弦乐队进行指导和训练。

可以想象，初次见到的一切都不尽如人意。乐队长期处在不严格、不正规的伴奏任务中，世上任何事物规律是不进则退，艺术更是如此。第一次排练贝多芬《第六交响曲》，真是惨不忍闻。尽管曹鹏有思想准备，知道不能用上海交响乐团的标准来衡量外地的乐队，但这样大的差距还是出乎意料。

第二天，曹鹏用他自己特有的方法开始训练：排练前，他亲自为各声部校音，用演奏和弦的方法校正各声部的音准，然后让全体演奏员演奏音阶，训练节奏。每天如此抓基础，抓基本功。一系列的基础训练之后，再开始排练乐曲。排练中，他又用了极大的耐心，有时为了一个和弦或一个音符，往往要排练几十遍。一天劳累，可他顾不上休息，晚上还把乐队首席请到自己住宿的宾馆开小灶，让首席一起听白天排练的录音，然后逐节逐音地指出首席演奏上的毛病，要求首席带领弦乐部在第二天的排练时改进。有时，动静过大了，宾馆的其他旅客提意见了，他这才发现夜已深。

指挥是乐队的灵魂，解决问题要抓住"牛鼻子"，而该乐团乐队指挥也虚心求教，曹鹏下了更多的工夫，只要有间歇时间，就给予授课：如何处理作品，如何练习放松，如何帮助管乐演奏员克服音准问题——对于这些问题，他无私地传授经验，并在排练时让指挥跟着实地学习。短短16天，曹鹏便指挥排练了贝多芬《第六交响曲》、苏佩《轻骑兵》序曲、德里勃的芭蕾舞剧《葛佩利亚》选曲等13首世界名曲。那时，安徽省歌舞团建团虽有20多年，但平时忙于应付演出任务，既缺乏训练，对经典名曲也接触有限，这次曹鹏相助，为他们打开了一扇艺术之窗。

演出定在6月1日的合肥长江剧院，安徽的观众享受了一场完美无缺的音乐盛宴。贝多芬的《田园交响曲》经过曹鹏的处理，时而恬静闲适，时而电闪雷鸣，把一幅幅19世纪田园风景画呈现在大家面前；海顿的《玩具交响曲》则童趣盎然，又是别样意境。演出非常成功，观众情绪热烈，掌声雷动，一再希望加演，欲罢不能。一些熟悉安徽歌舞团管弦乐队水平的人惊异万分，称"简直就像换了个乐队"，应该把这次演出写进安徽音乐界大事记。

音乐会在长江剧院一连演出了三场，接着，又先后在中国科技大学、合肥工业大学进行了演出。

在欢送会上，面对业内同行的高度赞誉，曹鹏万分感慨。他说，普及交响乐需要大环境和方方面面的努力，安徽歌舞团管弦乐队很有潜力，各级领导又充分尊重指挥艺术上的独立性，所以才有如此完美的结果。在曹鹏和一些热心音乐人的努力下，交响乐慢慢升温。

1985年的一个金秋之夜，曹鹏与上海交响乐团在上海音乐厅镌刻下了生动一笔。

　　上海音乐厅堪称东方大都市的音乐圣殿。它落成于1930年，最早以南京大戏院之名开业，凭借优秀的建筑水平和先进的设施设备，轰动一时，压倒了其他多个雄踞沪上的著名戏院，曾被誉为"上海的巴黎歌剧院"。

　　当晚，金风送爽，一批前来上海出席国际会议的中外宾客鱼贯而入，上海音乐厅几乎是座无虚席，很多人是第一次来上海、走进上海音乐厅，他们怀着收获时节愉悦而激动的心情，等待着上海交响乐团亮相，一睹上海交响乐的风采。应该说，这是一场当时上海顶级乐团演出的顶级音乐会，但人们之所以满怀期待，还有另外一个原因：这场音乐会将由曹鹏担纲指挥，并且主办方强调说明不是曹鹏指挥，该场音乐会直接取消，绝不同意换指挥。缘由是半年前外国一家咨询公司的总裁Ron邀请了20余国金融界的学者、专家，在上海举办"国际经贸论坛大会"，大会将举行闭幕音乐会，组织者支付了优厚的酬金2000美元给乐团，点名要曹鹏指挥。

　　但是，当大幕徐徐拉开，是拄着双拐、被人搀扶着艰难登台的曹鹏。不知情的观众，忍不住发出一阵惊叹，旋即，担任主持人的青年话剧团著名演员刘玉道明原委，解开了观众的疑问。

　　原来，在20天前，紧张筹备中的曹鹏，在家中爬上木梯去取书橱最高层的西欧经典乐谱，由于梯子的木料是用户口本有限配给购买的旧木材拼凑而成,在摇摇晃晃的木梯上,脑子里想着排练的曹鹏,一脚踩空,从木梯上摔了下来,被送进上海第六人民医院急诊室。后经检查后曹鹏被告知:双脚骨折,需上石膏。医生开出了一个月的病假单!

曹鹏顿时傻眼了,一个月病假,卧床休息,怎么可能!上海交响乐团、上海乐团两个单位的音乐会,已定日程是上午、下午分头排练,而且这两场成为沪上乐坛热门的音乐会,票已全部售罄。上海乐团陆在易团长来家探望他时,建议音乐会改期推迟,并告诉曹鹏:乐团人员热情很高,都在进行声部排练,而且同志们说可以来家在他床前演唱排练。曹鹏很是感动,但坚决地说演出要如期进行!曹鹏自己就算重伤也要"不下火线",可请人背下四楼来乐团排练。于是,以后的每场排练,曹鹏都是由王伟等同事轮流背着上、下四楼,上午为交响乐团排练,下午为上海乐团排练。

更为紧迫的,就是20天后在上海音乐厅为海外专家举办的这一场国际交响音乐晚会,其意义非同一般,合同已于半年前签订,节目单、邀请信早已发出,所有的专家航程已定,改期根本不可能。对方认定了曹鹏,也不同意换指挥!违约,损害的是国家的声誉,也与曹鹏的性格不符。经过商洽,对方也做了妥协:既然脚跟骨折了,那就请坐着指挥。

双脚裹着石膏,严重影响指挥的表达,可曹鹏仍坚持坐着轮椅一遍遍地练习,每次都练得大汗淋漓。终于到了演出这一天,为了舞台

曹鹏不慎受伤后，坐着指挥音乐会

形象，夫人惠玲特地做了两个黑色的腿套，为曹鹏套在绑着石膏的双腿上，曹鹏坐在手推车上，由医院骨科的吴文革大夫及护士搀扶着进场。

当晚演出的是西贝柳斯的《第二交响曲》，以及特邀著名演奏家俞丽拿演奏小提琴协奏曲《梁山伯与祝英台》等，能在上海音乐厅破天荒目睹指挥家带伤坐着指挥，也是一次让人难忘的经历。曹鹏就像一个英雄出现在这里，他指挥着乐团全体成员，完成了一次感动人心的演奏。

这独特的一幕，使全体外宾都起立鼓掌，向曹鹏致敬，很多外宾朋友甚至还流下了感动的泪水。

这就是曹鹏总是能给人留下深刻印象的一个重要原因。当他走上舞台，举起指挥棒，中国乃至世界交响乐坛，就多了一种个性、一道色彩、一片真情、一部传奇。

第三章

从"星广会"到音乐会的"站票"

20世纪80年代初的上海，已经呈现出一派活力涌动的气象。大街上，人们的穿着打扮，色彩变得鲜艳，商店里也时常人头攒动，购销两旺。

一个周末的傍晚，曹鹏一路回家，顺道走进一家商店购物。

商店里，正播放着抒情的流行钢琴曲，一派轻松、愉悦的气氛。柜台上，接待他的一位售货员怀着惊喜地向他打招呼："是曹老师呀！您好！"

曹鹏抬眼一看，自己并不认识这位小伙子。其实，随着普及交响乐的努力不断践行，上海这座大城市里，爱上交响乐的市民开始增多，因而在港台流行歌手红极一时的年代，也有更多人认识了曹鹏这位形象与个性特别"出挑"的上海指挥家。

小伙子穿着工作服，但一头乌黑的长发整齐有致，看得出经过了刻意的梳理。他怀着感激之情对曹鹏表示：自己就是从音乐厅的舞台上认识曹鹏的，自从听了他指挥的交响乐，现在晚上不出去打游戏了，就在家里安安心心听音乐，这是更加"高级"的享受。

此番话，对曹鹏而言就是鼓舞。在曹鹏心里，能真正做到让音乐走进观众心中，付出多少都是值得的。他说：

"我不想得什么虚名，也不求什么实利，我只想尽我所能地普及交响乐。要振兴交响乐，先要从培养听众做起，这样才能为音乐艺术注入持久的生命力。我力图把普及工作做得再有成效一些，也呼吁社会的各个层面都加入交响乐的普及工作中来。"

确实，曹鹏也真正做到了在地域上，让交响乐传进全国人民心里；在社会群体上，不分阶层，都呼吁大家支持普及交响乐工作。

而把交响乐普及推向高潮的，就是配合上海人民广播电台举办的"星期广播音乐会"（下文简称"星广会"）。

在上海音乐厅举办的星广会始于1982年初，现场演出与广播直播同时进行，丰富了当时相对单调的文化生活，是许多上海人20世纪80年代初期的独特记忆。曹鹏曾这样诠释它的作用："我指挥的音乐会只能分享给现场的1000多个听众，但一个电台却可以让无数的听众受益。一个频率播古典乐，想听多久就听多久，无论多远的路程都不会无聊。"由于星广会的流行，许多人逐渐培养起在收音机前听音乐会的习惯，当时，星广会甚至让半导体收音机都热销了，因此，"半导体"还成了80年代初期上海人的热词。时任上海人民广播电台文艺台副台长李世嘉记得，星广会第一期节目，是声乐、器乐综合场，来自上海乐团、芭蕾舞团、民族乐团、歌剧院、电影乐团和音乐学院等上海市最好的演奏团体，前所未有地在同一舞台合作，可谓"强强联手"。音乐会以广播的形式现场直播，新颖独特，让许多没接触过交响乐音乐会的市民也充满兴趣，不由纷纷慕名"跟风"，打开收音机收听节目。

星广会受到刚从文化荒漠年代走过来的上海听众的热烈欢迎，连续数年，风靡上海。青年人以听交响乐为荣，星广会成为上海街头巷尾的谈话热点。1983年10月，一份对上海部分工厂、企业和街道听众的调查显示，星广会收听率高达65.5%；1985年，星广会在上海"群众喜爱的精神产品"中排名第一。一麻袋又一麻袋的听众来信被送至创办者手中。当年，《解放日报》曾有一篇名为《上海青工八小时以外在做什么》的报道这样描述："在休憩的时间，年轻人三五成群、抱着饭盒在车间里听，老人们靠着藤椅、躺椅，在古典音乐的陪伴下享受宁静的傍晚。"

星广会从1982年开播起，一直致力普及交响乐，至今一直陪伴着上海的听众，培养了一批与音乐会一同成长、热爱交响乐的青年。当年，青年工人徐建华曾经抱着饭盒在车间痴痴地听星广会，一晃人到中年，他的车间如今也改建成了"传媒文化创意园区"，留下来做管理工作的老徐，居然因为在办公室播放莫扎特的乐曲，吸引住了一位来考察投资的老板。2007年，星广会25周年，听众高伟良给曹鹏写信说："我曾经梦想到上海音乐厅工作，哪怕是售票、领位，只要可以听到星广会。"它是中国最早的音乐普及品牌，也是上海观众最为熟知的古典音乐普及品牌。毫不夸张地说，上海如今的乐迷大都是从这里培养起来的。2004年后，星广会采用由电台直播和电视转播结合的形式，传播力度加强，数以万计的观众都能在家欣赏美妙的音乐演出。星广会的演出节目形式更加丰富多样，比如邀请芭蕾艺术家加盟、加大对中国传统民间音乐的支持力度等。

星广会的影响是全国性的。1986年7月，中央人民广播电台隆重向全国直播曹鹏指挥的上海交响乐团世界名曲音乐会专场，使得交响乐普及热潮由上海发展到全国，交响乐终于走向了全国大众。

同在1986年7月中旬，曹鹏收到远在贵州省福泉县（今属福泉市）一位退休老干部的一封信，这位老干部叫刘虹森。刘虹森和他的老伴在贵州电视台看到福建电视台录制的"世界著名交响乐专场"实况，年过半百的两人在电视机前激动不已。刘虹森在信里赞叹："演出一开始，就深深吸引了我们，它的魅力不仅在于全体演奏员娴熟的技巧和严肃认真的态度，也在于您本人指挥艺术的精湛，令人叹为观止。但是，使我们更为激动的是，您对乐队各种乐器和演奏方法、技巧所做深入浅出的讲解，就像对学生讲课一样，从零开始；特别是对演奏的每首名曲都做了介绍，以提高观众的欣赏水平，真可谓循循善诱，乐此不疲……"刘虹森在信的末尾提到，自己住在穷乡僻壤，看到曹鹏的演出特别不容易，但是想到曹鹏和同行们披荆斩棘、辛勤耕耘的努力，就感到由衷的高兴，这种"俯首甘为孺子牛"的精神难能可贵，令他哽咽感动。曹鹏在收到信后，激动不已，写了一封回信给这位远在贵州的"知音"，还寄上亲笔签名的贝多芬《第九交响曲》磁带。音乐的普及，使各处一方的两人有了连接，艺术家和群众的关系更加紧密。至今，曹鹏和上海交响乐团还依旧保存着刘虹森赠予的两方篆刻，上面刻着"阳春白雪，长风万里"。

1985年2月，春节刚过，上海交响乐团便接到通知：上海市委办公厅和宣传部要举办"艺术欣赏知识系列讲座"，第一讲的内容就是交响乐的知识，而且市委、市政府的领导都要前来听讲。不久，上海交响乐团排练厅便迎来了两百余名市属部、委、办和局的领导干部。已经是名誉团长的黄贻钧向大家回顾了上海交响乐团历史，在曹鹏的指挥下，奏一曲，讲一曲，学员们听得津津有味。1986年12月的一个晴天，上海交响乐团排练厅又举行了一场别开生面的交响音乐会，这次音乐普及的对象是市里的领导干部。曹鹏、陈燮阳和侯润宇，分别介绍了交响乐主要的乐曲和表现形式，并在各种乐器的配合示范下，序曲、组曲、协奏曲、交响曲轮番出场，如春风细雨般滋润大家的心灵。领导们盛赞："您给我们上了一堂很好的艺术修养课！"

这样别开生面的音乐课程，后来也被上海市政府相关部门认为是一种提高政府公务员文化水准和修养的较好途径。2010年起，上海市人事局人才培训中心邀请曹鹏为公务员做"交响乐讲座音乐会"，据说当时上海三分之二的公务员听过曹鹏指挥的这个"交响乐讲座音乐会"。

同行、前辈们都认可和敬佩曹鹏为普及交响乐的付出。音乐大师贺绿汀曾评价说：

曹鹏作为艺术家的独特性，在于他长期致力于音乐同群众的沟通。他几十年如一日，孜孜不倦地把古往今来人类精神之精华的交响乐普及到群众中去，他期望在音乐知识贫瘠的土地上，培养和造就出一代交响乐听众。

1985年，上海交响乐团演奏贝多芬全套九部交响曲，由黄贻钧、曹鹏、陈燮阳三位指挥家接力完成，成为彼时的"现象级"演出。为了买票，许多爱乐者绕着上海音乐厅排队数圈，在这购票队伍里等待着的，是改革开放之初，上海乃至中国最早的一批交响乐乐迷。曹鹏指挥的《第五交响曲》，当时的票价是1.2元一张，全套4.8元，在当时引发了一阵"贝多芬热"。也就是从那个时候开始，很多人真正喜欢上了交响乐，走进古典音乐殿堂。曹鹏认为：交响乐发展史系列讲解音乐会前两场出现卖站票的情况，说明上海市民十分热爱音乐，音乐普及也有一定效果。他分析说："其实，上海的爱好者已经不需要再接受乐队的乐器之类的普及了，我现在上台就讲作品，这些内容有的已是大学的程度了，但听众听得津津有味，这说明上海的听众水平不低，因此，我讲解的重点还是放在提高上。"

上海的交响乐听众逐渐增多，并形成了稳定的交响乐听众群体，青少年的欣赏水平也得到提高，上海交响乐爱好者协会以及分会都陆续建立起来，吸引越来越多人加入，群众自发的音乐活动和普及讲座也越来越多……

1988年，曹鹏又兼任上海音乐家协会表演委员会主任，借此，曹鹏将交响乐的普及又提高了一个层次。他邀请上海所有音乐团队中的能人、干将，如俞丽拿、丁芷诺、谭国璋、熊照等十余人，组成了一个演出协调小组，商定每两周在上海音乐厅举行一场"免费音乐会"，由各单位轮流汇报演出的日期、曲目等。上海乐团承担了第一场演出，以后，上海的各大音乐团体轮流演出，让上海市民免费享受音乐盛宴。曹鹏说，音乐会是免费的，但艺术是无价的，要拿出上海最高的水平，让老百姓能享受到音乐的魅力，从而自觉地亲近音乐。

谈起普及交响乐，曹鹏曾经在采访中严肃地跟记者说：

我最反感的，就是那些所谓音乐家从不跟听众沟通，高高在上、狂妄自大，总认为普通听众根本不懂交响乐，跟他们讲解也是对牛弹琴。我想反问的是，音乐家一生下来就懂交响乐？还不是经过老师耐心的教导才从不懂到懂的。其实，交响乐并不高深。音乐是为情感服务的，听众感情上接受、觉得好听、有共鸣，就是听懂了。

从20世纪60年代开始的交响乐普及事业，到90年代更加成熟，面向更广大的群众。曹鹏在普及的过程中，一直呼吁演出低票价，照顾到普通群体的经济水平，让更多的人不因为票价的门槛而止步，而他始终身体力行，热心于到工厂、学校、农村等地去做公益演出。1989年，曹鹏在担任上海乐团艺术总监、首席指挥之时，组织上海七个音乐团体，轮流开展双周免费音乐会，他指挥上海乐团担任了首场免费的音乐会演出，为观众演奏贝多芬《第九交响曲》；1994年，他倡办"迈入高雅艺术的殿堂"交响精品系列讲座音乐会；1996年，由于上海听众对交响乐的热情日益高涨，兴趣浓厚，曹鹏指挥上海乐团举行"古典交响乐发展史系列"第二讲音乐会时，首次卖出了"站票"。第二天，此事作为新闻，见诸《新民晚报》，资深记者杨建国写了报道《音乐厅昨晚破天荒卖站票》，引起热议。

原来，一周前，这个系列的第一场音乐会，就因其精彩的演奏和讲解，在市民中产生了广泛的影响，大家赞不绝口，以至于等到第二场音乐会开场前一天，入场券就已经售罄了。因为是休息日，上午已经有市民纷纷前来购票，到了下午，购票的人越来越多。当大家得知票已售完之后，并没有立即离开，而是纷纷等着旁人退票。有观众笑言："要弄到这场音乐会的票，比弄到港台当红歌星演唱会的票还难。"直到晚上7：15开场前，外面下着大雨，却浇不灭市民们对音乐的热情，音乐厅门口仍然聚集着许多市民以及外国人在等别人退票。

曹鹏目睹此情此景，赶紧找到音乐厅经理缪陆明，与他商量把外面的观众放进来。"知音难觅，这是追求高雅艺术的大好现象，希望立即发放站票，这才叫和国际接轨！"最后，他还对经理说："要是出了什么事情，由我曹鹏全部负责！"音乐厅经理缪陆明曾是乐队小提琴演奏员，也是曹鹏的好友，他非常理解，同意了曹鹏的请求，把外面等待的市民都请进了音乐厅。大家进来后，都安安静静站在那里听音乐，现场依旧井然有序。

音乐会出售站票，当时在国外早已经是寻常惯例，不论是曹鹏当年在苏联留学经常以买站票的方式听音乐会，还是他去国外演出访问看到的情况，都给他留下了不可磨灭的记忆。曹鹏也一直有意学习和参考国外艺术的管理及经营模式，出售站票早有渊源。1990年，曹鹏在美国华盛顿观看阿巴多指挥以色列交响乐团演出，当时美国正与伊拉克剑拔弩张，所以出入音乐厅安检十分严格，戒备森严，听众的包都要进行检查，气氛十分紧张。曹鹏印象深刻的是：那晚站票之多，超过了任何一次音乐会。1995年，曹鹏访问维也纳，他留意到：维也纳歌剧院的歌剧以及音乐会的票早在几个月前就已售罄，但是，剧院每天依旧保留300张站票现场销售。

《新民晚报》报道两天后，曹鹏发表了《为站票叫好》的文章，他相信以后出售站票不再是破天荒的事情，而是为爱乐者建筑起温馨的"音乐之家"，可以给爱乐者"站有一足之地"。曹鹏现在还依然保存着当年的报纸，这是见证上海普及交响乐历程中一次历史性的开端事件的珍贵资料，从此之后，上海的音乐会都逐渐开放站票售出。

让曹鹏感慨欣慰的是，在2004年秋天，经过位置平移重新开业的上海音乐厅，做出了一个前所未有的新设置：在音乐厅最后一排座位与后墙之间，有一条0.6米高、17米长的横杆，观众可以在上面靠着支撑，或者半坐着，这是上海剧场建设史上第一次出现的"站位"，可容下30位观众。站票票价根据演出最低档票设定，目前已封顶50元，最低的曾经到过20元。音乐厅设置站位的初衷十分人性化，在经营利益面前，还考虑到许多买不起高价票的观众，将内场最后一排的空间设为站票区，这样每次音乐会演出时，就有更多热衷于音乐的听众能一饱耳福。这个设置，不仅在管理模式上与国际接轨，也体现出音乐厅对音乐听众的关爱。和20世纪80年代音乐厅门可罗雀的境况比起来，90年代的上海观众，对交响乐的喜爱明显提升，音乐会时常一票难求、往往开放站票的盛况，已经让交响乐与群众的距离越来越近，渐渐地，交响乐慢慢成了人们生活中的一部分。

1986年10月，曹鹏在上海音乐厅举办柴可夫斯基作品系列专场音乐会，演出柴可夫斯基第六交响曲《悲怆》。《悲怆》被认为是柴可夫斯基一生总结性的代表作品，也是他交响曲成就的最高体现。为了欣赏交响乐名曲，午夜就有人开始排队，到上午售票时购票队伍已绕音乐厅整整三圈，演出当天，十四场音乐会的门票已告售罄。曹鹏感慨地说："这是一部很难演奏也很难表现的作品，经过'文化大革命'的中国知识分子，一定会对这部作品理解得更加透彻。"

为了更好地引导年轻人，每次去学校演出，曹鹏都会做好精心准备。在上海城建学院演出时，看见下面学生济济一堂，曹鹏非常高兴，他说："大学生层次高、素质好、理解能力强，容易接受交响音乐，我们很高兴在大学生中找到了交响乐的知音。"他边指挥演出边讲解，分析交响乐的内涵，而且形象地说："音乐和建筑有一脉相承之处，刚才校长带我参观了你们学校，确实不愧为'城建学院'的大名，学院的整体建筑就是一首完美的交响乐，学院的门厅就是交响乐的序曲，每层楼就是交响乐的各个乐章，音乐主题和谐与建筑有密切的关系，正如人称'建筑是凝固的音乐，音乐是流动的建筑'。"他的讲解极受欢迎，深深打动了大学生们。

那几年，曹鹏在全国各地举办的普及音乐会超过200场，观众达20万人次，交响乐普及热潮迅速由上海向全国发散。

1993年，照例又是一个忙碌而充实的岁末。10月，曹鹏应邀率上海乐团去了青岛，在那里连开了三场音乐会，场场爆满，观众如痴如醉。当地媒体惊呼："通俗歌曲一统岛城舞台的局面已被打破，包括交响乐在内的严肃音乐正在复苏。"

11月，曹鹏与团市委联合在上海市区和近郊举行"毛主席诗词音乐会"近40场，观众超过5万人次。

1994年新年伊始，曹鹏又推出了面向青少年和大中学生的"94交响精品系列讲座音乐会"。他精心挑选了5套节目：既有被誉为交响乐之父的海顿交响曲，又有中国观众家喻户晓的小提琴协奏曲《梁山伯与祝英台》；既有法国浪漫乐派代表比才的作品，又有美国现代作曲家安德森、科普兰的作品；既有气势恢宏、象征中华民族精神的《黄河大合唱》，还有温暖抒情的刘天华的《良宵》等。其中，贝多芬的《第三交响曲》《第五交响曲》《第六交响曲》《第九交响曲》，都由曹鹏做重点的分析和讲解。为了更能被学生们接受，曹鹏将卡拉扬指挥维也纳新年音乐会曲目中的《哈哈波尔卡》，立即记谱编配，成为音乐会热门的加演曲目。曹鹏还专门为《火车波尔卡》

录了火车行驶的声音，为《打铁波尔卡》准备了铁块，为《狩猎波尔卡》准备了枪响效果，并特地印发了7万多张节目单，让学生们听完音乐会后还能留下资料。

据上海乐团的演出统计，这一年从3月至7月，于同济大学、交通大学、闵行中专、公用事业学校以及闸北、宝山、黄浦区的体育馆和上海体育馆等地演出的普及音乐会约58场，听众近六万人次。著名表演艺术家许还山在上海期间应邀听了一场音乐会，事后，他给曹鹏洋洋洒洒地写了一封长信，称自己"找回了一种在艺术殿堂升腾的感觉"。他高度赞扬了曹鹏和一批坚守严肃音乐的音乐家们，是"咬定青山不放松的战士"，在这一千多万人头攒动的都市一角，开辟了这么一方净土，坚守着一块不为商业大潮冲击的桃源。他真诚地感激曹鹏和他的合作者，并诙谐地说："人们在吃了过多的臭鱼烂虾之后，必然要去寻求色香味更佳的食品，因为人有一种本能地追求真善美的天性。"

有了朋友的肯定和观众的支持，曹鹏打点行装，又开始了新一轮的传播高雅艺术的旅程。1995年5月，杭州艺术周开幕第一台演出，就是曹鹏和他率领的上海乐团。在每一个曲目演奏前，曹鹏都会给观众讲解曲目的含义，传递音乐知识。因为观众的热情，上半场加演了三首曲子，接近尾声时，又连续加演了三次，使杭州音乐周有了一个极其成功的开局。那些日子，在外省市的媒体上，也频繁出现曹鹏及上海乐团的演出讯息：在广州参加第五届"羊城音乐花会"；在长沙举办"中外名曲专场音乐会";在无锡为"纪念舒伯特200周年诞辰"讲解《未完成交响曲》;在江阴帮助业余民乐团排练指挥刘天华的《光明行》;两次去大连举办讲解音乐会,在"得威之夜音乐会"和大连"国际服装节闭幕式"广场晚会上演出。他的足迹遍布全国。

曹鹏的交响音乐普及,还影响了整整一代上海青年。为了让更多的人"和音乐在一起",曹鹏这么多年坚持普及交响乐。但交响乐仍是"阳春白雪",总有人问他的坚持有没有受挫感?曹鹏这样回应:

文化是一棵大树,根深叶茂才能挺立于世,当前社会上的诸多弊病,追其根,均在于缺少文化和道德修养。而要弥补这个缺陷,也许需要几代人的努力。这就像一条大河,沙子要掺进去不容易,但能推动一点是一点,能影响一点是一点。我为什么要普及交响乐?一个家庭、一个国家如果没有优美的音乐,就少了许多美好。所以我特别重视对年轻人的音乐普及,能影响年轻人爱上交响乐,在我看来是功德无量的事情。有音乐的人生,不迷惘。

1994年6月26日,曹鹏出现在上海交响乐团排练厅,不过这次他的身份不是指挥,而是证婚人。这是一场由上海交响乐团爱好者协会为一对新人举办的婚礼。新郎是来自上海城市建设学院设计研究院的张蓉伟,他在婚礼前一个月写信邀请曹鹏光临婚礼,并为他们证婚。信里说道:"自第一次观赏您指挥的音乐会,至今也快20年了,当我1979年在同济大学读书时,我第一次得到您的亲笔签名,现一直珍藏。谢谢您给我及我们这一代人带来美好的世界名曲,这是我终生难忘的，特别是您在普及交响乐的过程中，所付出的心血和精力，非常令我感动。如今您70高龄，从艺50年，还在为国家和人民奉献您的精神和艺术，实在使我们产生了对您的崇敬与爱戴之情。"曹鹏在出席婚礼时，非常欣慰："多么高兴能为音乐爱好者主持婚礼，祝他们幸福美满！"

为了表彰曹鹏为交响乐事业做出的贡献，1986年，他荣获上海市首届"文学艺术奖"；1991年，他获得国务院颁发的"表演艺术突出贡献奖"；1995年，曹鹏又获得了文化部和人事部共同评定的"全国文化系统先进工作者"光荣称号。

赴京领奖时，曹鹏意外地遇到了来自家乡江阴的代表陈副市长，原来，江阴市同年亦被评为"全国文化名城及卫生城市"，陈副市长也是赴京领奖的。

老乡见老乡，促膝夜谈，相见恨晚。

江阴历史上还从未有交响乐团的演出，能在家乡举办交响音乐会，一直是曹鹏感念故乡的愿望。现在，陈副市长就像一把钥匙，开启了他积淀多年的愿望之门。1995年10月，曹鹏率上海乐团来到阔别已久的家乡江阴，先在三房巷村举行首场演出。

三房巷村经济发达、村民富裕，但他们能接受这"阳春白雪"的高雅艺术吗？

但那次演出，却出乎意料地圆满。三房巷村仿照北京人民大会堂的样式，盖了一所剧院，设施先进。上海乐团上演了《卡门》、《养

曹鹏率上海乐团首次回到江阴演出

鸡场上的舞蹈》、贝多芬的《命运》等曲目，尽管这些乐曲对农民观众来说闻所未闻，但演出期间，800名农民却听得很投入，他们鼓掌和欢笑，与乐队相互呼应，由衷地享受着音乐带来的快乐。能得到乡亲们的欢迎，曹鹏及乐团同仁们格外兴奋。他更欣赏三房巷村书记对自己说的一句话："现在的农民，早已不是对牛弹琴时代的农民了。"

这句话，多么深刻地讲述了时代的变化和进步！

在音乐会的节目单上，曹鹏欣然献诗一首：

美丽的江南水乡，英雄的忠义之邦，我自幼在这块土地上成长。感谢您，亲爱的故乡、我的母亲，您赋予我勤劳、智慧，赋予我创业的力量。

听说曹鹏音乐中心已在上海浦东新区挂牌成立，为了打造江阴的文化名片，江阴市也同时宣布成立曹鹏艺术中心，那铜牌就挂在市政府的外墙上，成为很多江阴人留影时引以为豪的一个背景。

江阴之行，是国内大型交响乐团首次为农民做普及交响音乐的讲解演出，为此，《人民日报》还专门发表了《乡村奏出高雅曲》的社论。

如同出席颁奖仪式一样，曹鹏每次去听音乐演出，不论场合，都会郑重地穿上正装，音乐结束时，他总是带头鼓掌的人之一。他说，这是对音乐家的尊重，对音乐的尊重，也是对自己的尊重。鼓掌显示对音乐艺术的尊重，也是需要普及的任务之一。他要一如既往，一定要做下去！

直到今天，98岁的曹鹏的交响乐普及仍然继续"在路上"，而路上的每一步，都指引着人们去往音乐的圣殿……

上海乐团访三房巷村专场演出

第四章

深耕的土地最育人

　　曾有记者问曹鹏："您一周工作几天？"

　　他幽默地回答："我一周工作八天。"

　　在曹鹏看来，优秀的指挥家不在于他的动作有多潇洒，而在于能否掌握作品的精神，"你的内心要与音乐在一起、与作曲家在一起，而要做到这一点必须要有踏实的艺术积淀和勤奋的工作"。一年之中，曹鹏究竟要排练指挥多少曲目，演出多少场次，他自己根本说不清楚。

　　尽管在上海的音乐普及已经取得一定的效果，但曹鹏一直认为他们做的还是"铺路"的工作，必须不断前进，深耕不辍。提高民众艺术素质是一项艰巨而宏伟的工程，其意义非常深远。

　　普及就像铺路，要攀高就要有路，不断地铺路才能不断地攀登。这个工作不能停，但深入下去又有新的困难。交响乐的发展不是孤立的，我们一定要认识到交响乐对社会主义精神文明建设所产生的巨大作用。音乐可以善民心，可以移风易俗，如同《乐记》所说，"知乐则几于礼矣"。

随着时间的推移，人们越来越理解曹鹏这种长期不懈努力的真正意义和价值。在上海这座名校云集的大都市，曹鹏是常年为业余交响乐团提供全方位服务最多的著名指挥。大家亲切地称曹鹏为"交响乐播种者"，可他自己都数不清，"播"的种子结了多少果，尤其是在最需要萌芽的学生园地，曹鹏被誉为"普及交响乐的功臣"。

坚持在交响乐普及之路上忙碌了大半辈子，他将一个个由学生和白领组成的非职业交响乐团，送上了上海大剧院、上海音乐厅、东方艺术中心等高雅的专业舞台。为此，他倾心倾力、无怨无悔。

作为一位具有国际视野、国家意识的指挥家，曹鹏很早就把目光投注在悉心培育青年和学生人群上，颇有远见。

1981年，曹鹏受聘担任上海交通大学（下文简称"上海交大"）教职工室内乐团指挥，15年后，上海交通大学交响乐团被上海市教育委员会（下文简称"市教委"）命名为上海市大学生交响乐团，并正式聘请曹鹏为艺术总监兼首席指挥，至今捧回诸多国际音乐节奖项。结缘校园音乐期间，曹鹏每周都亲自指导学生，寒、暑假也加班集训排练，多年来为学校音乐会和新生音乐会担任指挥，而且边指挥边向观众讲解普及交响乐。他"调教"的这支大学生乐团，曾连续三届获得三年一度的全国大学生艺术展演比赛一等奖。

"我们是一个个欢乐的音符，您就是默默的五线谱；我们是春天叽叽喳喳的百灵鸟，您就是茂密的智慧树。"这是南洋模范中学（下文简称"南模")孩子们献给曹爷爷的诗。曹鹏在接受上海交大艺术团终身荣誉总监称号时曾说:"和音乐、和家人、和年轻人在一起,这三个'和',让我健康、快乐、幸福。"

每逢业余乐团要参加各类大赛,曹鹏就会鼓励市民演奏者最大程度参与演奏,促进业余团队观摩、交流和提升,让更多人关注古典音乐、民乐,这样的普及和推动很实在。他热情地为业余团队支招:"最好能选择经典曲目演奏,经历过岁月沉淀,表现力丰富。"

1994年5月,年已69岁的曹鹏在公用事业学校指挥演出时,不慎摔了一跤,当时腿上就流血了,在场的人无不担心,但曹鹏十分淡定,继续全身心投入指挥之中,像什么都没发生过一样。演出结束后,大家连忙送他去医院急诊治疗。许多同学看了演出后给曹鹏写信,表达对曹鹏的敬意,信里说:"自从听了曹鹏的音乐会,才感受到高雅音乐竟如此迷人,才真正了解无词的诗并非深邃莫测,有一种全新的感受……"曹鹏说,这就是缓解病痛最好的良药。

每次进校演出,学生的反应总是热情真挚,热烈的掌声经久不息。在交流环节,总有同学要求上台发言并表示感激之情。这些时刻,在曹鹏心里一直珍藏着,是对他付出努力最好的回报:

只要有听众,有知音,我们就要珍惜。我要让年轻人通过普及教育,理解音乐赋予的人生意义,让他们触摸音乐、感受音乐、懂得音乐,逐步成为热爱音乐的群体。

1991年,时任市教委领导在与曹鹏交流时感慨:飞速发展的上海尚无一个学生交响乐团，这种缺憾，与正在建设国际化大都市的上海很不匹配。于是，在各方努力下，由市教委牵头，南洋模范中学在1992年组建了上海第一支中学生交响乐团。

1993年起，上海市教委先后邀请曹鹏出任南洋模范中学学生交响乐团、上海交通大学艺术团终身荣誉总监。

德国指挥家比洛有一句名言："没有不好的乐队，只有不好的指挥。"曹鹏接过这个新生的学生乐团指挥重任，自然也面临着不少压力。建立乐团只是第一步，学生乐团的培养是一个新课题，如何让学生在参加乐团的过程中有所收获、得到成长，才是真正的目的和难题。

学校平房的两个普通教室被打通，用作乐团排练室，几名音乐老师一点一滴组建起这个百人学生乐团。首先要解决的就是乐团的专业问题，但是学生团员中有学业成绩非常优秀的，也有成绩非常普通的，唯一的录取标准就是音乐技能和素养。学生乐团不似专业乐团的音乐素质和水平：学生乐团水平参差不齐，人员流动性大，每年大概有三分之一到三分之二的人员变动；学生们还有课业压力，是挤压课外时间来参加活动的。

曹鹏常说：

交响乐无业余，因为交响乐本身就是精品，如达不到一定标准，乐团就没有存在的价值。因此，我对学生乐团的标准不会降低，而是针对学生乐团的特点进行训练。无业余，是对指挥的要求，要求指挥对音乐有严肃、严谨的治学态度和治学作风，更要求指挥对孩子有很强的责任心和爱心。在学生乐团，指挥面对的是孩子、是学生，要对他们有耐心，通过精心排练、高质量演奏，让学生提高技艺、提升素质、启迪情操，所以，乐团何有专业、业余之别？

南模乐团老师潘旭炜对曹鹏严谨的工作态度印象深刻。在1993年初，曹鹏刚来南模学生交响乐团，由于学生乐团刚起步，乐团编制不全，演奏技能稚嫩，乐团老师工作的不熟练、不到位常常惹曹鹏生气。有一次，乐团参加上海市的演出，有一位圆号声部的同学临时请假，潘旭炜没想什么，就同意了。临上场前，曹鹏得知此事，不由狠狠批评：交响乐演出怎么可以声部不全？此事让潘旭炜懂得了演奏人员的责任，作为管理员和老师的她，在以后的排练和演出中不敢丝毫懈怠。

曹鹏对乐团的训练，十分注重作风和精神。当他每次应邀到一个新的乐团排练时，一进门就是观察这个乐团的环境是整洁还是凌乱，由此就可感受出乐团的精神面貌，再听乐团排练的"对音"状态，就知道乐团的作风和水平如何。而对学生乐团的训练，他更注重要学生养成优秀作风和敬业精神，这是让他们终身受益的品质。

曹鹏已形成一套完整系统的指挥艺术。对学生乐团的训练，第一点必须狠抓"音准、节奏、合作"。这是学生乐团普遍存在的三大难题，也是压在演奏者身上的"三座大山"。曹鹏有时听学生乐团演奏，发现从头到尾都存在音不准、节奏乱的问题，内心很为孩子们着

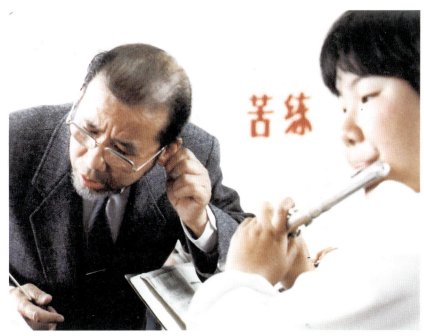

曹鹏为训练音准，提出口诀"不用嘴，不用手，用心用耳来演奏"（拍摄于南洋模范中学）

急，这不仅耽误了听众，耽误了学生，也耽误了学校和家长的培育。

好几年前，他在一次上海市小学生的乐队比赛中担任评委，看到有一些小学乐队只注重孩子们打扮时尚、动作花哨，演出既没有音准，也不讲节奏，简直让人无法忍受。演出结束后，全体评委只能请各校校长和音乐老师留下，坦率地陈述了评委们的不安，向他们提出了希望和要求。

2009年，上海市举行中学生乐队比赛，曹鹏给其中三个学校打了零分，还写上评语："误人子弟。"他心疼孩子，孩子们付出了那么多时间和精力，可实际上这哪是在搞素质教育？音不准、节奏不对，孩子们越学越难纠正，还怎么亲近音乐？

确实，世界上著名的艺术家和演出团队，也都是为化解这三大难题而不懈奋斗的。一位新西兰乐团指挥家曾对黄贻钧先生说："我用了九年时间，才使木管声部不走音。"而乐器质量的不同、演奏者的气息问题，也会使音准发生改变。为此，曹鹏在训练学生乐团时，经常编写训练音准的练习题，并在上面写上训练口诀："用气息圆润，用耳靠音准，善听才善靠，能靠会靠宝中宝。"除此之外，他还为"音准"制作了"特殊乐谱"和"趣味展示"。所谓"特殊乐谱"，就是用"五星"代表五音，用"三角"代替三音，用"全分音符"代表根音，用"四分音符"代表七音；而"趣味展示"就是为不同的曲目开具不同的口诀，并且标上不同的"和弦秘方"。例如曹鹏为德里勃芭蕾舞剧《葛佩利亚》序曲开具的口诀就是："同度八度亲姐妹，和谐相处求甜美。"同度音、八度音上加有方框。特殊谱例的训练，是从基础上提高演奏水平和质量，让同学们"听得到，看得见，摸得着"，容易找到和弦的位置，而且帮助同学们从"和弦的功能"上掌握处理音准的道理和方法。

在第二个难题——节奏感方面，曹鹏非常注重要以严格训练培养乐团的节奏感。在学生乐团排练时，几乎在每次合乐前，都必做各种严格的节奏训练。曹鹏认为，只有经过严格的规范训练，才能在音乐上达到"节奏准确，内在自由"的表现。对乐团的新同学，曹鹏尤其严格禁止用脚打拍子，因为这是个人的节奏感，而不是乐曲严格要求的节奏感。为了让学生改掉这个坏习惯，曹鹏会走下指挥台，用手摁住学生的脚，让他牢牢记住。

为了使学生正确理解和把握作曲家对作品的演奏要求，曹鹏常常将乐谱上的音乐专业术语翻译成中文，还在译文前加上"这是文化修养、是财富"一句话，印发给同学们学习，要让学生跳出仅仅"演奏音符"而达到真正"演奏音乐"的境界。在学生与指挥的默契之中，他教会学生如何"看指挥"，提高了乐团的合作能力以及音乐表现能力。曹鹏善于因材施教，引导学生。在曾担任南模学生乐团首席的吴彦皓同学的记忆中，曹鹏老师很多时候是通过挖掘人物情感来启发他。在他学习《梁山伯与祝英台》期间，曹鹏有一次把他拉到身边，"小吴，你想象一下，祝英台在爱人坟墓前哭泣的情感是怎样的？她时而号啕大哭，时而低声抽泣，这可以通过弓段和弓速来表现；她时而哭得如泣如诉，时而又泣不成声，这又可以通过揉弦频率的变化来表现。"曹鹏希望他学会通过音色、运弓、揉弦的变化来丰富人物内心的情感。简单的几句点拨，让吴彦皓感悟到作品情感表达需要下更大功夫来练习。

可喜的是，南模学生乐团第一次走出上海演出，在1994年暑假到北京参加"管弦乐之夏"活动，就取得了圆满成功。因为曹鹏另有演出任务，乐团由林友声指挥带队。那时，北京早在数年前就成立了学生乐团，上海的学生乐团却是刚刚起步，大家以为差距会很大。但经过曹鹏精心训练的南模学生乐团，当晚在北京海淀的演出，获得许多专业人士的好评。孩子们演奏的中外名曲，从莫扎特、贝多芬、巴赫、施特劳斯的曲目，到贺绿汀、陈钢、刘铁山等作曲家的曲目，他们对乐曲演奏细腻精美，把握准确，让人很难相信这是一支业余的学生乐团。许多音乐界的知名人士纷纷打电话给曹鹏和乐团聘请的声部老师，祝贺南模学生乐团演出圆满成功。

演出成功的消息，使乐团全体师生沉浸在喜悦之中，大家从内心深深感谢曹鹏平时的严格训练。从此之后，乐团师生信心倍增，曹鹏也更进一步，以专业乐团的要求对待平时的训练，怀着对学生的期望，曹鹏全身心地培养着南模学生交响乐团。

在曹鹏的训练下，2006年7月，南洋模范中学学生乐团参加维也纳第三十五届国际青年音乐家比赛，乐团现场表现细腻、完美，最终力压群雄，获得金奖。演出结束，现场评委纷纷起身热烈鼓掌，观众也全都起立鼓掌。为了回报观众的热情，乐团还打破了国际惯例，加演了一首杜卡斯的曲子。一位评委打了100分，他评价道："乐团的表现无可挑剔，尤其是指挥家的妙手，他深知如何掌控乐团。"

取得成绩固然欣喜，但在曹鹏心里更看重的是让学生领悟到"认真、刻苦、踏实"的道理，是在学生乐团中培养学生具有音乐交流和演奏默契的能力，感悟融入音乐之美，同时提高孩子们机敏和机智的素质，陶冶学生的美好心灵。时任南模校长高屹也颇有同感："我们的孩子将来大多并不会从事音乐工作，因此我们要思考，如何将音乐教育与人生教育结合到一起，而不是为乐团而乐团。"

　　交响乐对南模的学生来说，是一堂启蒙课。新生第一课就是"听一场交响乐"。在拿到南模录取通知书的同时，他们还会拿到一份"高雅音乐欣赏礼仪"，上面写着："进场着装要规矩整齐，不穿拖鞋、短裤和吊带装，场内禁止吃东西；入座后阅读节目单，了解演奏团体和音乐曲目；音乐会开始前必须将移动电话及时关机……"乐团负责老师潘旭炜回忆，有一次，新生音乐会进行到一半，突然停电。在8月大热天，封闭的会场一片漆黑，闷热无比。但让新生和家长们惊讶的是，音乐声没有停止，台上的乐手虽然看不见乐谱、看不见指挥，仍在坚持演奏着，音乐声在黑暗中流淌。大约15分钟后，舞台供电恢复，新生和家长都站了起来，为演奏的同学鼓掌、

南洋模范中学迎新生音乐会

欢呼。有位家长激动得一把抓住潘旭炜说："这真是给孩子最好的一堂人生教育课！"

南模的其他孩子也在追求各自的音乐梦，有些学生组建了音乐社团，每周都练小乐曲；有些学生自组乐队，每周练习；有些同学尽管高三了，仍坚持课余来乐团训练。

走过了乐手水平参差不齐、声部不全、乐器匮乏的初期，学生交响乐团成熟起来，但在南模的老师们看来，"这还不是乐团追求的全部"。早在建立之初，乐团就立下了严格的"团规"，比如其中有这么一条：不迟到、不早退、不无故缺席；若迟到、早退、无故缺席，且文化课成绩下降者，将取消乐团成员资格。

曹鹏最爱给团员们讲述音乐外的故事。其中，乐曲《魔法师的学生》是乐团的保留曲目，被大家称为"人生一课"。这是一首难度较高的曲子，练习它一方面可以提高学生的水平，另一方面，曹鹏更看重它的寓意。这首曲子来源于一个童话故事：一名小巫师，成天看着老巫师念咒语，指挥扫帚挑水。一天老巫师外出，小巫师也学着念咒语，没想到，扫帚挑来的水越来越多。小巫师却不会说"停止挑水"的咒语。"无论做人还是做学问，都不能一知半解。"曹鹏的话，让很多团员铭记至今。南模乐团的老师希望孩子从中领悟到，不仅音乐，做人、做学问都不能只求一知半解，不然后患无穷。曹鹏十分感激南模乐团老师们的工作："幸亏南模的老师懂艺术，因为他们的勇气、品位与坚持，学生们才得以开启别样的音乐人生！"

这些年，在孩子们身上，曹鹏渐渐看到了音乐带给他们的变化，曹鹏说："我们不是为了一次比赛、一次演出，我们的目的是为孩子'提高素质、陶冶情操、启迪智慧'。"而孩子们在这样的乐团中，也确实觉得自己的水平提高了，有光荣感、集体荣誉感。南模交响乐团曾经去厦门参加一个全国性比赛，拿了金奖，台下观众长时间鼓掌，孩子们都感动到掉眼泪，在当晚回宾馆的车上，他们自发地高唱校歌……那是一种对上海、对学校的荣誉感、自豪感，着实令人感动。

许多毕业多年的南模校友说，音乐的熏陶让他们受益终身。这也是曹鹏开启教育事业的追求，他总是说：

音乐教育并不是音乐家的教育，而首先是人的教育。

业余乐团的教育虽然辛苦，曹鹏也乐在其中。他时常感慨，"业余"的天地是一块净土，真正是"此地风水最育人"。他的童年虽已远去，但和孩子们、和学生们一起，他重新感受到淳朴天真的童心，也感受到孩子们对他的爱。乐团学生喜欢亲切地唤曹鹏作"曹爷爷"，在他们眼里，曹鹏亲切得就像身边的长辈。原南模交响乐团成员陈轩昂说："曹爷爷很善良，是个很容易被音乐感动的人，他会因为悲壮的旋律揪心，也会因为欢快的节奏手舞足蹈。"好几次，曹鹏在指挥南模交响乐团演奏舒伯特《圣母颂》等乐曲时，听着孩子们指尖流淌的美妙音符，不由得两眼含泪。曹鹏总说："我喜欢和孩子们一起演奏，那是世界上奏出的最美丽、最纯真的音符。"

许多南模乐团的老团员回忆，乐团每周的排练，曹鹏没有一次缺席。乐团学生顾超说，有次暑假集训，那天早上经过前夜大雨的侵袭，天平路大半条马路的积水已经没过膝盖，交通十分不便。早上9点，团员才陆陆续续到了三分之二，就当团员们想着曹鹏老师会不会来时，曹鹏的准时出现打消了大家的顾虑。曹鹏的事业心和尽职尽责的表现，无不感染和影响着学生们，他是学生的老师，是好朋友，更是学生学习的标杆。

　　在南模学生交响乐团的时光，曹鹏把美好的音乐种子播下，浇灌培育成一棵棵大树，学生们也怀揣着曹鹏的期待和对音乐的热爱奔赴前程，爱乐的种子一代又一代传承下去。

　　1995年，曹鹏正式从上海交响乐团离休，那年他已70岁。正当大家以为曹鹏将开始养老、享受生活的时候，却看到了他更加忙碌的身影，可谓"离而不休"。除了在上海音乐学院指挥系担任兼职教授之外，曹鹏以行动和热情，一如既往地支持、浇灌着音乐教育和交响乐普及事业。2001年，曹鹏指挥上海交通大学交响乐团首次远赴欧洲，就在荷兰南部城市凯尔克拉德举行的第十四届世界管乐大赛上荣获金奖，为中国管乐走向世界开了个好头；2006年又率领南模学生交响乐团在维也纳第三十五届国际青年艺术节上夺得第一。

　　鉴于上海艺术教育的普及，2010年，上海市成立了本市首个学生交响乐团，由曹鹏担任音乐总监。乐团由数以万计具有交响乐素养的在读大、中学生择优选拔组成，团员们朝气蓬勃、才华横溢，不乏技艺精湛的音乐人才。2012年，市教委又依托中国福利会少年宫组建了上海市学生合唱团，80名团员来自全市15个区的26所中、小学校，随后成立的"上海学生合唱联盟"，涵盖了全市10所高校、23所中学、17所小学和15家青少年活动中心。

广泛的群众基础，让学生乐团拥有了勃勃生机。大师级的专业带教，为学生乐团的成长搭建平台。"哇，是曹鹏先生亲自指挥！"上海学生交响乐团的不少团员，对那年夏天的第一次排练记忆犹新。上海交响乐团等国内外著名乐团的演奏家担任了各声部的艺术指导，已经80多岁的曹鹏，对由学生中的音乐爱好者组建的乐团倾注了十分热情——从乐理讲解，到不同乐器配合、节奏急缓的点拨，及乐章的整体把握，曹鹏无一不娓娓道来；而练琴时要自搬琴凳，排练一定要守时，大艺术家们"学艺先学做人"的要求，更对孩子们产生了潜移默化的影响。

记者胡廷楣在他的散文集《美学课》中有一篇《贝多芬的电话》：

曹鹏已经90岁了，他要为上海学生的新年音乐会排练贝多芬《欢乐颂》，交给他的全场交响和演唱的合练只有四次。排练开始前，他绕场一周，先看看学生们在做什么，不出所料：玩手机，嬉笑打闹……问他们《欢乐颂》歌词是谁写的？第一段是谁写的？答对者寥寥。他发怒了，颔下白胡子颤抖。他训斥这些孩子，大声高呼节拍，领着大家用德语朗诵歌词。但他其实是有信心的，他连夜改乐谱，为的是让贝多芬和这些孩子更贴近。他对孩子们说："昨天我一夜无眠，后来，贝多芬打电话给我，说他相信你们会唱好的。"到少男少女们穿着演出服来排练时，果真唱出了气势，曹鹏露出了微笑："贝多芬今夜不会来电话了。"大学生们则说笑个没完："贝多芬耳朵不太好，发给曹爷爷的是短信吧？"……正式演出那天，曹鹏却被深深感动了，真正的大美出现的时候，总是猝不及防。虽然这都是他悉心训练、筹划的，当现代的孩子们用真挚的青春激情唱出这人类最美的歌时，他还是惊讶了，他受到震撼，陶醉于自己的指挥和天籁的海洋中。

评论家刘绪源这样感叹："这是一篇感人至深的散文，篇幅不长，内容却极为丰厚。这里有老一代对年轻人的不满，有年轻人与古老文明结晶的代沟，但二者并非不可交融，一旦交融，在年轻人身上所激起的大美，则将超越老一代的想象，进入新的境界。曹鹏在做的，不就是这种交融的工作吗？那是将贝多芬的青春、曹鹏那代人的青春，与莘莘学子的青春相衔接，有了这样的衔接，这代人就有了人类文明之根，他们放声高唱时涌自心底的热泪，不就为此而流么？"

曹鹏在把下一代人推向更高贵的精神境界，我们的感动，正是因为这一代复一代的推动和衔接。

"外滩是上海的标志和象征，代表上海的面貌和城市特点。"说起上海地标，曹鹏不假思索，"我对外滩是很有感情的"。

他记得第一次到外滩，大概是小学四年级的时候，谈起当年的外滩，曹鹏说，那是外国人的世界，有轨电车的一等车厢都是给外国人坐的，中国人只能挤在二等车厢，还有，印度巡捕对中国人都很凶。他清楚地记得，1949年他随新四军进上海时，陈毅市长就是在这里宣布上海解放的。

归国定居上海后，他也很喜欢到外滩走走，"我常常会跟夫人和孩子到外滩散步，我也喜欢有历史感的外白渡桥。外白渡桥下方，就是以前的苏联领事馆，因为工作关系我经常会去那里"。

而在外滩的几次重要演出，留给了曹鹏深刻的记忆。他清楚地记得，1995年曾组织中学生在外滩黄浦公园演出《黄河大合唱》，这是首次尝试让中学生唱《黄河大合唱》，由廖昌永担任男中音主唱。"我觉得在外滩，唱《黄河大合唱》，唱民族歌曲是一件特别有意义的事。"此后，曹鹏还在外滩举办过多次演出，包括千人小提琴演奏会、中西名曲连奏会等，每一次，音乐和外滩的美景总能完美交融。曹鹏不知疲倦的音乐探索，更是一次次叫醒着这座城市的"音乐耳朵"。

曹鹏说话充满活力，新潮幽默。他常年与乐团中的大中学生接触，被他们善于接受新生事物、敢想敢说敢干的精神所感染。在家中，他喜欢与年幼的外孙一起玩耍。曹鹏认为心态年轻，人体各器官功能就能有效运转，就能推迟衰老的进程。如果心情压抑，暮气沉沉，那么生理上的衰老就会渐渐逼近。

最了解他的人，还是他指导多年的孩子们，上海交通大学交响乐团、南洋模范中学交响乐团、大同中学交响乐团……他们小他一甲子，却会在欧洲比赛演出获金奖的时候，鼓动曹鹏翻跟头，然后排成一行跟在曹老师背后滚作一群西瓜虫的样子。学校每年举行两次音乐会——新生音乐会和新年音乐会，每个入学新人都要带着父母同去看曹鹏教出来的乐队演出。年逾九旬的指挥家，站在舞台上，看面前两个交响乐团的学生，把舞台的每个角落都撑满。

桃李满天下，执棒第一届上海交通大学交响乐团到现在，30多年忽然就过去了。学生流水样一批又一批，每年12月，曹鹏的生日，但凡指挥演出，乐团必定拉一首生日歌送给他。

音乐的魔力之一，就是让"播种者"曹鹏精力充沛，几十年如一日，脚踏实地，投入最基层的交响乐普及工作。曹鹏到现在还一直保持着背谱指挥的习惯，所以他庆幸自己的脑子还没有"生锈"。正如赵兰英在《衣襟上的那一抹红》中所写："和别的指挥不一样，演出服胸前的口袋里，曹鹏插上的不是白色手绢，而是少先队员的红领巾。这一抹红，镶嵌在或白或黑的制服上，特别耀眼，随着指挥时灵动的身姿，人们看见的分明是他那颗跳动的火热的年轻的心！"

曹鹏说："我的童年虽已远去，但却留得雪鬓童心。数十年来，能和可爱的孩子们在一起，和祖国的未来、祖国的希望在一起，时时感受着花朵的芳香，享受着纯朴的爱，我从来没有觉得老。"

第四篇章

♩

走向世界的弘扬之路

（20世纪80年代—21世纪初，扬帆之旅）

交响乐凝聚着人类共同的伟大追求，是不分民族、不分国界、不分时代的永恒的精神财富。我的心里一直有一个遥远的艺术之梦，就是致力让中国交响乐曲的声音打开国际大门，让世界了解中国，让中国走向世界。为此，我必须全身心投入音乐事业，用我的服务之棒，让音乐的梦想之花在我热爱的这片土壤中落地生根、蓬勃生长，并开遍五湖四海，传扬中国声音。

——曹鹏

第一章

破局有方的新总监

1989年，著名指挥大师卡拉扬逝世。

曹鹏闻讯，感到非常震惊和沉痛，他带领上海乐团立即筹备，举行了专场音乐会，纪念这位他敬重的大师。

奥地利大使专程从北京来上海出席了纪念音乐会。音乐会上，演奏了巴伯的一首崇高安详而忧伤的弦乐曲《柔板》及贝多芬的第三交响曲《英雄》，其中《英雄》第二乐章是《葬礼进行曲》，也表达了曹鹏等中国音乐工作者对一代杰出艺术大师的崇敬和缅怀心情。

曹鹏不由回想起10年前记忆深刻的一件事。

1978年以后，港台流行音乐开始风靡内地，各地方的文艺创作、表演活动也重整旗鼓，蓄势待发。

展现高雅艺术与国际品位的演出交流活动也如约而至，文艺的春天到来了！

北京城内，酽酽阳光洒在宽阔的长安街上，远远驶来几辆自行车，载着几位当年中国的指挥家，兴致勃勃向首都体育馆进发。

1979年，柏林爱乐乐团首次应邀到北京演出，曹鹏那年54岁。上海交响乐团由指挥家黄贻钧团长带着曹鹏赴京观摩学习，他俩住在中央乐团招待所，每天都约好与指挥家李德伦一起，骑自行车去首都体育馆看排练和演出。

柏林爱乐乐团在北京演出了三场，曹鹏比别人幸运，多听了一场排练。最后一场音乐会，柏林爱乐乐团和中国中央乐团联合演出贝多芬《第七交响曲》，卡拉扬带领中国中央乐团的演奏家与世界顶级乐团联袂演出，这是卡拉扬指挥生涯中少有的现象，堪称当时国际乐坛的一件盛事，意义非凡。

有人曾问卡拉扬："你挑选的演奏家都是精英吧？"卡拉扬回答说："不！不是精英，而是超一流的精英！"此言绝非狂妄之词。那次在北京，曹鹏也切身感受到了柏林爱乐乐团的"超一流"：不仅对音乐追求极致，对其他与演出相关的事宜都力求完美。那时，中国还没有可容纳大型交响乐团演出的现代化专业音乐厅，为了那次访华演出，柏林爱乐乐团提前半年就派专家来北京实地考察，他们走遍每个场馆、剧院，反复测试音响、研究讨论，最终才选择了相对可行的北京体育馆；演出时，他们还特意带来一块能够反射音响的巨型背板，足见其一丝不苟的专业精神。

当年卡拉扬在北京演出时，已经是70岁高龄了，当他站上指挥台，从乐曲第一小节直到乐曲终止，竟然未移半步，像巨人般地塑造着立体感、完整感的音乐形象，他在艺术上创造极致的完美，把交响乐指挥艺术提高到了一个划时代的境界。曹鹏看完演出后，曾写过这样一段话："卡拉扬闭着眼睛指挥，他凭借内在的灵感来表达音乐的内涵与神韵，他的指挥发自内心。那惊人的艺术感染力和高超的指挥技艺达到了登峰造极的地步。"他得知卡拉扬一生非常自律、勤奋，"他永远背谱指挥，对艺术从难、从严、从高，多年来一直保持着四点起床读谱的习惯，对一首乐曲的准备常常要花费几年的工夫。不得不感慨这是一个令人肃然起敬的团队，他们精准的演奏，已经炉火纯青"。

艺术大师的高水准，无疑对曹鹏是一支"强心剂"，他开始拿出更大的激情、更多的勤奋、更深的严谨，全身心投入中国交响乐事业的发展。

20世纪80年代末90年代初，我国音乐事业在整体上有了很大发展，但由于发展基础薄弱、发展起步时间晚、文化经济政策不够完善，通俗音乐畸形发展与高雅音乐市场萎缩形成反差，我国音乐事业如何突破发展困境、与国际接轨，日益成为社会普遍关注、亟待解决的问题。

上海交响乐尽管已经走上正轨、演出市场也一度复苏，但现状还是让曹鹏忧心忡忡：当时，上海八个专业音乐团体的乐队编制都不齐全，由于不少演员相继出国、退休、改行，乐团几乎每次演出都要四处借人，七拼八凑，因此，每个乐队都很难较多地积累保留节目；而作为培养专业音乐人才的音乐学院，又因新生难招，附属中学的学生不愿升大学，大学毕业的或出国或改行，难以输送"新鲜血液"，音乐人才出现了青黄不接的恶性循环。从事严肃音乐与从事通俗音乐的音乐工作者收入倒挂，因此，刻苦排练的风气少了，一些演员晚上便到音乐茶座、舞厅、音像唱片公司去"赶场子"挣钱，影响正常的排练、演出，而把自己的专业荒废了。合唱指挥家马革顺教授当时也提及，目前没有一名学生跟他学指挥，当全国几十家音乐团体向他"索要"合唱指挥时，他只得苦笑说现在没有学生愿意学合唱指挥，因为搞这玩意儿挣不到钱。学声乐的不愿唱合唱，搞合唱的又极少有演出机会，真正代表一个国家声乐艺术还是要看合唱水平，但当时全国合唱指挥来源几乎枯竭，除了中央乐团外，各地都在告缺。

曹鹏看到我国音乐事业发展的不少弊端，大力呼吁调整文化政策，助力严肃音乐发展！

1988年，是63岁的曹鹏身份转变的一年，虽已年过花甲，曹鹏肩负的责任却有增无减。九月，时任上海市文化局肖炎副局长专程来到曹鹏家拜访，希望调曹鹏去上海乐团任艺术总监兼指挥。原团长、作曲家陆在易曾多次打报告要求辞去团长一职，因大量的行政事务已严重影响他的创作。文化局慎重研究后，又在上海乐团进行了民意调查，请乐团骨干提出最心仪的乐团领导人选，投票结果，大家都写着"曹鹏"二字，所以才有了这次登门拜访。

曹鹏感到十分突然。他在上海交响乐团工作20多年，已深深融入其中。这里有他尊敬的黄贻钧团长，有他崇尚的优良传统和工作作风，有一大批志同道合、技艺高超的演奏家，还有让他舍不得的是，这里有全中国最齐全的音乐资料，是学习指挥艺术的宝地。多年来，在黄贻钧老先生带领下，他和全团一大批资深音乐家团结合作，创造了一个良好的艺术环境。曹鹏不免对此依依不舍，但他一直都以大局为重、工作为重，何况，还想到了自己的呼吁和建言，为了繁荣和发展上海的交响乐事业，自己必须身先士卒啊！因此，他还是做了一次"断舍离"。

那时，恰逢曹鹏作为中苏关系解冻的使者——上海五人友好代表团成员之一，出访列宁格勒，在代表团即将返程之际，中国驻列宁格勒总领馆张总领事为欢迎上海访问团举行招待酒会，列宁格勒市长霍德列夫出席，并告知代表团：原定明年回访上海，但为加快建立友好关系，现决定提前于今年12月率团回访上海！

霍德列夫市长的承诺，使曹鹏萌生了率上海乐团为苏方客人举行专场欢迎音乐会的设想。回沪后，他立即答应文化局去上海乐团，但提出"只借不调"的要求，因为上海交响乐团有很多优质资源，需要"娘家人"这棵大树支持；曹鹏又提出，请上海交响乐团党支部书记、副团长秦淑兰出任上海乐团总经理，周志辉、毛佩玲任副总经理，老团长陆在易任艺术指导，并把原上海交响乐团首席柳和埙、乐队队长周生永，以及郑德仁、屠学淳、陈道益等一批业务尖子、能人请到上海乐团协助工作。有了他们相助，曹鹏就有底气了。

1988年9月，曹鹏走马上任。

当时的上海乐团，真可谓困难重重，经费欠缺、人才外流，运营更是举步维艰。与曹鹏同时走马上任乐团总经理的秦淑兰回忆道："当时正逢上海乐团各方面最困难的时期。仅'三产'（上海乐团依照相关政策成立的第三产业类企业）的电子琴工厂就亏损100多万元，行政经费也是入不敷出，人心波动，业务建设也面临重重困难……"

曹鹏接任上海乐团艺术总监之前，心里预料到会面临一定困难，但实际的情况还是让他出乎意料，没有想到这把担子这么重！他深知自己身上的责任，在了解情况后，调整好心态，曹鹏决定正视现状，迎击困难。在他的字典里，是没有"退缩"二字的。

曹鹏调整好思路，做好规划。首先，他要与上海乐团的领导班子达成统一认识，要把大家的心凝聚起来，团结起来，要大力提升乐团的业务水平，训练有素，以质取胜。他提出"提高质量，打开局面"的行动目标，既符合曹鹏一贯坚持脚踏实地的作风，又是切实可行的规划，这一目标得到了大家的认可和支持。

于是，曹鹏上午猛抓乐团的业务排练，下午又与秦淑兰奔波于各企业单位沟通为乐团筹款的事宜，曹鹏想方设法，调动一切可调动的力量，只为了让乐团的业务质量得到提升。曹鹏对工作、事业，有一股纯粹、无私的精神，他不计较个人的得失名利，一切以音乐事业为立足点。为了上海乐团的发展，曹鹏甚至贴了许多钱，这个"秘密"，至今只有他的工作伙伴秦淑兰知道。当年，上海乐团有一个卡拉OK厅，作为"三产"补贴乐团，但是因为设备很差，眼看来的客人越来越少，乐团却没有钱买新的机器，曹鹏看在眼里，急在心里，立即把女儿曹小夏刚刚从日本送给他的一套"健伍"牌高级音响捐赠给乐团使用。秦淑兰赞叹道："他以无私拼搏的精神，率领乐团全体同志，在短短几年中创出了有目共睹的优异成绩。"

上海乐团在最困难的时期，得到过两位热心市民的帮助，曹鹏至今仍小心保存着两张已变得陈旧发黄的汇款单复印件。由于音乐演出环境比较差，市场萎缩，乐团的生存很艰难。有一天，乐团总经理秦淑兰告诉曹鹏，会计的账上，只剩下1000多元钱了。但那时上海乐团全团有300多名演职员。这些钱该如何维持生计、乐团如何继续运转下去，成了一个大难题。曹鹏听了以后百感交集，情不自禁就落下眼泪。尽管处境困难，但作为乐团领导，身负重任，乐团的同志们又如此信任自己，曹鹏不想把这个状况告诉别人，只能自己想办法缓解困难。恰好在那段日子，乐团竟先后收到两张汇款单。一张是一位名叫张蓉伟的设计师寄来的，共有500元，在汇款单上，他留了一句"为普及交响乐尽一点微薄之力"。曹鹏感动不已，他根据汇款单上的地址，迅速联系到了这位热心的市民，向他表达了感谢之情，还邀请他欣赏乐团的音乐会。从此之后，两人成为好友知己，张蓉伟不但经常来支持乐团观看演出，还时常与曹鹏一起探讨交响乐。

另一张寄了100元的汇款单，上面的留言是"神望（往）的艺术殿堂万岁，略知贵处财政困难，寄上一些略表寸心"。落款是"上海雷锋路1号，上海一工人瞿"。一百元虽解决不了乐团的困难，背后却是这位市民温暖的鼓励和对音乐、对乐团的支持。20世纪90年代初，100元对于一名普通工人来说已经是不小的数目。曹鹏看着汇款单，再一次热泪盈眶。遗憾的是，乐团当时到处进行打听，曹鹏也请杨建国写过一篇报道寻找这位捐款的人，但始终无法找到此人当面表示感谢。

曹鹏深知：两位市民的行动是为了支持音乐艺术，为了让艺术家们能更多地演出交响乐，为了让更多的市民得到艺术的熏陶，也为了我们这座城市。两张汇款单，一直激励着曹鹏全身心投入演出，努力发展好上海乐团的业务，为市民创作出更多优秀的作品。

在与乐团同志的合作中，曹鹏以他豁达坦诚的为人、心无旁骛的工作态度，得到了大家的敬佩和信任。他善于听取不同意见，集聚众人的智慧，团结大家的力量，对每一位同事都做到互尊互敬、互相帮助。在曹鹏和同志们的合作、努力下，上海乐团的状况逐渐好转，乐团的同志越来越有凝聚力。

这时，曹鹏念念不忘的，就是要实现上海乐团为即将到访的苏联客人举行专场欢迎音乐会的设想。当初，他就敏感地意识到，这是一个很好的契机，倘若能争取到担任专场演出的接待任务，便可以此为动力，排出一台高质量的精品，以提振全团的士气。

得到领导班子的支持后，曹鹏牵头拿出了一个节目单，其中有一首苏联作曲家哈恰图良的大型作品《欢乐颂》。该曲阵势庞大，有大型合唱、童声合唱，还需要一个配置4架竖琴的大型交响乐队。该曲目从未在我国舞台上演出过，曹鹏大胆建议排演该曲，就是准备拼命一搏，要拿就要拿出最好的一台演出。他去上海音乐学院附属中学借来了20名提琴手和3位竖琴演奏员加入了排练，这些孩子有很高的音乐素养，一合乐，效果非常好。曹鹏一高兴，又揽下了一个事：当即答应今后去帮孩子们训练。

长期以来，由于上海乐团各方面基础薄弱，更由于乐团"三产"的失误、亏损，在曹鹏到来前，除了人心不稳，连排练场所也捉襟见肘。乐团本有一个大排练厅，却被其他剧团占用成布景道具间。为能容纳近200人的大型交响合唱《欢乐颂》乐曲的排练，只能暂时借用上海交响乐团大厅。

硬件设施好不容易准备齐全，开始排练后，曹鹏听取众人意见，不断调整曲目、增加人员，力求完美演出。正式演出前两天，上海市人民对外友好协会负责人来剧场听排练后认为：乐团的立式钢琴、合唱站台、指挥站台、幕布等布置都陈旧不堪，毫无光彩和生气，与苏联相比，难以体现我们的诚意和艺术水准。

乐团领导班子立即召开全体后勤行政人员会议，紧急动员，去剧场改善、布置。曹鹏则电话联系"娘家"上海交响乐团借用斯坦威钢琴，对方立即同意，全力支持，且租琴费低至150元。可问题又来了：其中一组演出人员在电话中提出因感冒不能参加演出，曹鹏闻讯又急出了一身汗，这会导致音乐会曲目不够，而且仅只有一天就要正式演出，根本找不到替代者。

这时，夫人惠玲建议他：立即与演唱家温可铮老师联系，询问能否有独唱曲目救场。"文化大革命"后，曹鹏和温老师合作多次，曹鹏一直敬佩温老师的艺术素养，惠玲也常介绍他的敬业精神。曹鹏、惠玲夫妇专程去了温老师家，讲明缘由，温老师果然毫不犹豫答应下来，当即表示全力支持，承诺在音乐会演唱三首俄文歌曲。演出单位最怕的情况是"临阵脱位"，但在离开演如此紧迫的时间里，温老师能答应救场，而且表演曲目多，温可铮老师的艺品、人品实在令人敬佩。演出的这一突发问题，终于得到解决，而且更增加了本次音乐会的艺术品位和亲切感。后来，两人合作更加紧密，曹鹏专门为温可铮改编乐队配器，录制了一张由温老师独唱的中国民歌专辑和一张独唱的莫扎特歌曲专辑，多次邀请他和乐队合作举行音乐会。

1988年12月14日，列宁格勒市长霍德列夫率列宁格勒代表团访问上海。当晚，曹鹏率领上海乐团呈现了一台极其精彩的演出，在曹鹏指挥《伏尔加船夫》合唱时，代表团成员都跟着轻轻吟唱，很多人眼里都泛起了泪花。中场休息时，曹鹏在后台会见了霍德列夫市长，他和曹鹏像老朋友见面般亲切，热烈拥抱，大大赞扬了演出的高水平，并当即提出邀请上海乐团访问列宁格勒。曹鹏兴奋之余又有点担心，万一市长是一句客套话呢？大家岂不是空欢喜一场。他灵机一动，向

1988年，为列宁格勒市长代表团访华专场演出

前来作陪的刘振元副市长提议：请霍德列夫市长演出结束后向全体演员发出邀请，霍德列夫市长满口答应。

温可铮和杨清的演唱扣人心弦，上海音乐学院附属中学20位小提琴手及4位竖琴演奏者也使演出光彩异常，音乐会在庄严、宏伟、热烈的大型交响合唱《欢乐颂》中结束，全场掌声雷动。霍德列夫市长果然上台，向大家发出了邀请，他动情地说："你们的演出太精彩了，我以列宁格勒市长的名义，邀请你们去列宁格勒演出！"

次日，演出盛况见报。同时，苏联的《真理报》也在头版头条的位置对这场演出进行了报道："我不能不说一下在上海乐团举行的俄罗斯和中国音乐作品晚会上洋溢的那种气氛。这个音乐会是专门为我们的访问而准备的。音乐会精彩极了。艺术总监兼首席指挥曹鹏和演员们，把整个身心都投入了音乐会的演出中。音乐会结束时，会场响起了雷鸣般的掌声，那是我们两市真正友好的节日，我们深受感动。

大家一致同意邀请上海乐团的演员们来列宁格勒访问演出。"

一炮打响，士气大振。曹鹏趁热打铁，不断地推出新曲目，进剧场、下基层，去工厂、大学、郊县。"维也纳三杰音乐会""民歌荟萃音乐会""施特劳斯作品专场音乐会"，一场场地演。世界著名音乐大师卡拉扬逝世，曹鹏又第一个举办"卡拉扬逝世纪念音乐会"。短短几个月，他就组织演出了10套25场高质量的音乐会，这还不包括下基层慰问演出及参加的其他文化活动。频繁的演出，不但提高了乐团的业务能力，也提高了士气，凝聚了人心。当时流行歌手动辄就是几万元出场费，而乐团演职员甘愿每晚拿着3元钱的夜餐费坚持着，人心思定。媒体也注意到了上海乐团的重新崛起，不到一年，关于他们的演出信息和报道就达一百多篇。用内行人的话说，这些都标志着这个乐团已走上了正常的艺术轨道。

1989年2月8日，在曹鹏的指挥下，上海乐团举办了一次别开生面的音乐会——"新春婚礼音乐会"。为了使交响乐进入人们生活，曹鹏第一个提出举办婚礼音乐会，在表演完歌颂爱情和幸福的曲子后，在场十多对新婚夫妇在美妙悠扬的《婚礼进行曲》烘托下、鲜花彩礼的簇拥中，携手迈进婚姻的殿堂，场上不仅洋溢着幸福欢乐的喜悦之情，还环绕着声声不息的祝福之乐，音乐成了幸福的见证。新婚夫妇们不仅是台下的观众，还是台上的演出主角，大家轮番上台表演歌唱、朗诵、魔术等。许多夫妇表示：婚礼和音乐会结合的形式十分有意义！一生中能参加这样的纪念活动，十分难忘！

如此盛况，吸引了广大媒体的注意。上海人民广播电台实时转播了音乐会的实况，上海电视台在现场做了新闻报道，上海市民政局还希望乐团经常举办这个体现社会新风尚的音乐会。时任市领导出席了婚礼音乐会，并赞扬了乐团的创举。因为反响热烈，后续乐团继续举办了五六场婚礼音乐会，法国巴黎的电视台还做了专题报道。

除此之外，为鼓励青少年昂扬奋发、健康成长，上海乐团又首次举办了"今年我十八"青春音乐会。音乐会的主角主要是上海的中学生，邀请他们来当嘉宾，为听众演出富有青春气息、有活力、朝气蓬勃的交响乐作品和歌曲。时任副市长刘振元称赞说："这场音乐会办得好，你们为青年上了一堂集艺术性、思想性为一体的生动的爱国主义课。"

曹鹏进入上海乐团以来，工作更是不知疲倦，越加勤奋，除了指挥日常音乐会外，他还连续在"89上海艺术节""90上海艺术节""91上海之春"等音乐会中指挥。他对中国音乐家作品一直十分关注和支持，他主动排演朱践耳、刘念劬、陆在易等作曲家的新作。

1991年9月27日、28日，曹鹏又率团参加了庆祝建党70周年的进京汇报演出。这是上海乐团在北京的首次亮相，为了与上海一流乐团的身份相称，音乐会的整体构思、曲目选择都经过了精心安排。在北京音乐厅，上海乐团用吕其明的《红旗颂》、朱践耳的《第四交响曲》及大型交响合唱《七月》征服了观众。朱践耳的《第四交响曲》曾获瑞士何塞·玛丽王后国际作曲比赛一等奖，富有东方的意境和韵味，而《七月》则昂扬着时代精神。上海乐团的演出引起了首都音乐界的高度关注，来自北京各音乐团体、中央音乐学院以及音乐研究机构的作曲家、评论家，就上海乐团的音乐会进行了研讨，一致认为上海乐团从指挥到演奏都显示出很高的专业艺术水准，"既有昂扬时代精神的主旋律，又有丰富的创新精神"。曹鹏的指挥艺术功力更是受到大家肯定和敬佩："一开场，曹鹏的手一下去，就感到一种严谨、一丝不苟、层次分明的艺术气氛。""曹鹏的指挥功底很深，具有大家风范"。

上海乐团在北京又一炮打响了。

贺绿汀是曹鹏一直敬仰的音乐前辈，20世纪50年代在上影乐团，曹鹏与贺老就有过接触，那时贺老已是音乐名家，他对音乐的严谨和为人的品行，给曹鹏留下了很深的印象。在莫斯科柴可夫斯基音乐学院指挥的中国作品音乐会上，曹鹏安排的第一个曲目就是贺绿汀的《晚会》。在上海交响乐团期间，曹鹏经常会请贺老到场听排练，逢年过节，他还会带着家人前往贺老家探望。他心里一直藏着一个愿望，就是要为贺老举办一场专场音乐会。

1992年7月30日，在上海展览中心友谊会堂，上海乐团为贺绿汀举行了庆祝他90寿诞和从艺70周年的作品专场纪念音乐会。

贺绿汀的交响乐作品不多，但器乐作品风格质朴明朗，曲调优美流畅，既含蓄内在又刚毅挺拔，在配器等技法上更是精练无比。这次专场音乐会演出的管弦乐组曲，是曹鹏多次上门跟贺老商定的。6首小品，短小精致，融为一体，就像一幅幅精美的中国山水画，浓淡相宜，层次分明，蕴含着浓郁的民族特色。演出前，曹鹏要求全体乐队演奏员"要像演奏莫扎特的作品一样演奏贺绿汀的作品"。当晚，大家怀着敬畏之心演绎了贺老的作品，演出结束后，近200名上海乐团的演职员，都在当天的音乐会节目单上签名后送给贺老，以表达大家对贺老的敬仰。贺绿汀十分高兴地接受了这份"生日礼物"，他脸上满意的微笑，给了曹鹏极大的安慰。

1995年春节，曹鹏向贺绿汀拜年，临别时贺老送至弄堂口二人留影

得益于曹鹏和乐团同志的合作和管理推动，上海乐团的事业逐渐有了声色，团内的艺术生产成果越加丰富，乐团的创作和演出多次在上海艺术节和"上海之春"音乐节中获奖，以表彰乐团为建设社会主义精神文明事业做出的贡献。各报刊介绍上海乐团演出和成绩的报道

通讯，累计有300篇以上，乐团的影响力增强了，得到了社会各方面的关注和肯定。乐团的进步和成果，背后是曹鹏和同志们的心血和汗水，及曹鹏敢于直面困难、突破现状的魄力和勇气。

攻坚初战告捷！曹鹏的视野，开始向更为广阔的世界投射……

第二章

为国争光的里程碑

1990年4月27日晚，在位于苏联列宁格勒的肖斯塔科维奇音乐大厅里，刚刚结束了一场具有特别意义的演出，宏伟壮丽的大厅响起了苏联观众热情狂热、经久不息的掌声。

站在指挥席上的曹鹏，穿着黑色燕尾服、戴着金边眼镜，频频向观众挥手、鞠躬，表示谢意。他刚刚神采奕奕地指挥了德国著名作曲家奥尔夫的大型清唱剧《卡尔米娜·布拉纳》。

整个谢幕延续了30分钟之久，观众长时间地鼓掌，并不断大声高呼曹鹏的名字。十多名观众小跑着上台，向曹鹏和主要演员献花。

来自中国的上海乐团，在列宁格勒演出了三套曲目的音乐会，曹鹏指挥了其中两套。成功的指挥演出，使曹鹏获得了很多赞誉，也给上海乐团的海外演出历史留下值得铭记的光荣篇章。

光辉的成果背后，是曹鹏历经两年的种种艰难历程和一次又一次坚持、争取。曹鹏为此写下了长达三万多字的回忆，记录这一"柳暗花明又一村"的访苏之行："当年历经曲折、坎坷及克服种种困难之情，现在实难以想象，也不敢想象。"

就在1988年12月，列宁格勒代表团访问上海，曹鹏操心数月的"欢迎音乐会"终于圆满举办，而上海乐团访苏演出的邀请，也很快得到落实。

音乐会结束仅隔了五天，苏联领事馆文化参赞丘马可夫斯基即打来电话，邀请曹鹏去领事馆面谈关于上海乐团访苏事宜。列宁格勒市长还告知领事馆说，友好城市关系一定要加强，如有困难，可直接与他联系解决。

1989年1月1日，上海市文化局通知：苏方有一电传（当时还没有传真，电传是国际通用的拉丁文），已经发往上海乐团传达室。

曹鹏仔细阅读此电传文，虽是拉丁文字母拼写，但完全是俄文的发音，他当即翻译如下：

尊敬的文化局同志，兹告知，我们于12月26日发了邀请信给曹鹏指挥，希望他于1989年1月访问列宁格勒，为商谈关于上海乐团访问列城事宜，盼能及早通知我们关于曹鹏前来的时间及航班。致以美好的新年祝愿！

苏维埃列宁格勒对外关系执行委员会主席 B.库勃列夫斯基

1988年12月27日

接此电传后，曹鹏非常激动，立即写报告给刘振元副市长及市文化局领导。但日后曹鹏去外事处却被告知，出访有一定困难，经费和规模是大问题。可谓"一番辛苦，处处碰壁"。1月25日，秦淑兰去市里开会后回来传达："国家因无经费，公费派团，一律取消。"

虽然又是当头一棒，但曹鹏和乐团领导班子却一致认为，这个海外的演出邀请，对上海乐团来说来之不易，机不可失！这将是上海乐团首次跨出国门、走向欧洲的辉煌之旅。压力再大，也不能因此停步，仍要千方百计设法全力争取！

此时，认真的准备工作已经展开，为了保证艺术质量，访苏曲目确定后，团里成立了业务考核小组，无论是合唱队还是乐队，逐个考核，力求单兵过硬，从而保证整体的艺术水平。为了练兵，在半个月内，上海乐团三进同济大学，为同济大学师生预演了两套出访节目；为了省钱，服装组的职工购买了价廉物美的衣料，自己动手设计、制作合唱队服；乐器能修则修，不能修就借，而曹鹏更是夜以继日地工作，白天除了排练，还要骑着自行车四处拉赞助，与有关部门领导协商，晚上在家还要看谱、背谱，准备访苏的曲目。终于，有一家企业伸出了援助之手，答应承担乐团出访的大部分经费。

所幸的是，曹鹏还得到了时任市委宣传部部长的支持，她不仅支持上海乐团出访苏联列宁格勒，而且赞扬上海乐团的演出："'婚礼音乐会'很成功，令人感动，是倡导社会优秀风尚的文化活动，很有创意，要发扬。"但在1989年4月却又传来消息：近阶段苏联经济困难，社会有动乱！出于安全考虑，市文化局孙滨、肖炎两位领导准备劝说曹鹏放弃去苏访问的打算，曹鹏急了，有点赌气地回答说："如不能继续努力促成此事，我立即辞职，仍回交响乐团工作！"

曹鹏决心已定，不上班，专心就在家中给苏联列宁格勒文化局局长试挂长途电话。但那个年代是老式的电话线，即使在国内挂长途也难以顺利通话，何况是断绝关系、久未通话的国家，加上近来传闻苏联社会动荡，甚至苏联领事馆也和国内断了信息。曹鹏从上午起，一次次地拨打号码，传来的是一次次断线、一次次断声，电话中总是只有呼呼的声浪；偶然打通一次，又难以听清对方声音。曹鹏依旧坚持着，总算在下午接通了列宁格勒文化局长的电话。曹鹏心急如焚，询问邀请上海乐团的计划有没有变化，电话那头的答复令人心安："我们这里无任何变化，一直盼你们来！"

4月12日，苏联领事馆给曹鹏打来了电话，希望曹鹏去讨论访问事宜。领事告知：已定于在列宁格勒和西伯利亚地区准备各两场演出，至于乐团路费，回程从列宁格勒到西伯利亚地区由苏方负责。

6月1日，曹鹏得到通知：在刘振元副市长指示下，上海市外事办公室出国处已批准曹鹏去列宁格勒谈判，在拿到批件后即可办理护照、政审等一系列手续。

一封1988年12月下旬的电传邀请，辗转反复六个月，终于为上海乐团第一次打开了走向海外的大门。曹鹏长时间的坚持，终于换来了期待的结果。

60多年前在江阴大街上怀着敬佩默默注视勇者的那双童真的眼睛，如今可以怀着自信向远方投去坚定的目光了。率领中国的交响乐团跨出国门、让世界通过美妙的音乐与中国连接，对曹鹏这样一位中国指挥家而言，既是一种神圣的使命，更是一种莫大的幸福。

如果说，怀着一种执着和坚持克服种种困难，终于促成了上海乐团首次海外之旅，让曹鹏作为江阴人秉性中的倔强展露无遗，那么，在接下来的一系列筹备、实施和精彩表现中，曹鹏更让所有人刮目相看、交口称赞。很明显，他不仅继承了江阴人的勇敢和顽强，还在数十年革命生涯和艺术实践中，追求着机智、好学、求真、务实、创新、严谨、勤奋、无私的人生境界，从而具备了身先士卒、勇立潮头、锐意进取、能打胜仗的意志品格，在当代中国指挥家行列中，具有不可复制甚至无法超越的与众不同、可圈可点之处。

1989年6月26日，曹鹏只身搭乘北京至莫斯科的飞机，再度启程前往远在6400公里外、30多年前他曾经留学的国家。

抵达后，他来到使馆招待所，但得知每晚住宿费需要17美元，为了节省国家的开支，曹鹏又退了房。他推着行李，乘地铁去火车站，打算直接向列宁格勒进发，在列车上还可以节省一天的住宿费。好不容易到车站，却因手续问题不能乘车。曹鹏只能再推行李，乘地铁回使馆，那时已经是晚上九点半，错过了晚餐。曹鹏一天没有进食，饥肠辘辘地睡去。

第二天一早，曹鹏就打算打电话求助在苏的朋友左贞观。左贞观1945年生于上海，父亲是中国人，母亲有一半俄罗斯血统，他自小在上海长大，教书的父亲一夜之间被打成"反革命"，判刑10年，当时他只

左贞观（左）、曹鹏（中）、夏小曹（右）在柴可夫斯基音乐学院合影

有13岁。三年后，左家兄妹四人跟随母亲由中国迁往苏联的西伯利亚地区，投靠远房亲戚。在苏联，喜爱音乐的左贞观进入新西伯利亚音乐学院学习大提琴，随后考入莫斯科柴可夫斯基音乐学院作曲系，毕业后加入苏联作曲家协会，一直致力于中国作品在苏联的推广。

因为中午12时前办退房手续，可省去17美元，曹鹏再次推着行李，去大街上打公用电话。但曹鹏身上仅备有六个戈比，两个戈比打一次（一卢布换一百戈比），他从下午一点半起开始打电话，但自助电话机似乎与人作对，几次未打通，仅剩的六个戈比就没了，没有办法，只能求助路人。幸好有一位老太太愿意帮忙，她非常善意地在包内找到一个戈比，又替曹鹏向路人一个一个求助。曹鹏万分感激老太太的善意，这使他回忆起20世纪50年代的留学生岁月，从苏联人身上看到了豪爽、大度、热情助人的品质。

联系上友人左贞观，在他的帮助下，曹鹏于凌晨坐上了开往列宁格勒的火车。火车安静整洁，给曹鹏留下美好的印象。到达列宁格勒时，一切都在安静、有序中进行：旅客都自动把棉被叠好，放在最上的一格，而被单、枕套也叠好交回到列车员处，没有任何手续，也没有人清点，乘客自动放好即回自己座位。同车厢内，一位老太太带着两个约10岁的孩子，他们轻声在老人耳边讲话，从上车到离开未有丝毫吵闹，吃剩下的面包等全部剩余物品，都放在自己包内带走，离开时礼貌地和曹鹏说"再见"。

上午10时，曹鹏抵达列宁格勒。来迎接曹鹏的工作人员第一句话就是："总算接到了，我们怕您走失，全局上下都焦急不安。"曹鹏去文化局会见马尔柯夫局长，局长非常热情地说："市长在上海欣赏了一场精彩的音乐会，他和许多代表团成员都感动得流泪，叮嘱我们要好好接待你们。"

马尔柯夫非常友好，与曹鹏确定了访问演出的安排。其中，他建议乐团访问可定于明年四月，因为六月天气太热，且那时已放假，音乐季已结束，也无人来听音乐会（苏联人一般在郊外有别墅，夏天的列宁格勒就似一座空城）。在访问人数方面，由于经费困难，曹鹏建议减为130人。但马尔柯夫却说："至少要来130人，如再少些，则由中方决定，这样可有灵活性。"而且又建议说："《卡尔米娜·布拉纳》曲目很好，苏联已20余年未演。但这首交响合唱是大作品，人少了不行，可考虑苏方乐团及合唱团加盟，联合演出。"最后，双方确定两场大型演出地点都定在列宁格勒最好的音乐大厅。

7月4日，曹鹏去参观乐器博物馆，虽因正在修理闭馆，但文化局指示为曹鹏一人开放，馆长陪同讲解。馆内展陈有格林卡用过的小提琴、钢琴，肖斯塔科维奇用过的钢琴等，藏品丰富而珍贵。曹鹏发现唯独缺少中国乐器。馆长说，希望能在下次带些中国乐器来，丰富该馆的乐器展览。曹鹏做出了承诺，其后，在1990年上海乐团130人访问演出时，向该博物馆特地赠送了中阮及琵琶作为中国乐器展品。

下午，曹鹏与列宁格勒文化局正式签订演出合同，致谢、告别市长霍德列夫后，成功完成本次任务。当晚，也是曹鹏来苏后第一次度过的安眠之夜。曹鹏终于松了一口气，虽然"一波三折"，但总算像当年参加游击战一般，一个人"小米加步枪"的拼搏，也体会到了"任重道远"的真正含义。

又经过了大半年精心筹备，上海乐团的首次海外之旅，即将开启。曹鹏也当仁不让，再次承担了赶赴列宁格勒"打前站"的任务。

为了最大程度为国家节省开支，1990年4月12日，曹鹏又是只身一人，身带三万美元，身兼总监、指挥、外交、公关、总务、会计、保安、翻译、前站等多重职务，第二次风尘仆仆，来到数千公里之外的列宁格勒，为接下来上海乐团130人出访演出做准备。

没想到，行程第一天，曹鹏买去列宁格勒的火车票时，就遭遇一连串的"13"：13次车，13座，因明晨到达目的地是4月13日，又加星期五，俗称"黑色星期五"，又是130人，这个数字在国外也是不祥之兆。但曹鹏一生做事从不为己，总是一心为集体，"只求耕耘，不求回报"，这是他自幼之家训，他更相信凭借自己的毅力、勇气，不管经历多少困难曲折，总是能逢凶化吉。他更相信在苏联的友人左贞观所说，在苏联民间，几个"13"叠加在一起，就是"幸福"。

曹鹏抵达列宁格勒文化局后，即刻举行会谈，因为他时刻不忘要马上解决一件头等大事：要买到乐团130人回北京的火车回程票，这是重中之重。上海方面等着报告回程票的情况，否则上海不予同意130人出行。当天恰是苏联双休日，文化局本计划安排曹鹏游览，但曹鹏心里只有购买回程票的事情，没有游览的心情，便好意推辞了。

当时，因为通信技术问题，与上海直接通长途电话不可能，但能发电报。在回程票尚无着落的情况下，曹鹏却给上海发出了如下电文："回程票已解决，请准时来苏联。"其实，曹鹏也是铁了心，冒着风险发此电文，虽然可让演出队伍按时前来，但无疑是给自己加上了一副重担，把自己"钉在杠头上"了！但他坚信自己的毅力和智慧，一定能解决一切困难。

在这几天，曹鹏开始为购置回程火车票奔波。他去领事馆汇报工作，并请协助购置火车票，但最后苏方表示完全不可能购得130人乘坐同次车的车票。曹鹏只能考虑自己赴莫斯科找途径。六天过去了，票无着落。曹鹏听取领事建议，当即与莫斯科中国大使馆文化处联系，要他们一定设法帮助。

4月20日，曹鹏抵达莫斯科。苏联文化部外事局局长与曹鹏互赠礼物后，给曹鹏介绍了一位朋友朴德尔·依里奇，说："他是一位能人，全程陪同你在莫斯科的一切活动，有何困难，我们全力以赴。"

朴德尔·依里奇当即陪同曹鹏去车站订票处，他到处向人介绍曹鹏：这是中国伟大的指挥家，莫斯科音乐学院毕业的，要多给些火车票，而且要用卢布购买（用卢布更划算些）。最后，他费尽口舌，总算买到了5月2日火车票68张、5月5日火车票36张，但都要用美元付款。这104张车票，对曹鹏来说已是解决了主要问题。68张票，虽仅够一半人的数量，但可以让合唱、独唱人员先回上海参加艺术节演出，这也是曹鹏保证、承诺的；乐队则可以第二批晚些走。曹鹏心里一块大石头终于落地。由于曹鹏连日为回程票奔波，友人左贞观邀请他到音乐厅看演出时，曹鹏竟然在乐声中忍不住小睡、打盹。这也是他一生中听音乐会时少见的情形。

乐团到达的前一晚，为了出访的顺利，曹鹏到处打电话，动员所有在莫斯科的朋友，请他们明天到车站协助迎接上海乐团130人的特大团队。曹鹏为此也专程去公安局，请求车站公安人员出动协助。总之，尽力将可能的一切力量都动员起来了。

1990年4月23日，上海乐团一行130人，终于顺利到达莫斯科。

火车于11时45分到达，虽误点两个小时，但是等候在车站的几位曹鹏的苏联同学及朋友，比迎接自己亲人还认真专注，公安人员都尽责地陪护，注视着团队的每一辆行李推车，保证万无一失。曹鹏像见到久别的亲人一般，顿时热泪盈眶，激动之情难以言表，过程虽艰难曲折，但总算一切顺利。直到深夜两点，安排好一切事宜，曹鹏才回到宾馆休息，一种安慰、愉快的幸福感油然而生。

作为两个友好城市文化交流的使者，上海乐团大型清唱剧《卡尔米娜·布拉纳》和交响乐专场安排在肖斯塔科维奇音乐大厅演出。第二天晚上，苏联方面为上海乐团安排赴列宁格勒肖斯塔科维奇音乐大厅，观赏列宁格勒交响乐团音乐会，现场感受一下场地的气氛。这对演出十分重要，由此可见苏联方面的一片用心，曹鹏一再表示感谢。

曹鹏在后来与秦淑兰合写的《列宁格勒印象记》中，这样描述这个著名的音乐厅："肖斯塔科维奇音乐大厅，音响效果极佳，是欧洲最著名的音乐厅之一。步入大厅映入眼帘的是，一对对银光四射，似宝石组成的大玻璃吊灯；楼梯上和走廊里铺着羊毛红毯；一千多只红丝绒的靠背椅；再加上红丝绒窗帘和门帘，衬着奶黄色的墙壁，使大厅显得富丽堂皇，雍容华贵。舞台正中壁上是一架大型管风琴。音乐厅有四架优质的大三角钢琴，其余每个活动室也都备有钢琴。休息室里陈列着音乐家的画像和雕塑。一个宽敞精致的大套间是专供指挥使用的，另外还有演员休息室和衣帽间。楼上有大小排练厅，有专为演员服务的小餐厅。除了成年音乐家在这里排练、演出之外，我们还看到孩子们的管弦乐队在这里活动。这里每年演出严肃音乐三百套，是严肃音乐的神圣殿堂。此外，每年都有一些国际上一流的乐团来这里演出。柴可夫斯基、里姆斯基-科萨科夫、肖斯塔科维奇等音乐大师的作品都曾在这里首演，并由大师亲自指挥，人们把在这里演出视为一种荣誉。"

4月25日的排练情况，让曹鹏意识到了新的困难。上海乐团对《卡尔米娜·布拉纳》等乐曲非常熟练，问题是苏联方面由于20余年没有演奏该乐曲，所以前来加盟助演的两个乐队熟悉掌握程度不同，一开始合不到一起，如在《卡尔米娜·布拉纳》中一段长笛独奏时，定音鼓也合不到一起；两架应该摆放在舞台中间的钢琴又放在边上，让乐曲听起来既无气势，更无群感，排练效果极差。苏联文化部派朴德尔·依里奇当天来听了排练，这位热情的朋友对曹鹏说了很多鼓励的话，只是曹鹏作为指挥，心中有数：离他理想中可以达到的水平，仍有很大距离，问题非常严重！

排练结束后，曹鹏召集乐团领导班子开会，决定明日暂停原定的游览，立即和音乐厅联系增加排练日程。音乐厅经理很支持，但由于白天日程已排满，为保证上海乐团的排练，他安排音乐厅全体工作人员在当晚音乐会演出结束后加班工作。苏方室内交响乐团的音乐家及童声合唱团也都认真投入排练，充分体现了他们及音乐厅工作人员很高的文化素质和职业道德。苏方文化局也很支持，临时增派四辆大客车，这样可减轻大家下班还要赶地铁的劳累。乐团从晚上10点排练到凌晨1点，因为剧场音响极好，曹鹏决定管乐首席都由上海乐团人员担任，定音鼓也由我团人员担任，排练效果明显好了很多。曹鹏兴奋地对乐团说："看来，由于在国内剧场的音响很差，一直以为我们乐器差，演奏水平不高，原来是误解大家了，把你们埋没了，实在很对不起，你们在这里发挥了很出色的才能，为国增光，谢谢大家的努力！"4月26日，临近演出的前一天，乐团全体成员又排练至凌晨三点，才返回宾馆休息。

4月27日晚，上海乐团访苏的首场演出于列宁格勒肖斯塔科维奇音乐厅拉开帷幕。演出前两小时走台，合唱团先在台后试唱新作《浦江—涅瓦友谊之歌》，效果令人满意。

演出《卡尔米娜·布拉纳》如愿获得了很大成功，当最后一个音符刚刚结束，观众席上，掌声和激动的喊声就像暴风雨般涌向台前。

1990年4月，曹鹏指挥上海乐团在列宁格勒肖斯塔科维奇音乐厅演出盛况

苏联观众自发送上的鲜花也随之源源不断。曹鹏多次出场谢幕，不断地向乐队和合唱队示意祝贺、感谢，场面之热烈实在令人感动。

首战告捷，全体演员都沉浸在兴奋、激动的情绪中，圆号演奏家郑乃炘说："上海乐团不鸣则已，一鸣惊人。"面临重重困境的上海乐团，在这次演出中大放光彩，展现出自己无可厚非的实力。

在这段紧张的日子里，曹鹏身兼数职，既为乐团四处奔忙，还要专注于指挥排练。音乐会的成功、乐团的成功，掌声、喝彩声、鲜花，一切都来之不易，一切付出又都值得。曹鹏很久没有睡一个安稳觉了，这天晚上睡得最香……

第二天上午，苏方组织游览冬宫，曹鹏无心于旅程，他带了乐谱，在车中一边读谱，一边坐着养精蓄锐。

4月28日，第二场音乐会上演的曲目是柴可夫斯基《第四交响曲》和《梁山伯与祝英台》等。恰好，这一年也是柴可夫斯基诞辰150周年纪念。全体成员的表现令人惊叹，都有了超水平发挥，在如此优质、专业的剧场演出，曹鹏也觉得自然用不着多打拍子，乐团内在的表现力、配合的默契度也前所未有，各部乐器进行着深层的共鸣和交流，自发流露的感情和指挥的热情配合，表演既具柴可夫斯基刚劲潇洒的力量，又含俄罗斯民族豪迈舒展之风。全体中、外演奏员都投入音乐的意境深处，甚至忘记了表演，真是进入了"巧夺天工"的境界。

也正是30年前，曹鹏作为一个留学生，曾在全苏工会大厦与著名小提琴演奏家鲍·格里希登以及苏联交响乐团合作，指挥演出了小提琴协奏曲《梁山伯与祝英台》，首次向外国听众介绍中国作品。时光飞逝，如今他重新站在苏联的舞台，再次指挥《梁山伯与祝英台》。令他激动的是，今天站在台上的，还有应邀而来的帕尔曼、祖克曼等大师，与他们一起同台指挥经典作品，这种质的跨越令人欣喜。

观众的反应和昨晚一样热烈沸腾，呼喊曹鹏名字的声音不断响起，充满着观众对曹鹏的敬意和喜爱之情。音乐厅经理祝贺说："曹鹏不愧为莫斯科音乐学院的高材生，不愧是杰出的指挥家！"

第三套曲目《中外合唱精品》，在斯莫尔尼宫音乐厅演出。斯莫尔尼宫音乐厅，实际上是一个教堂。革命导师列宁曾在这里领导过革命斗争。几年前，这里成为专门演出合唱曲目的音乐厅。整个建筑雄伟壮观，气魄宏大。它的宽阔石阶，大约能站上一千人的合唱队。音乐厅下属有八个合唱团，有时还邀请一些国外的合唱团体，这里保持着经常性的合唱艺术活动。当上海乐团演出的时候，观众安静极了，对每一曲都报以热烈的掌声，当演唱《伏尔加船夫曲》时，观众中有人眼里闪烁着泪花。他们也很喜欢中国作品，对《娄山关》《海韵》《牧歌》等赞不绝口。演出结束后，青年指挥家曹丁一再谢幕，在观众的热情要求下，加演了五首歌曲，观众仍迟迟不肯散去。

三场演出，终于不负曹鹏与同仁们两年来的坚持和奔波，获得了巨大成功，让苏联民众感受到了中国专业交响乐团的实力，展现出中国乐团的艺术水平和风采，谱写出黄浦江畔的绚丽诗篇，树立了一个伟大民族的自豪感。这次演出，也是曹鹏指挥生涯中重要的里程碑，是他艺术生命中浓墨重彩的诗篇。

5月2日，曹鹏启程回国。列宁格勒文化局的柳德米拉等人送曹鹏至机场告别。次日中午抵京，去文化部外联局汇报。游琪局长肯定此次上海乐团出访苏联演出"水平高，成绩大，影响深"，并说："以后上海乐团可列入国家出访计划！"

上海乐团成员齐心协力，为国增光，给了曹鹏最大的鼓舞和安慰。

第三章

"服务之棒"的凝聚力

因把中国音乐传播到世界，人们会由曹鹏而想到洋溢在全球华人心中的《梁山伯与祝英台》；因普及交响乐居功至伟，人们会由曹鹏而想到大名鼎鼎的星广会；因发展交响乐事业为城市频频增添亮色，人们也会由曹鹏而自然想到声名鹊起的上海城市交响乐团（下文简称"城交"）。这是曹鹏晚年事业追求的又一个标志性起点。

2022年，是星期广播音乐会创办40周年，上海人民广播电台"经典947"频率自11月27日上午10点起，向全球音视频同步呈现"喜欢上海的理由——星期广播音乐会创办40周年12小时特别直播"，以"嘉宾访谈+现场演奏+精彩实况赏析"的形式，从音乐家、学者、策划人、爱乐者等多重视角，全方位展现40年来上海经典音乐普及的硕果。据《上海观察》的相关报道：

此次特别直播播放50余段珍贵的音视频资料，30余位音乐家与20多位行业嘉宾共同回顾百场经典瞬间，还有百余位音乐家从早间到晚上带来精彩的现场演奏。12小时直播分别在新落成的上海广播博物馆透明直播室、上海广播艺术中心沉浸式剧场、经典947全媒体直播间、上海音乐厅4个会场穿插进行，阿基米德App、百视TV App和百视通IPTV/OTT等平台同步音视频直播。

在这场12小时的特别直播中，"经典947"几位主持人与上百位嘉宾一同回顾星广会的诞生、重生与新生的故事，从台前幕后故事看星广会的引领、传承与创新。97岁的著名指挥家曹鹏以及88岁的著名作曲家陈钢亲临直播现场，曹鹏说："中国只有上海有星广会，它对普及交响乐起了很大作用。"

而曹鹏创办的上海城市交响乐团，自成立之日起就与星广会有着每年的"音乐之约"，这份纯粹的音乐坚持，激励着上海非职业音乐团体的蓬勃发展。

"星期广播音乐会"上海城市交响乐团首演专场

城交的诞生，与曹鹏的理想一脉相承，更是他离休以后的又一次闪亮"登台"，他在持续践行着自己不忘初心的诺言。

离退休，于很多人而言，是一道人生分水岭。退休后，有人选择含饴弄孙、颐养天年的岁月静好，而对于热爱音乐、立志将毕生奉献给祖国交响乐事业的曹鹏而言，这却是一个崭新的开始。说到做到，曹鹏的公益事业在离休后迎来一个又一个高峰，而他的每一步足迹，都让一群人受益。

曹鹏说："离休前，忙于各种事务，又要登台指挥，始终忙碌却没办法沉下心来做些自己想做的事；离休后，终于有时间来张罗自己的交响乐团。离休前，我只为一个单位服务，离休后，我为所有的单位服务。凡与普及交响乐、与文化有关的事，我都义不容辞。"

太过投入就容易忘我，而忘我的病人是最叫医生头疼的。曹鹏虽然平时看来精神矍铄、神采奕奕，但毕竟已是90多岁高龄，日常小毛小病在所难免。而负责他的主治医生，将那些分走他所有注意力、精神头的乐团视作"天敌"。生病住院、检查挂水，一不留神，人就不见了，等百转千回找到他时，曹鹏手背上还贴着挂点滴时的胶布，却已在为同学们讲解声部……2021年，正值南洋模范中学建校120周年，也是南模学生交响乐团建团30周年，在庆祝音乐会上，先前不慎跌了一跤、导致肋骨骨裂的曹鹏又违背医嘱，在大女儿曹小夏的陪同下出现在现场，并在台下当起了指挥。台上正青春，台下焕容光，艺术的光芒，星星点点，让人眼眶湿润。

其实，艺术传承的过程，也是帮助心灵成长的过程。孩子们的心是最纯粹的，谁对他们好，他们自然报之以同样的爱。别看平时练习，偶尔会偷懒或是捣蛋，但曹爷爷的生日他们从来不会忘记。

　　某个星期天，照样是南模乐团排练的日子，曹鹏冒着严寒来到排练厅，习惯性地架起乐谱，他面向一个同学说道："贝九第二乐章，请小军鼓先给一小节。"小军鼓按节奏敲了两下之后，突然曲风一转，全体同学竟然"自说自话"地奏响了另一支喜庆的曲子。曹鹏的指挥棒在空中"冻结"了，之后又缓缓垂下，写满经历的面庞，嘴角牵动，眼眶泛红。原来，这次突然"不听指挥"的孩子们，相约共同献上了最有爱的歌，因为他们知道：今天是曹鹏爷爷的生日！

　　南模艺术总指导、交响乐团管理老师胡洁斐当时也在现场："同学们商量好了，不管曹爷爷要排什么，只要指挥棒动一下，他们就会演奏《生日快乐歌》。"如今回看，南模乐团就如同一方交响乐的苗圃，曹鹏在孩子们心中播下了爱乐种子，而这些种子沐浴着音乐的阳光雨露，正在茁壮成长。

1999年2月5日，南洋模范中学交响乐团赴港交流演出

　　　　　　　　　　　　　　大爱交响——曹鹏传

曾经有人说：曹鹏手里的指挥棒，是全中国最"大材小用"的指挥棒，因为他不仅指挥过世界顶级乐团，也为很多业余乐团当指挥，特别是给学校里的孩子们当指挥。曹鹏却觉得一点都不"大材小用"，他说："我一直把学校的交响乐排练，当作让孩子们汲取知识和传播文明的课堂，这也是我们这代人应尽的责任和最大的愿望。"

得益于曹鹏的影响力和感召力，业内大咖们也轮番来到学校为学生们"指点迷津"，其中有上海音乐学院教授，也有国际知名音乐家。当着曹爷爷的面，谁不是"友情价"出场？

上海交通大学管乐团也是曹鹏为学生乐团提供"一条龙服务"的对象，2001年7月，荷兰凯尔克拉德，正是郁金香盛开的时候，曹鹏带着的孩子们，参加第十四届国际音乐节管乐比赛。

当时，中国的管乐水平远低于国际水平，从未参加过国际比赛，作为一个学生乐团，想在国际舞台上脱颖而出，选曲是第一个需要慎重考虑的大问题。但管乐曲目本来就少，《北京喜讯到边寨》这样的管乐曲早就演腻了，况且难度不高，拿到国际赛场上去没什么胜算。曹鹏征求大家意见，所有的人都说，"曹老师您定吧，您不管选什么曲子，我们都没意见"。曹鹏只得再次请出他强大的"后援团"，把全家请到排练现场，听排练、提意见，最后，在参考了家人直言不讳的意见后，曹鹏决定把参赛曲目定位在"中国特色"上，除指定曲目《雷诺王的行进部队》之外，还确定了《保卫黄河》《打虎上山》《百鸟朝凤》《打枣》等清一色的中国乐曲。

到了荷兰，曹鹏哪也不去，一头扎进房间反复改谱，直改到自己觉得满意为止。可问题又来了，每个参赛团体都要交一份总谱给评委会。别的乐团用的都是出版社出版的总谱，交一份就可以了，但曹鹏的总谱早被他改得面目全非，只有自己看得懂，怎么办？他临时委托组委会买来谱纸，发动所有团员连夜突击抄谱，第二天，才把誊写一清的总谱交了出去。为了能够"一鸣惊人"，曹鹏想出了金点子：在开场加一段中国民乐曲《将军令》。《将军令》描绘的是古代将士征战沙场、浴血奋战、视死如归以及得胜归营、威武雄壮的战争场面，锣鼓齐鸣，非常热闹，有了这么一个开局，可以极好地提振士气；在现场听了三四个参赛乐团的演出后，曹鹏又有了新主意，他请打击乐手在上场时敲三声大锣，咣—咣—咣！全场顿时为之一振，乐团的气氛也出来了，果然，所有的曲目都演奏得气势磅礴，非常完美。

　　比赛结果出来了，主持人宣布：上海交通大学管乐团获得了C组第一名！

　　获奖团队要在广场行进，在国外，管乐团行进吹奏是常有的事，上海交大的孩子们没接受过这样的训练，但这是50年来中国管乐第一次在国际上获得金奖，必须展示一下中国音乐团体的风采。恰好有几个女孩带了旗袍，还有的学生带了国旗，这下可好，4名穿着旗袍的女孩手抬国旗走在前面，后面鼓乐齐鸣，场面非常壮观，围观的人里三层外三层。几位老师赞叹：这些孩子真给中国人争了面子。

　　中国管乐"零的突破"，一下子轰动了全国，交大校长倍感荣幸，亲临机场迎接学生凯旋……

事实上，曹鹏多年以来坚持训练的学生交响乐团，可以说是上海城市交响乐团的"人才摇篮"。

自他1995年离休后，上海市教委当即邀请曹鹏为上海市大学生（上海交大）交响乐团及上海市中学生（南模）交响乐团进行培训。多年来，他与这些学生乐团的成员以音乐为纽带，建立了深厚的友谊。其中的许多乐手，从学校毕业后都各自走上了工作岗位，但他们中的很多人爱好音乐的心始终未变。他们常会对曹鹏说："曹老师，什么时候我们能再与您一起演奏交响乐？还有一些在上海工作的外国友人，如来自欧洲、日本的交响乐的爱好者，他们也希望有机会在您的指挥下，一起演奏交响乐！"

从曾经指导过的上海实验小学、大同中学、上海市第三女子中学、上海师范大学附属中学交响乐团等，到如今仍坚持正规训练的南洋模范中学、上海交通大学、上海大学等，再到2011年成立的上海学生交响乐团和黄浦区城市青少年交响乐团，曹爷爷的身影总是伴着孩子们的笑声、乐声，挥洒着青春的朝气。还真的有学生一路追随曹爷爷的"音乐轨迹"，从小学升入南模，再考入上海交大，毕业后进入社会，放不下乐团情结，又自发组织起来排练。渐渐地，一些爱好音乐，学过乐器的白领、高校研究生、跨国企业的外籍员工也都聚拢了过来，中国第一家主要由城市白领组成的非职业交响乐团——上海城市交响乐团就这样应运而生。

当时，在很多人看来，中国交响乐的发展势头是很迅猛的，短短十数年间，中国各地崛起近80支交响乐团，但在专业从事振兴中国交响乐的曹鹏看来，还远远不够。"在德国，每一平方公里就有一个乐团，我们国家应该给予爱乐者更多交响乐团！"

既然已经培养了一批批从"人才摇篮""起飞"的学员，而且大家"归队返团"的呼声又这么高涨，于是，曹鹏顺势而为，从身边做起，从需要他的爱乐人做起，2005年自费组建了中国大陆第一支非职业交响乐团——上海城市交响乐团，那一年，曹鹏已经年届八旬。

乐团由居住在上海又具有相当演奏水平的中外音乐爱好者组成，成员跨越了年龄、职业和国籍，他们跟随曹鹏普及音乐，为公益、慈善服务，用音乐温暖着上海这座城市。

为了让求学期间有过乐队经历、大学毕业后没有地方再组团的年轻人重新建立一个"家"，曹鹏在一无注册资金、二无排练场地的情况下，向大女儿曹小夏"借"了10万元，建立上海城市交响乐团，小女儿归国组建上海大学音乐学院，同时帮助父亲圆梦。当填写上海城市交响乐团成立宗旨时，曹鹏写下了"普及交响乐，提高市民整体素质"。

也曾经有专业人士对他说：曹老师何必如此认真，指挥业余乐团不过玩玩而已。对此观点，曹鹏非常反感。曹鹏总说，交响无业余，因此中国不能没有业余交响乐团。他分析道："我们国家现在有那么大数量的琴童，光是小提琴演奏者也有十几万人了，都是自小打下的基础，练就的童子功，随着学业的繁重，有的放弃了，有的即便是坚持到了毕业，也无处施展才华，这太可惜了！"

"跟我说这个计划的时候，父亲已经80岁了。作为女儿，我觉得父亲到了这个年纪，想做什么都该支持他。更何况普及交响乐，是他一生的事业和追求，我觉得这是好事，没有理由拒绝。"回想18年前初创城交时的情景，曹小夏觉得历历在目。她说，当初只是计划着先帮父亲把乐团建立起来，但没想到起步之后，自己却"走不掉了"！

在排练场，乐手们从四面八方赶来，陶醉在两个小时的音乐里。没有报酬，只有被视作生命的音乐梦，与带过的专业乐团感觉太不一样了，曹鹏说这个乐团"就像我生命中一支奇异的花，需要投入更多的精力和心血去照料"。从此以后，每周三的晚上，曹鹏在大女儿曹小夏陪同下，要来到中国福利会少年宫的排练现场。大家都知道他不久前摔了一跤，腰背仍在康复中，看到他来，大家既开心也担心。可是，因各种原因被延后的演出都在这两个月，排练不能拖，他也放心不下，于是蹒跚着也要赶来"督场"。"我不能因为自己的原因耽误了排练。"

城交团员因为热爱音乐又有演奏能力，经过考核后大家聚到了一起，很不容易。但是大家都有自己的本职工作，所以城市交响乐团的排练又很特殊，几乎没有一个晚上能凑齐全部人。曹鹏不想让大家觉得自己是一群搞副业、为情怀凑成的团，他要打造中国第一支水准可比肩职业乐团的非职业交响乐团，所以城交尤为看重乐团的专业水平和状态，"它代表一个专业的水平，专业的作风，专业的素质。"而指挥对于一支业余乐团来说，实在是很重要的。因此，乐团指挥的专业水平、职业态度、奉献精神，缺一个都是不行的。

因为曹鹏以专业交响乐团的规格自我要求，所以无论是对场地、乐器还是乐手的专业水准，无一不是精益求精。"我们所有的团员都非常佩服曹老师，最重要的原因，是我们发现曹老师的精力以及能力仍然比我们这些年轻人都强，我们管他叫曹爷爷，因为他的年纪是可以做我们爷爷的，但是他在排练上的精准度、他给到我们团队的要求，仍然会让我们感到有些害怕。"乐团的元老级团员、圆号手汪淳告诉记者："他对专业的要求非常之高，只要你在交响乐团，在他的手下，他不会当你是一位业余的演奏者，而这恰恰是音乐精彩的地方。只有我们怕他，这个音乐才会动听、才会精彩。指挥是一支乐团的灵魂，曹老师就是我们这支乐团的灵魂。"

短短一两年间，乐团已掌握了柴可夫斯基的《1812序曲》《意大利随想曲》、里姆斯基-科萨科夫的《天方夜谭》、科普兰的《Radio交响组曲》、海顿的《第二十二交响曲》、莫扎特的《第四十一交响曲》和贝多芬、舒伯特、德伏扎克、格林卡、斯美塔纳、罗西尼等人的经典名曲。在乐团排练现场，跟着乐团长大的一群"85后""90后"们，争先恐后地想要分享他们和曹鹏不得不说的故事。这位站在指挥台上，永远朝气蓬勃、永远热情洋溢的特殊"90后"，是他们的祖父辈，却又如朋友般亲切随和。他给予他们的光，是为人处世的良心和坚守。最初，他们跟随他探索在交响乐之路上，淬炼技艺、磨炼心志、开阔眼界、放开心胸；后来，他们跟随他行军在公益之路上，懂得大爱无私、学会换位思考、变得坚毅忍耐。如果说音乐上的追求，夯实了他们成为音乐家的基本条件，那么公益路上的收获，则让他们成为"更好的自己"。

创办于2005年的城市交响乐团，200多位在册团员，有的是律师，有的是医生，有的是公务员，有的是公司白领，有的是学生。曹鹏就像一盏明灯，将他们从四面八方吸引过来，从陌生到熟悉，从业余到准专业，曹鹏带着这支队伍，传播的更是城市的良知、城市的文明。跌跌撞撞、且行且坚定地一路走来，在社会各界和家人、朋友支持下，以"音乐+慈善"的理念，用艺术方式拓展慈善领域，城交每年举办公益音乐会尤其是"爱在城市·关爱自闭症慈善音乐会"，迄今为止演出250多场，辐射听众超100万人次，带动社会各界捐款捐物数千万元。虽年事已高，但曹鹏带领上海城市交响乐团活跃在各类公益慈善活动中。他常说："尽管是免费音乐会，但是可以传递爱的力量，可收到难以估量的精神财富。"通过音乐和自身的努力，曹鹏把慈善的理念注入了大家心中。

"我指挥了那么多乐团，这个团是我的最爱之一，因为它是一个用爱心组成的乐团。大家热爱音乐、聚在一起、没有利益之争，也没有所谓'位置之争'。最初的几年，城市交响乐团非常艰辛，缺经费，缺排练场地，每周三晚只能挤在一家琴行的地下室排练。艰苦的条件，或许更能让大家珍惜这份与音乐相随的满足感。"

如今，在社会各界关心和支持下，上海城市交响乐团的队伍越来越壮大，他们每年举办多场公益、慈善音乐会和普及音乐会，频频登上星期广播音乐会、东方市民音乐会等音乐舞台，曹鹏一如既往，做好充分的准备，每场都讲解音乐。乐团甚至走出国门，参与国际文化交流，成为上海城市的一张"新名片"。民办非企业性质的上海城市交响乐团，在曹鹏率领下还曾踏足美洲，与古巴国家交响乐团合作，在哈瓦那市革命广场的古巴国家大剧院举行公演。时任中国驻古巴大使张拓说："中国的团队被安排在古巴国家大剧院演出还是第一次，演出的售票率达百分之九十。"

曹鹏一边指挥一边讲解音乐会的传统形式，已经由城交继承，在市民中口口相传。曹鹏很欣慰：

我相信，只要经过普及，交响乐一定会得到广大群众的喜爱。我很庆幸，在我的有生之年，可以看到艺术教育在上海得到大幅提升。我多年来坚持给业余交响乐团排练，就是希望这些乐手再去影响他们周围的人。交响乐需要把秧苗播撒出去，它才能够得到酝酿，得到生长的力量。

2007年5月，"上海之春"国际音乐节期间，世界业余交响乐团联盟把两年一次的年会设在了上海，并委托城交承办年会暨音乐会。

20多名国外联盟理事专程赶赴上海参加了会议。在曹鹏的提议下，形成了在2010年上海世博会期间，以城交为主体，隆重上演26国参与的国际千人交响大合唱贝多芬《第九交响曲》《欢乐颂》的决议。

根据该决议，2010年7月17日，世博"综艺大厅"，迎来了人们期待已久的城交音乐盛会。

从筹备开始，曹鹏就面临着巨大的压力，由于国内外的合唱团和乐队成员闻讯纷纷要求参加演出，为了保证质量，只得进行甄选，最后确定了包括中国、日本、美国、墨西哥、澳大利亚、德国、法国、荷兰、英国等国家的1500余名音乐家。为了更好地表现经典，曹鹏要求国内参加演出的17支合唱团用德语演唱《欢乐颂》。既然都是非职业的，要保证质量，首先得保证有充分的排练时间，于是在曹鹏的时间表上出现了这样的记录：除全体乐队排练外，合唱团的排练更为繁重，要轮番到每个合唱团驻地去帮助训练和提高。这阶段，他天天"转战"上海南北，天天挥汗如雨。

这次为百年未遇的上海世博会组织"如此浩大、如此宏伟、如此隆重"的千人大合演，实非易事。更为值得提及的是"一切自费"，更是一大奇迹。

演出开场，由比利时指挥家埃里克斯执棒奏响埃尔加的《威风堂堂进行曲》，日本指挥家山路让指挥了霍尔斯特《行星组曲》中的《金星》和《木星》，表达了人类对全球和平的愿望。唢呐与乐团共同演绎的《百鸟朝凤》是曹鹏策划的，著名演奏家刘英教授和3名演奏员在台上模仿鸟鸣的"千回百转"，7名演奏员则在观众席中吹出了"百鸟呼应"。乐声中的你应我和，寓意世博会各国文化的全方位交流。返场后，曹鹏又指挥了王西麟的《火把节》，把云南少数民族在节日里载歌载舞的情景表现得淋漓尽致。最后，千余名合唱团员在曹鹏的指挥下，用德语唱响了《欢乐颂》："亿万人民团结起来，四海之内皆兄弟……"暴风骤雨般震撼的歌声，在上海世博会综艺大厅内久久回荡，那强大的气场和感染力，让很多观众流下了眼泪。

当晚，曹鹏在备忘录上写下了这样一段话："由世界26个国家和地区，1500余人，演出一场音乐会，其中'贝多芬第九'用原文演唱而且要背谱。演出质量完全出乎我意料，让我惊喜，这才是上海，才是文化的上海、国际的上海。"

为期184天的上海世博会让人终生难忘，同时，也让大家记住了"上海城市交响乐团"这个与城市同名的充满朝气的非职业乐团。

曹鹏说，城交只是起点。搭建非职业乐团完整阶梯的计划，又开始在曹鹏停不下来的努力中加快实施。除了城交，曹鹏又先后创办了上海学生交响乐团、上海城市青少年交响乐团。

曹鹏的家有一张长长的工作台，层层叠叠的乐谱一字铺开，外人多半看不明白，老人家却分得格外清楚：这是为南模乐团排练用的、那是上海学生交响乐团的演出曲目、这是给上海交大交响乐团的、那是给上海城市交响乐团的，还有给上海大学乐团的、为上海音乐学院

曹鹏指挥上海学生交响乐团伴奏钢琴协奏曲
钢琴独奏：潘晖诺

上海城市青少年交响乐团成立揭牌

学生上课的……耄耋之年的他很认真，再熟悉的曲目，在给孩子们排练前，总还要伏案备课，"如果是专业乐团，很多事用不着我说，乐手就知道该怎么做了，但非专业的团体就不同了，指挥要做更多更细致的工作"。

曹鹏一贯坚持"交响乐无业余"的理念，为此，他几乎在深耕培育之路上忙碌了大半辈子，将一个个由学生和白领组成的非职业交响乐团，送上了上海大剧院、上海音乐厅、东方艺术中心等高雅的专业舞台。曹鹏说："这些孩子很纯洁，很可爱，是他们给了我青春，给了我朝气，使我年轻了。我跟孩子们讲，我可能记不住你们的名字，但谁有点滴进步，我全记住，而且记住一辈子。"

"服务之棒"的凝聚力，经久不衰，越来越多的非职业交响乐团，站上了东方大都市的国际化舞台，让中国旋律链接世界。历经半个多世纪追求，作为一个在指挥领域享有很高声望的指挥家，曹鹏始终在不懈地践行自己归国时的承诺，他几乎在新中国建设的每一个历史阶段，都为中国当代交响乐事业的发展，书写了可圈可点、历久弥新的亮点和品牌。

第四章

超越国界的追梦人

专注于培养新人、埋头于指挥艺术，曹鹏也时时放眼身处的城市，上海的巨变日新月异，他的思维也与时俱进。自20世纪90年代起，他就一直在忙着一件事：为建造上海一流的音乐厅而四处奔走。

20世纪90年代，国际交流越来越频繁的音乐界，说起上海的音乐专业演出场所，常是一声叹息。上海音乐厅还是1930年建造的，演奏厅紧挨着居民住的弄堂，烟火气十足，丝毫没有艺术的幽雅体验。很多个美妙的夜晚，当大家正屏息凝神，沉浸在交响乐美妙幻境的慢板乐章时，忠于职守的里弄保安，会在音乐厅外的弄堂里，准时敲响当啷的铃声并吆喝着："煤气关掉，大门锁好！"有时，即使音乐厅外安静，大厅内也一直有嘈杂声，因为演奏的舞台下，是一台老式的大空调机，在嗡嗡地作响，像不停地敲着低音鼓。

改革开放的步子越来越大，国际性音乐艺术品牌也不断被引入上海。美国费城交响乐团来了，波士顿交响乐团来了，还有德国柏林交响乐团等优秀交响乐团也频频到访上海，但只能安排在上海体育馆演出，严重地影响着国际大都市上海的形象。为此，曹鹏与贺绿汀、黄贻钧、萧白、陈传熙等一批老艺术家共同写了联名信，呼吁及表达了上海应有一座现代化音乐厅的急迫心情。

1995年6月，东方音乐厅（现为东方艺术中心）举行了奠基仪式，时任上海市副市长、浦东新区管委会主任赵启正，向曹鹏赠送了东方音乐厅的模型和一根指挥棒，以感谢曹鹏在音乐厅筹备、招标等各阶段的付出和支持。曹鹏也有幸成为招标筹建东方艺术中心及上海大剧院的国际评委之一，他欣慰地说："上海和国际接轨，首要应该是在文化上！"

此言发自肺腑，也是在践行中悟得的认识。从1975年曹鹏率团赴澳大利亚、新西兰等国家和中国香港地区访问，把对世界尚属陌生的中国音乐十分珍贵、格外惊喜地传向海外，直到他在20世纪90年代初率团成功访问列宁格勒，曹鹏带领上海的交响乐团体走向国际性舞台，全球开始有越来越多的目光投向这位一直深耕于华夏大地的中国指挥家。通过他，人们开始了解中国，了解中国交响乐，甚至了解中华民族和这个欣欣向荣、蒸蒸日上的国家。

音乐是人类共同的财富，在这些年的指挥生涯中，曹鹏与很多国际著名音乐家结下了深厚的友谊。对音乐家来说，唯有崇尚艺术才是其内心产生不断追求的动力；对曹鹏来说，世界性的交流与合作，是尽快拉近中国音乐家与世界一流水准距离的重要途径，更是让中国音乐家早日跻身国际舞台的学习、提升、融会贯通之道。

1990年，曹鹏应美国著名的坦戈坞音乐节邀请，赴美访问。由一位移居美国的俄裔提琴手捐资创立的坦戈坞音乐节始创于1940年，音乐节特色之一是举办指挥训练班，伯恩斯坦曾是20世纪40年代的首届学员，小泽征尔是60年代的学员。这里每年都汇聚了来自世界各地的优秀音乐家，很多著名指挥家的履历上都注有"参加过坦戈坞音乐节"的记录。正是在50周年大庆的日子里，曹鹏来到了这座音乐家的摇篮。

　　在坦戈坞，曹鹏会晤了小泽征尔、普列文、马友友等不少音乐同行。更令他难忘的是与伯恩斯坦的相识和相交。艺术家的心灵是相通的，因此交谈也是坦诚和愉快的。他目睹了伯恩斯坦指导一位年轻指挥的情景，当音乐奏起时，这位年逾七旬的老人，诙谐地跟着节奏、

1990年8月，拍摄于美国，曹鹏（右）与世界著名大提琴家马友友（左）

　　1990年8月，拍摄于美国，曹鹏（左）与世界著名指挥家普列文（中）、梅耶（右）

曹鹏（左）与世界著名指挥家小泽征尔（右）

踏着翩翩舞步飘然上台，坐在三角钢琴盖上给学生讲课，大师自然朴素的风格给曹鹏留下了深刻的印象。两人在交流中，曹鹏诚恳地邀请大师来上海访问演出，他欣然应允。

事后，伯恩斯坦的经纪人悄悄告诉曹鹏，他的身体状况其实已经非常差了，医生已禁止他长途旅行，并限制他参加演出。曹鹏听后，心中不由产生敬慕之情。仅仅两个月后，伯恩斯坦就去世了。每当曹鹏看着与大师的合影，照片上那充满热情的笑容，犹如呈现着生命不息的活力。

"我们能亲耳聆听卡拉扬、伯恩斯坦的演出，真是非常幸福，他们拥有极为丰富的内涵，因而他们的音乐是强大的。"与伯恩斯坦的交流，使曹鹏更加确信，艺术贵在深、难也在深，只有具备了深沉

曹鹏（左）与伯恩斯坦（中）

而强大的内涵，才有外在的神力相助，反之，一味追求浮于表面的卖弄，是对艺术的浅层次理解，没有生命力。

他又想到了与国际著名钢琴演奏家傅聪的一段故事。

曹鹏和傅聪于1955年同一时期出国留学，曹鹏去苏联莫斯科音乐学院学习交响乐指挥，傅聪去波兰音乐学院深造钢琴专业并参加第五届肖邦国际钢琴比赛，在比赛中，傅聪荣获第三名及唯一的肖邦"玛祖卡"最佳奖（第一名来自波兰、第二名来自苏联、第三名来自中国）。

20世纪80年代改革开放后，国内艺术发展的形势也越来越好，傅聪应邀回国，先于中央音乐学院任教，后于1982年1月返回上海，应邀与上海交响乐团合作，由曹鹏指挥演出肖邦《第一钢琴协奏曲》，他们有机会在一起深入讨论乐曲的处理。这也引起了大家的"追捧打卡"。所以，当曹鹏和傅聪在上海交响乐团排练厅排练时，厅内早已坐满了闻讯而来的音乐界业内人士——钢琴教师及学生，大家都前来欣赏久违的"肖邦"，而且傅聪又是经受肖邦故乡波兰正统教育的一位艺术家，又是大文豪傅雷之子，他具有深厚的文化底蕴及细致入微的音乐内涵。

老演奏家、低音提琴首席胡纪春老师至今还记得，在一次排练中，傅聪停下来，用一口上海话解释了某句要渐慢、渐轻的要求。傅聪说中国人用毛笔写字，当写一横一捺时，总要停一停、顿一顿，改变笔顺方向，此笔墨之华，音乐也赋予同样的道理。胡纪春说："傅

1982年，曹鹏（左）与傅聪（右）合照

聪有良好的中国文化底蕴，他用中国文化的思维，让中西文化艺术融会贯通，是一位大艺术家，值得深思学习。"

曹鹏自然也非常享受傅聪对肖邦风格"自由流畅又从容自如，纯洁深邃又富有神韵"的表现力，在严谨中求自由，似即兴随心而唱。在曹鹏看来，傅聪指尖流出的每个音符，似珍珠般地令人沉入幻想；他每一次触键，深而质朴，柔而辉煌，精致纤细，耐人寻味。

当然，曹鹏不仅在与著名大师的交往与合作中汲取艺术启迪，更通过他对后起之秀的言传身教，将追求艺术的品格与精神传播到全球。

成长在上海的美国签约钢琴演奏家应天峰，就十分感同身受。每次一到上海，他总是提出要见当年的曹鹏爷爷。1982年，指挥家曹鹏曾率上海交响乐团，在音乐厅与13岁的上海音乐学院附属小学学生应天峰合作演出交响音乐会。如今，曹鹏离休后，他依然清楚地记得这个瘦瘦小小的孩子，说话不多，模样乖乖，但弹起琴来，像是进入无人境界，神情是那么投入。后来，应天峰从上海音乐学院附属中学到美国去攻读钢琴专业，如今已成长为签约钢琴演奏家。在国外忙碌的演奏生涯中，他经常会想起当年与曹鹏以及上海交响乐团一起演出的情景，那时，心里就会很留恋上海，想回上海再与曹鹏爷爷一起演出。2001年夏天，他特地回沪，找到上海交响乐团，提出希望在中国上海国际艺术节中开一场音乐会。于是，双方通过越洋电话，反复商量日程，才最后确定了音乐会的日期。

　　上海交响乐团总经理礼貌地询问应天峰："您看，请谁担任指挥呢？"应天峰毫不犹豫、脱口而出："当然是曹鹏老师！"

　　那时，76岁的曹鹏并没有放下指挥棒，仍然忙碌地活跃在这个岗位上。他得知要指挥应天峰的音乐会，马上欣然答应，还说："当年，我们为培养年幼的音乐人才做了不少事，现在，他们成长为演奏家，已经活跃在国际乐坛了，我们也为之高兴。他们要回家演出，我们当然更应该全力以赴了。"

　　曹鹏对应天峰说："20世纪80年代初，上海交响乐团经常与一些具有艺术才华的小孩子一起演出，提供给他们舞台锻炼的机会。你在我的记忆中印象很深。"应天峰也说："当时能够与上海交响乐团一起演出，我们这些学音乐的学生要激动好几个月。我清楚地记得，那次您指挥的曲目是格里格的《a小调钢琴协奏曲》。"

19年后，曹鹏又要指挥上海交响乐团，在上海音乐厅与应天峰一起演出，不同的是，演奏的曲目换成了圣桑的《第二钢琴协奏曲》，而不变的是，曹鹏不改初心，再一次为一名富有天赋的中国籍青年演奏家"站台"。

曹鹏心中，有深厚的家国情怀，祖国在他心目中占据着特殊的位置。世纪之交，曹鹏每次出国访问，归来总有深深的遗憾涌上心头。1990年，曹鹏赴美国著名的坦戈坞音乐节时，在为期三个月的访问交流中感受更深。坦戈坞临近波士顿，每到夏季的夜晚，都会举行有两万听众参加的草坪音乐会。遗憾的是，这个著名的夏季音乐节，缺乏中国作品的旋律，走遍美国，竟也听不到一部中国作品！对此，曹鹏耿耿于怀，他决心做一点有意义的事。访问归来，他当即给上海市政府领导写了一封信，指出了上海音乐教育现状的缺陷和不足，提出了自己的建议。最后，他恳切地说：

我从事音乐工作已有四十多年，虽然历经磨难，一颗坚持发展严肃音乐的心丝毫不敢懈怠，尤其身在海外时，更感觉振兴发展祖国音乐事业的紧迫，希望能趁有限之年好好抓一下交响音乐的建设。我们中国人聪明又肯干，只要认真地抓，我就不相信抓不上去。

曹鹏心中始终坚定执着追求的，就是站在国际舞台上演奏中国作品。然而，为人们所了解、所熟悉、所传扬的中国交响乐名作，当时实在太少了，即使外国同行来中国，听到的仍然是外国作品。

1992年3月，由上海乐团发起，中国音乐家协会、上海市文化局、上海文化发展基金会以及文汇报社、上海电台、上海电视台等十几家单位主办的"单乐章管弦乐中国作品征集比赛"正式向全国发出征集通知，作品征集范围为未参加过国内外评选以及未正式出版过的单乐章管弦乐作品。许多严肃音乐工作者在发布会上呼吁："我们不能只有《梁山伯与祝英台》《春节序曲》《黄河》《红旗颂》，我们要有更多的中国序曲、音诗、狂想曲和幻想曲！"曹鹏作为评委会副主席，全力支持中国原创的交响音乐，他在上海乐团的出访计划节目单上，空出两首单乐章管弦乐作品的位置，专为这次应征的优秀作品留着。

曹鹏对中国原创交响乐曲的支持，具有深刻的远见：交响乐是国际语言，我们要利用好这一国际文化交流的工具，要让听惯了《意大利随想曲》《匈牙利狂想曲》《巴黎交响曲》的听众，听到"浦江幻想曲"和"东方音诗"！

通知发出后，各地的反响非常热烈，除北京、上海等大城市外，西藏、内蒙古等少数民族自治区甚至俄罗斯、加拿大的华裔作曲家都提交了作品。著名作曲家罗忠镕年已耄耋，他特地给曹鹏写了一封信，称"你们如此不遗余力地为发展我国交响音乐事业而艰苦奋斗，这种崇高的精神和责任感令人十分钦佩。我也是一个交响乐的爱好者，我一定竭尽自己有限的力量，努力写一首作品奉上"，并表示不需要特殊照顾，希望能跟其他作曲家一起参加比赛。

征集比赛凝聚了各位作曲家多年心血的70多部作品，从大江南北、世界各地汇集到上海。曹鹏投入组织工作，夜以继日地奔忙着。当时，有限的经费无法支撑大赛必要的日常开支，曹鹏只能心怀歉疚地把从北京请来的吴祖强等专家，安排在上海乐团的招待所住下，吃的是普通的客饭，而上海的专家、评委都在各自家里审听作品；乐团工作人员似电影跑片员一样，一家接着一家传送音像资料及总谱；因为付不起空调费，乐团成员只能在徐汇区少年宫一间闷热的排练厅里，不计报酬地排练优秀作品。

大赛历时一年，共征集到75部高质量的作品。经评委评定，共评出16部获奖作品，其中7部将以音乐会的形式进行决赛。获奖作品不仅体裁多样，风格各异，创作技法及作品内涵也都具有较高的水平。

1993年6月19日，国内外著名作曲家和音乐界人士以及来自全国各地及海外华裔参赛作曲家纷纷云集上海音乐厅，在曹鹏的指挥下，获奖作品一一亮相，特别是音乐会特邀了西藏拉萨市歌舞团音乐家演奏《吉祥九重天》，让人耳目一新、叹为观止。获得这次决赛最高分的《枫桥夜泊》的作者、中央音乐学院徐振民教授说出了作曲家们的肺腑之言："没有曹鹏和专家们的努力，没有上海乐团的支持，我们的作品也许将永远压在箱底！"

获奖作品全部由上海乐团和香港HNH国际唱片公司灌制了激光唱片，并向全世界发行。新加坡交响乐团指挥听了获奖作品后兴奋地说："《汉宫秋月》《枫桥夜泊》这样的作品，是中国人的骄傲。"所有人都高度赞扬了这次活动的发起人和组织者曹鹏，曹鹏也很欣慰，尽管举办这样的比赛举步维艰，但出了这么多获奖精品，他很满足，因为"这些作品是社会的精神财富，是金钱不能替代的"。

1995年7月，曹鹏应邀率上海乐团参加在新加坡举行的"亚洲艺术节"，演出了小提琴协奏曲《梁山伯与祝英台》、钢琴协奏曲《黄河》、交响音诗《枫桥夜泊》、《白毛女组曲》选段以及特地为艺术节创作的《早安，新加坡》。在艺术节上，曹鹏的指挥受到了专业乐评家的一致称赞，称他的演绎"强调乐曲结构的完整性，并把音乐自然地带入真挚而引人入胜的境地，以内在的感情深度替代了外在的炫技效果"。

曹鹏当年在上海音乐学院指挥系教过一个学生，曹鹏看出这个叫叶聪的学生是个好苗子，便一直鼓励他走出去看看外面的世界。大学四年级时，叶聪去了美国曼纽斯音乐学院，曼纽斯有个非常棒的乐团，叶聪在那里获益匪浅，毕业后，他向院长推荐了他的老师曹鹏，希望能请曹鹏帮助训练曼纽斯的乐团。1990年，曹鹏应邀赴曼纽斯任客席教授。

2003年4月，在叶聪的邀请下，曹鹏与女儿夏小曹共赴新加坡，与新加坡华乐团一同完成一场名为"父女情缘"的音乐会。这场音乐会有好几个"亮点"：这是夏小曹第一次与华乐团合作，演奏的又是关乃忠的一首新作品《北国情怀》；刘湲作曲的《弦之韵》是一首既有音乐性又有思想性的难得的好作品，可是因为速度快、技巧难，很考验乐团的实力，在中国，一些乐团拉到一半就拉不下去了，勉强应付得来的，也演得不好，因此作曲家把希望都寄托在曹鹏指挥的新加坡华乐团身上，希望能有一次完美的演出。

4月26日晚，在新加坡大会堂，曹鹏父女为新加坡观众献上了一场完美无瑕的音乐精品：开场的《将军令》，曹鹏的指挥得心应手以及气势磅礴，气魄之大叫人为之动容，而在指挥彭修文的经典作品《达姆·达姆》时，他那富于表现力的手以及柔软的手腕，又把民歌的旋律主题处理得如诗如画。业界人士开心地说，新加坡华乐团是一个极具潜力的乐团，遇到好指挥，水平一下子就提高了。

对夏小曹的演奏众人更是赞不绝口。那天，夏小曹用的是一把1742年的意大利名琴，音色极为通透细致，极有韵味，加上夏小曹出神入化的技巧，琴音由心底直透指尖，打动了全场。乐评人称，在他们的印象中，与新加坡华乐团合作过的小提琴家，从来没有一位像夏小曹这样，对新作品的演绎如此认真，如此深情投入。

曹鹏心里一直有一个遥远的艺术之梦——致力于让中国交响乐曲的声音打开国际大门。尽管当时他主管的上海乐团面临着很多困难：经费不足，人才流失，200多人的奖金、住房难以解决等非常现实的问题，都得关心和解决，他不得不拿出相当多时间和精力消耗在这些具体琐碎又难以解决的事务里，直到晚上，才有时间开始准备乐谱，常常工作到深夜，家人劝他休息，可他依然如故。在他为工作奔忙的日夜里，他知道，心里的那个遥远艺术之梦在倔强地支撑着他。

为了实现这个梦，他和香港NHN国际唱片有限公司合作成立了马可·波罗交响乐团，计划每年录制24张中国交响乐作品的激光唱片。

说起促成此事的其中缘由，不得不提及曹鹏与著名小提琴家西崎崇子的合作演出。

西崎崇子接触到的第一部中国乐曲作品是小提琴协奏曲《梁山伯与祝英台》。"蝴蝶情侣"凄楚哀怨的爱情悲剧，优美抒情、富有浪漫色彩的乐曲打动了这位异国小提琴家的心。西崎崇子每到一地演出，几乎都要为听众拉上一曲《梁山伯与祝英台》。《梁山伯与祝英台》成了西崎崇子最珍爱的保留节目。1981年，西崎崇子先后与日本名古屋交响乐团、日本群马交响乐团合作，灌录了两版《梁山伯与祝英台》唱片，在世界各地销出十几万张，是当年世界上发行量最大的古典音乐唱片之一。这两版唱片，四次荣膺香港金唱片奖和白金唱片奖，第一次打破了古典音乐从未在香港得奖的记录，成为当地轰动一时的新闻。

《梁山伯与祝英台》演奏的成功，使西崎崇子感受到了中国音乐独特的魅力，从此与中国音乐结下不解之缘。《帝女花幻想序曲》《帕米尔畅想曲》《新疆之旅组曲》等一首又一首中国小提琴曲，从她的弓弦下飘向世界，她成为当时世界首屈一指的演奏和灌录中国作品的小提琴家。

她曾在1986年来到上海，在上海音乐厅举行独奏音乐会，首演我国著名作曲家陈钢专为她创作的小提琴协奏曲《王昭君》。演出前，她与曹鹏指挥的上海交响乐团进行了排练。

这次，也是西崎崇子坚持要把《王昭君》的首演放在上海。西崎崇子与上海交响乐团第一次彩排后，指挥家曹鹏说："西崎崇子对《王昭君》的理解和表现无懈可击，她的演奏一定会为这部作品增色。"

正巧，西崎崇子的丈夫克劳斯·海曼先生来到上海，NHN国际唱片公司就是他与妻子共同创立的，作曲家陈钢的新作《王昭君》，使这位倾心于东方音乐的德国人听得入了迷。他当场决定与曹鹏和上海乐团合作，建立一个马可·波罗交响乐团，来录制和推广中国交响

曹鹏（右）与西崎崇子（中）、克劳斯·海曼（左）合影

乐。共同的艺术追求使他们一拍即合。

1993年，曹鹏指挥上海乐团和海曼总裁合作，从黄自创作于1929年的交响序曲《怀旧》开始，到冼星海、贺绿汀、丁善德、李焕之、瞿维、罗忠镕、黄贻钧等人的作品，计划在五年内完成这些中国现代著名作曲家全部代表作品的录制，建立起一座中国交响乐艺术的经典长廊，为后代留下较为完整的音乐文化遗产。

此后，在作曲家柴本尧、画家柴本善的协调推动下，马可·波罗交响乐团先后累计录制了六七十小时的中国管弦乐作品，囊括了从中国交响乐诞生到20世纪60年代的几乎所有代表性作品，以及近年来的一些新作。曹鹏每天扎进录音棚，历经四年，终于将中国音乐家的交响乐成果重新演奏、汇集录制成50多张CD唱片，堪称一部鲜活的中国交响音乐史。直到1997年，录制工作真正完成。曹鹏当时已经从上海乐团离休，仍每天奔忙。他用"功德无量"来形容此事，因为许多录音事实上已成为珍贵的史料，有的作品甚至作者本人都散失了谱子，当它们被重新发掘、整理出来后，黄贻钧等许多老音乐家都异常感动。这也开启了NHN公司与上海乐团的缘分，它后续出版"马可·波罗"系列唱片，推出了刘德海、赵松庭、吕思清、钱舟等一批海内外华人演奏家的CD。不少唱片，如林风的《十面埋伏》，就是由香港指挥家石信之指挥、上海乐团演奏的，而推出的西崎崇子演奏版《梁山伯与祝英台》，已先后录有4个版本，销量达到白金唱片水平。

1993年8月，著名作曲家李焕之（左）到访曹鹏家

　　曹鹏带领大家默默付出、辛勤耕耘，为中国音乐史留下了宝贵的资料，为中国交响音乐增添了宝贵财富。当时，录到谁的作品，只要作曲家还健在，就由海曼出资把他们请进录音棚，与曹鹏一起商量修改配器，参与录音的全过程。这对那些老作曲家而言是极大的安慰。《第一交响曲》是李焕之20世纪50年代的作品，早进了仓库，连他自己都没想到还能复活。黄贻钧在土地改革时期写了一部《安徽民歌组曲》，曹鹏请他进录音棚时，他已病得走不动路。他委托曹鹏为他把关，说："怎么修改你说了算，我相信你。"黄贻钧的生日是5月4日，恰巧5月3日晚上海人民广播电台请曹鹏去介绍上海乐团录制《中国交响乐作品系列》的情况，曹鹏借此介绍了黄老的艺术业绩，放送

了海曼公司录制的黄贻钧作品，并代表上海乐团和上海音乐界祝他生日快乐。当晚，曹鹏请电台把节目录制成盒带，为病中的黄贻钧送上了一份不同寻常的生日礼物。

1995年5月4日，曹鹏（左一）与秦淑兰（中）、屠学淳（右二）、周生永（右一）一起去华东医院祝贺黄贻钧先生（左二）八十华诞

曹鹏清楚地记得，开始确定合作时，海曼说："我走过很多国家的大学的图书馆，但是从来没有看到一张中国唱片。"海曼"不以营利为目的，着眼于保留音乐财富"的坚定态度，让曹鹏产生了共鸣和信心。海曼非常慷慨，每次见面都会问曹鹏有什么困难，只要曹鹏提出的要求，他都一口答应。曹鹏说物价涨了，希望能增加乐队成员的录音经费补贴，他同意；曹鹏说乐团的乐器不好，影响录音质量，希望改善，他也同意，不久便在海外为乐团订制了一套定音鼓和四把

贝斯；曹鹏说希望能从俄罗斯聘请几位音乐家，以提高整个乐团的水平，他不仅答应了，还立即着手为即将到来的外籍音乐家购买住宅。

或许是条件太过优越遭人觊觎，居然有音乐团体悄悄给海曼写信，说愿意出比上海乐团更低的价钱来承接录音任务，但被海曼一口拒绝。海曼说："我只要曹鹏，别人不考虑。"

与海曼先生合作了三年，曹鹏率马可·波罗交响乐团抢救了很多珍贵的经典作品。可是市场销售却不尽如人意，有一位作曲家的CD，一共只卖出了三张。工作人员告知海曼这个情况时，这位令人尊敬的音乐人说："继续按计划录制，我卖不出去，儿子卖，儿子卖不出去，孙子卖，这是中国文化！"

对于海曼先生的善举，曹鹏既感激又感动。柴本善先生去世后，曹鹏在一封写给其女的悼念信件中曾这样回忆：

当时我在上海乐团兼任音乐总监、首席指挥时，有机会和日籍著名小提琴家西崎崇子合作……我的所有排练及演出，海曼（小提琴家西崎崇子的丈夫）先生都认真、仔细地在欣赏及观察。在演出后，海曼先生即请本善和本尧兄弟俩转告，要请曹鹏先生和我们香港公司合作，希望从黄自先生在耶鲁大学音乐学院的毕业作品《怀旧》，这是中国第一部交响作品，从这部作品起，录制全部中国的作品……外地作曲家来上海的交通、生活费用等等一切都由海曼公司解决，而且给作曲家们还付给可观的作品录音报酬……海曼先生为上海乐团的合唱团也录制了冼星海的《黄河大合唱》。海曼先生希望请上海乐团走访海外许多国家以传播中国作品……

海曼先生的梦想，始终激励着曹鹏。而作为一个超越国界的追梦人，曹鹏还有许多希望实现的梦想。

与不少中国乐迷一样，曹鹏对俄罗斯古典音乐有一种特殊的亲近感，他也习惯把柴可夫斯基亲切地称为"老柴"。曹鹏早已数不清自己指挥过多少次"老柴"的作品了。在他眼中，"老柴"是一位成功的"旋律大师"，无论是他的交响乐、歌剧还是芭蕾舞作品，都有着打动人心的旋律，它们从他心中源源不断地流淌出来，有时候甚至不需要任何解释，就能让人泪流满面。而且，"老柴"的旋律总是带着浓厚的俄罗斯风格，同时又能恰到好处地结合世界音乐语言，从而受到全世界的欢迎。

《1812序曲》是柴可夫斯基的一张"音乐名片"。这部作品是为了纪念1812年库图佐夫带领俄国人民击退拿破仑大军的入侵，赢得俄法战争胜利而创作的，在音乐中能领略俄罗斯广袤大地的风光，更能感受到残酷的战争。被扭曲的《马赛曲》代表着法国军队，而俄国国歌则在炮声钟声中把乐曲推至最高潮。高尔基对这首乐曲的评价最具代表性："它表达出这一庄严的历史时刻，极其成功地描绘了人民奋起保卫祖国的威力及其雄伟气魄。"

如今，音乐所描绘的胜利早已超越了国界，许多国家的知名乐团都演奏过这首象征着爱国与胜利的作品。在一些重大庆典，尤其是在户外演出时，乐队还会启用真的大炮，场面令人震撼。令曹鹏印象深刻的是，有一次观看小泽征尔指挥这首作品，大炮与乐队齐鸣的场面令他印象非常深刻。

柴可夫斯基的伟大不仅在于那些动人的旋律，还有他作品中饱含的思想性与哲理性。伟大的作品总能超越国界，穿越时间，震撼世界。

指挥过许多次《1812序曲》的曹鹏有一个心愿，就是有一天还能再次登上国际舞台指挥一次"老柴"的作品，那时，现场也要设计一个放炮的盛大场面。

上海，给予了他充分施展艺术才华的舞台，曹鹏逐步实现着萦绕心中多年的艺术之梦，他的音乐事业还有长久的规划和想象：举办协奏曲音乐会、征集作品比赛，一个一个看似遥远的梦，在他的坚持和行动下，慢慢成了现实。曹鹏以顽强的毅力和热爱，全身心投入音乐事业，音乐的梦想逐渐落地生根，在他热爱的这片土壤中一点一点蓬勃生长……

第五篇章

立德于世的大爱之路

（20世纪90年代—21世纪，大爱交响）

　　我们投身革命，一生就是奉献。我们全家及社会众多志愿者，至今都在全心全意为社会举办公益、慈善事业，让无私大爱在这座光荣之城传播，这就是我们最大的收获和安慰。我这个年纪的人还能做公益、做慈善，就是最大的福气。教育界、文艺界"本是同根生"，皆属德、礼之根。我这一辈子能脚踏"文、教"两只船，荡起青春双桨，撑起公益大舵，将音乐的光与热传递到更多人身上，幸哉!

——曹鹏

第一章

"家和"是通向城市大爱的原点

　　1997年10月，曹鹏接到葡萄牙里斯本都市交响乐团的邀请，飞赴葡萄牙访问，与里斯本都市交响乐团合作排练，并指挥该团举办4场音乐会。为了向葡萄牙听众介绍中国作品，他还特别请小女儿夏小曹一起赴葡，演奏小提琴协奏曲《梁山伯与祝英台》。曹鹏坦诚地说，不是因为夏小曹是他的女儿，而是因为夏小曹的《梁山伯与祝英台》确实演奏得到家。曹鹏认为演奏《梁山伯与祝英台》就应该是女性的"专利"，男性小提琴家或许技巧很高，却奏不出那种女性"天上掉下一个林妹妹"的柔情，何况夏小曹自幼即具天生的乐感，善于表达音乐情感，在美国时也被指挥家看中，在佛罗里达交响乐团时，《梁山伯与祝英台》连演三场，引起轰动，后又选入音乐殿堂纽约卡内基音乐厅举行独奏音乐会。对别的独奏家，曹鹏可能会尊重对方对乐曲的处理，但对自己的女儿可以共商共议，会更加默契配合，更加心神贯融。

　　里斯本之行一如既往的成功，一曲终了，台下的听众送上了热烈的掌声和欢呼声，旅居里斯本的中国朋友动情地说："想不到曹鹏有这么个好女儿，想不到曹鹏指挥得那么出色，你们是中华民族的骄傲。"

此后，曹鹏率妻女又先后访问了奥地利、丹麦、瑞典等国。

那段时间，忙碌的曹鹏成了一个"飞行员"。

12月29日在青岛，30日在上海，两天两地，各举行一场音乐会。29日是青岛市政府请曹鹏指挥青岛市交响乐团举行新年音乐会，还特邀青岛籍著名旅美小提琴家吕斯清任独奏；30日是上海市委请驻上海的各国使节与夫人以及全上海的中学校长，于上海交大举行新年音乐会。

两地同时排练，隔天演出，具相当难度。为此，上海交大胡企平老师还特地制定了曹鹏于两地排练演出的详细工作、行程表。

22日，曹鹏正在青岛排练，乐团收到一份字迹模糊的传真，上面写着"祝爷爷身体健康"等几个字和几个签名，让人摸不着头脑。午饭时，有人拿出传真说起此事，曹鹏一看，立即认出了上面熟悉而稚嫩的签名。他当即"坦白"，说这是他七岁的外孙丹江发的，后面是全家人的签名，因为今天是他的生日。指挥家72岁的生日却在异地的排练场上度过，让大家倍加感动。

已逾古稀之年的曹鹏，内心也掩不住感动，因为自己拥有一个幸福的家，正是这个家，在他不断追求事业、实现理想的历程中，给予他坚强的支撑、风雨的庇佑、赋能的源泉。遥望青岛海边起伏的波涛，曹鹏的脑海里，一下子浮现出他在上海的家以及邻居老友……

上海南京西路，永远是霓虹闪烁的繁华景象。但只消转一个弯，沿着铜仁路往北，到了南阳路，却有一派"大隐隐于市"的静谧。在南阳路与铜仁路的东面转角处，有三排红色砖混结构的多层公寓。公寓有三个出口，分别是北京西路1341—1383号、铜仁路304—330号、南阳路208—228号，人们称这里为爱文公寓，而曹鹏更喜欢以"南阳路"呼之。他称其他地方为"住处"，却"尊称"这里为"我的家"。在这个家，他度过了整整41年。

与大名鼎鼎的国际饭店和大光明电影院一样，这三排房子系20世纪活跃于上海的匈牙利建筑师邬达克所设计，于1932年建成。因今天的北京西路旧称爱文义路，故此公寓被命名为爱文公寓，也称联华公寓。

早在1926年，邬达克在设计四川中路四行储蓄会时，就与大陆银行等银行界人士结识。因此，在1931年，当大陆银行拟建造爱文公寓的时候，赫赫有名的邬达克成为设计师的不二人选。爱文公寓由邬达克亲自设计，总体布置采用南北行列式，立面简洁，饰水平线条，房间内居住空间分割明确，楼梯间作竖向构图。从窗户往外望去，就是在20世纪30年代已经高度城市化的静安寺地区。

受租界工部局管辖，在20世纪30年代，静安寺地区已经洋房林立，商铺众多，马路整洁，电灯明亮，当地的邮政、警政、路政都已经按照西方管理方式运作，整个街区颇为洋气，而南阳路尤其闹中取静。由福利营业公司1939年发行出版的《上海市行号路图录》上可见，当时静安寺地区的静安寺路、爱文义路两侧，开满了商号、银行、洋行，花园别墅和新式里弄穿插其间，营造出一个高尚生活区域。

在爱文公寓不远处，南阳路上还曾有公园，于1922年由公共租界工部局兴建，原名南阳儿童公园，占地六亩多，园中有沙地、秋千等儿童游乐设备，后更名为南阳公园，1949年后，为小型儿童公园之用。

在日后遇到风风雨雨时，这个公园成为曹鹏散心的地方，每日和妻子一起来这里散步打拳。

曹鹏自1961年8月从莫斯科学成回国、在上海交响乐团任指挥，即入住南阳路228号4楼302室。和他同住一个单元的，是著名版画家杨可扬（1914年—2010年，曾任上海人民美术出版社副总编辑）一家。

同一个单元内，两家各自有卧室和厕所，厨房则为公共使用。从此，一家做饭，两家同吃，一家有客，两家共待。从1961年至2002年，两家相邻41年，始终相亲相敬，和睦如一家。

美术家王劼音记得，当年他作为美术界晚辈去拜访杨可扬时，爱文公寓里"进入镂空铁门，便是停着许多自行车的门厅，登上宽大而做工细致的转角扶梯上楼，透过向南的窗户，可见庭院内的绿色。杨先生住在四楼，和指挥家曹鹏合住一套房子"。

常年共用一个屋檐的日子，曹家和杨家之间建立起了"不是亲人、胜似亲人"的感情。曹鹏有两个女儿，杨可扬长曹鹏11岁，膝下有一儿一女，孩子们一起长大，如同亲兄妹一般，至今还保持着很深的友谊。因为彼此熟识信任，因此平日里两家房门从来不关、不锁。有一年，曹鹏去福建演出一个月，房门就敞开了一个月。平时曹鹏和夫人去杨家看其新作，也从来用不着敲门。

2004年，曹鹏（左）参观杨可扬（右）版画展

杨可扬写给曹鹏的信

在电视机凭票供应的年代，杨家买了一个九英寸的小小黑白电视机。曹鹏记得，有一次播放小泽征尔指挥的音乐会，曹鹏全家人都挤到杨家房内观看，热热闹闹，亲如一家。

有一次，杨家突然一声巨响，曹鹏夫人惠玲立即奔过去。一看，原来是杨可扬家的热水瓶迸裂，就在杨可扬的脚下爆炸。但尽管声响吓人，水流满地，杨可扬却照样专心致志于木刻刀下的作品，纹丝不动，亦不回头探看。

惠玲回家对曹鹏大赞说，这种一心钻研艺术的精神，实是可敬可佩！

1976年7月28日唐山大地震后，北京也受波及。一段时间内，有些北京市民露宿街头。在闻知自己在北京音乐界的朋友遭遇不便后，曹鹏夫妇提出，把这些朋友的孩子接到上海来居住、过暑假。

于是在这一年，南阳路228号4楼302室曹鹏的居室，成为北京音乐界二代的"夏令营"所在，其中有多名音乐家的孩子，包括女高音歌唱家郭淑珍、竖琴教授左因的孩子。最高峰时，小小居室内，竟然住下了15个人！

在那一年夏天，曹鹏的夫人惠玲如同学校的大队长一样，每天早上按时把孩子们唤醒，然后一一分配各种家务和作业，让孩子们自力更生、互帮互助。夜里睡前又叮嘱孩子们轮流洗澡。那一段时间，家里桌子上所有的盘子上都放一双公筷，让孩子们都能卫生地进食。到了临睡时分，一屋子的孩子统统打地铺，乌泱泱睡了一地板。

曹鹏70岁时，上海交响乐团在上海音乐厅为他举行庆寿音乐会，杨可扬亲自持画《百合花》送到音乐厅。曹鹏80岁时，上海十个乐团在美琪剧场为他举行祝贺音乐会，已行动不便的杨可扬，将已创作好、名为《人长寿》的画送给曹鹏。就在那次，曹鹏和杨可扬约定："再过十年，当曹鹏90岁，杨可扬101岁时，仍一起欣赏前者的音乐会，欣赏后者的墨宝。"日后，他们虽然已经不再一起居住，但彼此打电话问候时，还总是互相提醒"曹鹏90岁，杨可扬101岁，听音乐、看墨宝"。只可惜，杨可扬未等到兑现约定，于2010年去世。

两家人合照，从左到右依次为：张子虎（杨可扬女婿）、惠玲、杨可扬、曹小夏、曹鹏、杨以平（杨可扬之女）

杨可扬在医院去世后，他的女儿、女婿在收拾病房遗物时，意外找到父亲留下的印章遗墨。打开一看，上面竟刻着"曹鹏执棒指挥九十，可扬刀耕火种百年，可扬印章"。原来，这是为了不负君子之约，杨可扬预先在病中刻下的。当杨可扬的女儿、女婿将印章送到曹鹏家里时，曹鹏感慨万千。

此时距离他们两家离开南阳路，已经过去8年，但互相支持的往昔岁月，历历如昨。曹鹏说："古语有云'千金买宅，万金买邻'，在南阳路的日子里，我们和杨可扬一家就是如此。"

曹鹏曾总结他自己做出的选择："和音乐在一起，和年轻人在一起，和家庭在一起。"他来到上海，这座"东方不夜城"，从此多了一户看似普通、实则不凡的人家——知名音乐世家，后代们都是听着曹鹏音乐会长大，最终一家人在事业上同聚一个舞台，用音乐和爱赋予这座城市以华彩。

曹鹏对两个女儿的成长道路很民主，唯一的要求就是要学点音乐，"学音乐的人不太会学坏"。

曹小夏先学钢琴，后转学小提琴，夏小曹也就跟着姐姐练起小提琴。父亲午睡时会叫两人拉琴，姐妹俩看着他打呼噜，就想偷懒，结果父亲突然来一句："刚刚那个音准不对啊！"

"小孩子都有练不下去的时候，这时候就睁一只眼闭一只眼。"曹鹏说。不过，他记得打过曹小夏一个巴掌，"那个时候，兴打的啊，不过打完，我很内疚"。因此对夏小曹，就"不忍下手了"。

这一家人，都执着于音乐，纯粹于音乐。姐妹俩总能记得，再熟悉的曲目，父亲每次要演出排练了，都要重新改乐谱，旧的笔记要用刀片仔仔细细刮掉。

夏小曹说，为什么家里能这么和谐，没有冲突，因为我们是，互不干涉，但是有求必应。一旦认准了的事，一定会坚持，那谁也拦不住；一旦需要谁，一定会二话不说，就算晚上不睡觉，也得帮他/她搞定。

曹小夏内敛，很多心事不讲，但是有求必应；夏小曹，像家里的开心果、调和剂。曹小夏的儿子丹江评价母亲与小姨夏小曹："一个是水，一个是火。"

直到真正走进这一家，我们才切身体会到，音乐之家，是将音乐融入了人生。而被传承的，不只是音乐，还有一种平等、友爱、分享、奉献的精神传承。

60多年以来，这个家呈间断性"异地分离"。

1955年，曹鹏赴莫斯科留学；1984年，曹小夏赴日本学习；夏小曹从11岁离家，至大学毕业都在北京度过，又于1985年赴美国留学，直到2010年，夏小曹回沪任教，一家人才算真正团聚。

如今，夏小曹也长期往返国内外，有时打电话回家，老太太忙着，直接把电话塞给曹鹏，"你爸和你说两句"。

结果，曹鹏一接电话，劈头就问："你那个曲子练得怎么样了，回来就得演啊……"

"爸，你都不能假惺惺地问我好不好吗？"小女儿撒娇。

"你不是蛮好的吗……"

曹鹏自豪自己经常可以在家里开会，只要互相电话一下："晚上开会啊！"家庭成员们就会自觉早点回家。

开会总是为了演出，他把曲目往桌上一摊，"请大家过目"；曹小夏要根据人员判断，是否有哪些人缺席；小提琴没有首席时，夏小曹就要立马领命。而老太太从观众的角度来说，这首比较好听，那首不适合演出……

有一年，在辰山植物园举行的演奏会要上演奏柴可夫斯基的《1812序曲》，原曲以真实的炮声著名，辰山植物园又是室外场地，曹鹏心心念念想要一次完整的演绎，计划要放真炮。为此，曹小夏还跑到极远的地方去联系。但夫人惠玲却很不赞成。"你一句话，全家都太折腾了，万一出事，影响很不好，你就好好把音乐演了吧！"

"她的意见很重要。"曹鹏说，所以全家一致同意，放弃放炮。"我们以前在部队的文工团，她演戏，我指挥……"

曹鹏刚要说惠玲年轻时的"辉煌"，就立即被老太太要求"暂停"。

惠玲自言是"家里专门灭火"的，因为每个人都太投入，"我必须给他们提提醒，拉拉后腿"。"现在全家没有一个在晚上12点前睡觉的！"

对待老先生，也不能"心慈手软"——"睡觉了，该睡觉了，说了好几遍，不听？我就上去拽耳朵。他就乖乖跟我走了……"

但真正到了演出前夜，惠玲立刻自觉不干扰，"全家进入休止符"。"我书房在一楼，所以我是又做'门房间'，又做'接线员'，有他的电话，都挡下来，记下电话，回头再回。"

演出前，惠玲就要去听排练，专拣偏僻的位置，听听看是不是各个方位的效果都好；演出时，还要"偷听"观众的评价，摸出小本本记下。

实际上，每次演出后她都下决心，回家一定要跟老先生讲，"演完这次就不干了！"可是晚上回到家，全家七嘴八舌讨论演出，又会忘到脑后。偶尔记得叮嘱，曹鹏总是不答应也不反对："好好，休息吧。"

曹鹏说，夫人惠玲艺术境界属全家最高，她理解力强，判事准确。所以凡涉及有关大事必和她商榷，必听她高见，必经她"恩准"。每次音乐会的演出曲目也必听她的高见，甚至排练也让她去出主意、抓问题。加之她冷静、客观、全面，是全家的主心骨，是真正的曹家"长老"，真正的"幕后英雄"。

一个太太，两个女儿，曹鹏常开玩笑说："圣哲之训，'三人行，必有我师'，而我们家是'三女行，全是我师'。"他说："三个女人管我一个男的，但她们管我管得很好，我现在不会喝酒，不会抽烟，都是她们管得好。"这几年，考虑到老先生年事已高，家里人不允许他再骑自行车上街，但他常偷骑出去"过把瘾"，连小区的保安、街头报亭的卖报人都纷纷向家人告状。现在家里人买了一把大锁，把陪伴了曹鹏60多年的爱车锁起来了……上海交响乐团陈光宪团

曹鹏与惠玲

　　　　　　　　　　　　　　　　　　　　大爱交响——曹鹏传

长知道此事，还曾经建议把这辆骑了60多年的自行车放进乐团新建音乐厅的博物馆中。的确，这辆1953年从北京购买的自行车，丈量了曹鹏为交响乐普及所走过的路，从20世纪60年代指挥各类交响乐团到后来奔波于各个学校，他一路骑行，乐在其中。

1990年，曹鹏应邀访问美国，那年曹鹏65岁，不知哪个女儿先提出，说爸爸满脸胡子太老，而且一呼三应，三位女将一致同意"锄掉"。曹鹏求告曰：自己这一脸胡子，已育三十余年，锄易长难呀！但大家不为所动。哪知"锄掉"后，不知又是谁惊呼："不行，完全不对了，不像曹鹏了！"于是又一呼三应，三位女将一致同意曹鹏把胡子再"增肥复旧"。曹鹏说："折腾惯了，这才是家庭之乐呀！服管，是咱们男人的福分呀！"

惠玲（右）与曹小夏（左）、夏小曹（中）合照

曹鹏还道出了他们家的一个秘密：两个女儿，不论是谁举行音乐会后的当晚，全家必会坐在一起举行一个"家庭会议"，互庆互贺，父母为祝贺女儿的成功、表彰女儿的辛勤努力，会给她俩各亲吻一下，这就是他们家的最高奖赏。当然，这仅仅是家庭会议的序奏，因为家庭会议的主讲当然是"总监"妈妈，她会先打开话匣，既论长也议短，既颂扬也挑刺，甚至对曲目安排、舞台调度、演出情绪，都会兴致勃勃、不留情面地评议一番。

曹鹏说，有时在演出中场休息时，夫人会赶到后台指挥休息室，拿着一张上半场演出中记的问题对曹鹏讲述，以在下半场改进。曹鹏深受感动地说："惠玲在黑暗中记下的问题，总让我明亮于心，世上指挥家总是站在高台听好话，手捧鲜花听颂扬，但我会听到来自亲人的意见，所以人虽步入耄耋，却总是有春天般的甘露滋润着，让我永远铸就一颗艺术的童心。"

可以说，曹鹏的家，是艺坛上的一个稀有金矿！

俗话说：家和万事兴，这万事兴中也饱含着曹鹏全家为公益、为社会行善举的爱心。

很难想象，曹鹏这样在舞台上叱咤风云、享誉国际的指挥家，却整整41年居住在南阳路，夫妇俩和女儿、外孙，三代同居一室。曹鹏一直牢记着家族祖训，严格遵守，他和惠玲不论是在北京、上海，凡逢机遇时，都一次次谦让，把该分给自己房子的名额让出去，把该涨工资的名额让出去。

父母垂范，两个女儿也相随恪守。

大女儿曹小夏旅居日本多年，后回国帮父亲管理上海城市交响乐团和上海学生交响乐团，更是多年来追随着父亲，以父亲的追求为自己的事业，有钱出钱、有力出力。

小女儿夏小曹11岁就凭演奏小提琴的天赋考入中央音乐学院附属小学，后赴美留学，回沪后任上海大学音乐学院副院长。她是"舞台型"的，享受掌声与光芒四射的感觉，她在世界各地演奏了数不清的各种版本的《梁山伯与祝英台》，但最幸福的记忆依然是1997年第一次和父亲同台演出。"当掌声响起来，我拥抱父亲……"在曹鹏普及交响乐、训练非职业乐团的"专家名单"里，学成于美国、早已在国

1972年全国第一张人物年历片 小提琴领奏：夏小曹

际小提琴演奏领域小有成就的夏小曹，始终是志愿者，不管是表演还是授课，她从来不向父亲提任何经济条件。

在曹鹏晚年事业中最"挑大梁"的，当然是大女儿曹小夏，她是大事、小事的总策划者。曹小夏旅日期间，曾经是千叶县馆山市交响乐团的首席，她热心当地的文化事业，积极培养音乐人才，在当时有很好的口碑和声誉。在当初曹鹏夫妇访日的时候，切身体会到当地居民对曹小夏的尊重，只要在街上见到，得知是曹老师的爸爸妈妈，他们都会鞠躬致意，请曹鹏夫妇去家里喝茶吃饭。千叶县每年还会播放曹小夏的有关专题片。确实，曹小夏有一颗善良的心，她既能团结人，更能帮助人。可以说：曹鹏没有大女儿曹小夏，就没有今日之城交，也没有后来的"知音沙龙"。没有她，世博会上就不可能有"国际大联合千人演出"这一台大戏，那时，她是总监，是外交、组织、内务部长，是联络、公关兼翻译（日语翻译，因非职业乐团联盟总部设在日本，主席是日本人），是筹集经费的财务；排练时，她是乐团团长、指挥助理；演出前，她是乐器搬运工、舞台勤杂工；演出时，她是舞台监督、调度管理。所以，她妈妈惠玲也常佩服自己女儿的一大特点：'遇到天塌下来，她也能沉着应对，转危为安。'妈妈分析女儿说，首先她有一颗爱心，她能耐苦、能耐怨，有办法、有主意、熟业务、精音乐。但是，妈妈总是心痛孩子，几乎每天要唠叨："太累了，太瘦了，不要接那么多事！"曹小夏看上去继承了父亲身上很多艺术家的特点，她不讲究衣着和发型，出门前常被惠玲抓住数落："哎呀，你这身哪能出去？"她却一脸不服气："这怎么啦？"她说妹妹"是要上台演出的人，当然得在意一点"，自己嘛，有什么就穿什么。剪头发，她就到楼下五元一次的小店。

对于曹鹏而言，家庭就是一个团结、可倾听的整体，就是一曲交响乐，"我常说，要用耳朵演奏，为什么呢？你得去听别人，学会合作"。在城交诞生后，曹鹏一家人，充分体现了这种"精诚合作"。

曹鹏与惠玲

每周三晚七时，中国福利会少年宫，是城交雷打不动的排练时间和地点。常有多年不见的团员，会直接拎着乐器就来，所以曹小夏从来不改时间、地点，"改了，他们就找不到'家'了"。

在这个团里，曹鹏任指挥、曹小夏任团长、夏小曹担任小提琴首席，老太太惠玲也在临演出前经常出现提意见，被称作"艺术总监"。团员们直呼惠玲为"奶奶"，"奶奶说好，才是真的好"已经成为大家的共识。曹鹏经常跟年轻人说，"还好我有一个好夫人，她的音乐鉴赏能力超过了我，提出的意见都是非常关键和重要的"。

一家人，同聚一个舞台，各司其职。只有极小的细节能看出家人间的亲昵：一曲间歇，曹小夏忙着帮一位团员发新婚喜糖，等父亲说"再捋一遍"时还没发完，她轻手轻脚地往团员的手上塞，结果塑料袋还是弄出些许声响。

妹妹夏小曹对姐姐一瞪眼，皱眉比了个"嘘"的手势，低声怒道："别发了！"

姐姐服从了，但回以顽皮一笑。

曹鹏创建城交，曹小夏说"这是我们家义不容辞的事"。

有团员回忆，第一次排练时，是在通利琴行的地下室，试谱柴可夫斯基《第五交响曲》，曹老师一次都没打断，从头到尾四个乐章，"稀里哗啦、乱七八糟"一遍演完，乐团就此宣告成立。

如今，上海曹鹏音乐中心下属的乐团包括了上海城市交响乐团、上海学生交响乐团、上海城市青少年交响乐团，性质完全公益。

2008年5月12日，汶川强震，曹鹏发动全家，连夜策划和编排了义演的曲目，于第一时间率城交在静安公园进行义演。5月18日下午，赈灾义演在气势恢宏的交响乐《保卫黄河》中开场，很多专业乐团的演奏员带着乐器赶过来参加演出，他们对曹鹏说，"只要你有事需要，我们都会来，不要钱"。来自日本的铜管五重奏献上了一首祈祷曲，一些外国孩子也念了她们写给灾区小朋友的信，并唱起了童谣，鼓励灾区的小朋友们坚强起来。此时，天空忽然飘落起零星小雨，渐渐地越下越大，起先大家都没有动，安静地继续演奏，但为了保护大家的乐器，最终只能取消了几个节目。来自日本的梧桐合唱团，原本精心准备了合唱《安魂曲》，因下大雨被取消了，但他们自发地来到静安公园外面的空地上冒雨演唱，为灾区人们祈福。曹鹏和城交的团员都带头捐了款，好友姚致平听说曹鹏在静安公园赈灾义演，代表全家捐出了1万美金。短短30分钟的义演，城交就募集到13万元人民币的赈灾款项，为灾区同胞献上了自己的一份心意。

来自"忠义之邦"家风的馈赠，树立起曹鹏这个家庭高尚的精神传统。他们一家就是一座"稀有金矿"，成为城市大爱的一个原点。

第二章

用音乐打开心门

30多年前，曹鹏排演《玩具交响乐》，想找几个小朋友参加，找到徐汇区一个音乐特色幼儿园。

一次，在正式演出时，全体演员都已就绪，曹鹏举手准备起奏，但见有一个小男孩站在合唱台阶上扭来扭去，含泪欲哭。曹鹏见状，立即走下指挥台，亲切而温和地问小男孩："你怎么啦！哪儿不舒服，要爷爷帮你吗？"

男孩大声说："我要尿尿！"

曹鹏笑了，赶紧招呼老师带孩子去厕所，并转身对台下的观众大声说："这个孩子真可爱，他要尿尿，我们等他一会儿。"

全场观众捧腹大笑，都愉快地等着这可爱的小男孩再次走上台阶。延误了演出时间，小演员上台前准备工作未就绪，本应是一次演出事故，但被曹鹏机智而幽默地化解了。

很多年后的一个暑假，曹鹏在家接待了一位来自美国的青年，他自我介绍说："曹老师，您不记得我啦？我就是那个在台上要尿尿的男孩！"

原来，他后来去了美国深造，如今已经是一位音乐家了。

不久，上海乐团又与上海市第一女子初级中学结缘，双方决定在学校建立"上海乐团附属第一女子初级中学少女合唱团"，乐团定期辅导团员排练中国优秀传统民歌和世界民歌，以配合学校的艺术教育，陶冶学生情操，当然，指导排练的还是曹鹏。

在上海体育馆演出《卡门》前奏曲时，曹鹏不仅教学生如何打拍子，还邀请学生跟他一起上台指挥。

甚至，他还当起了永昌女子管乐团的高级顾问。这是一支由48位下岗纺织女工组成的管乐团，曹鹏也亲自去辅导训练，提高她们的演奏能力。

像这样纡尊降贵放下大指挥家身段去帮助基层乐队提高水平的故事还有很多很多，许多人不理解，觉得堂堂上海乐团艺术总监、首席指挥，怎么去辅导中学生和幼儿园孩子！

贺绿汀大师曾对此做出了极高的评价：

无论是几千人的大会场，还是几百人的小活动，无论是国家级的演出，还是红领巾小朋友的聚会，他都有求必应，他都热情而又认真地与之对话，用他的指挥棒循循善诱地把听众带入音乐艺术之门。这不仅是一种纯粹的艺术力量，还是一种纯粹的人格的力量，只有具有神圣使命感的人才会具有这样巨大的人格力量。像曹鹏这样年届古稀仍在乐坛上如此活跃的老指挥家已屈指可数了。

曹鹏说：“我喜欢和孩子们一起演奏，那是世界上奏出的最美丽、最纯真的音符。”他是最早用音乐来关心教育的，上海城市交响乐团、上海学生交响乐团、上海城市青少年交响乐团……在上海，但凡有水准、有名气的业余和学生交响乐团，大都是曹鹏一手创办或训练出来的。一年365天，他为普及和传播交响乐服务，不计报酬、不遗余力。无论严寒酷暑、狂风暴雨，他都准时出现在各个排练厅，连续几小时站在那里，不放过每个音符。曹鹏说，一上舞台，一拿起指挥棒，他就会忘记自己的年龄。自己一心想的是，在有生之年，为普及音乐艺术教育和社会公益事业尽心尽力。

他离休后，几乎把所有的时间都放在培育交响乐未来的希望上。他从普及青少年音乐知识抓起，把交响乐排练厅作为同学们汲取知识和传播文化的课堂。正是因为有这样的努力，由他担任首席指挥、艺术总监的南洋模范中学、上海交通大学和上海学生交响乐团才能多次取得国内、国际金奖、驰名中外、成绩卓著。

德音融合，曹鹏树立了一个全社会敬仰的榜样。

无论是对音乐、对孩子们，他永远都充满着热情和无尽的爱，而他所做的一切也深深烙印在一群"90后""00后"年轻人的心中。无论何时何地，人们看见曹鹏，身边总是围绕着年轻人，后辈们向他讨教如何成为一名好指挥，孩子们"腻"在他的身边，亲切地唤着"曹爷爷"。他在他们中间，没有长辈居高临下的"腔调"，他的笑容和他们一样，明媚而恣意、青春而朝气。看着曹鹏，会让人忘记时间的转动、岁月的流逝。沧海桑田的变幻，在他的笑容前丧失了所有威力；那些饱经风霜的痕迹，在他开怀大笑的刹那间消失殆尽。你问他，如何永葆青春？他会告诉你，那就是拥有一颗"少年心"。

"归来，仍是少年"，说的就是曹鹏。作为一个"永远的90后"，他参加各项公益普及教育，热心指挥教育事业，参与上海市教育发展基金会发起的各项教育公益活动。仅2017—2019年的粗略统计，已经年逾九旬的他还义务参加学生乐团排练辅导100余次，并多次带领上海学生交响乐团去世界各地交流演出、参加国际比赛并屡获金奖。同期，他免费为学生录制讲解音乐150次，大型演出和出国演出共636小时，辐射人群达1500万人次。在上海这座充满活力的大都市中，他犹如一道温暖和煦的光，照耀着每一方土地、每一个角落……

更重要的是，曹鹏用爱心聚拢起来的"交响乐共同体"，用音乐将爱传播、释放。他们利用假期来到"天使知音沙龙"，尝试用音乐"唤醒"自闭症儿童。作为其中最年长的志愿者，曹鹏曾经在接受《新民晚报》采访时告诉记者："自闭症的孩子本来连家门都难跨出，在志愿者的帮助下，他们已经多次走上了上海音乐厅、上海大剧院、东方艺术中心等舞台参加演奏……他们跨出了人生的一大步。"

指挥台上不老的"90后"，为帮助"星星的孩子"，又开启了一段更为感人的"大爱交响"。

自闭症，又名孤独症，是一种尚未被全社会知道、了解的病症，主要表现为不同程度的言语发育障碍、人际交往障碍、兴趣狭窄和行为方式刻板。据联合国最新数据显示：全球每58名孩子中，就有1位自闭症患者。社会对自闭症的认知很浅，以至于许多人把它视为"精神癌症"。

曹鹏最初关注到自闭症群体是在2008年。曾在日本生活多年的大女儿曹小夏，从一份联合国报告中读到有关自闭症儿童的情况，惊讶于报告中所言：自闭症虽无法根治，但可用音乐进行干预，改善自闭症儿童的状况。她决心要用音乐来为孩子们做点什么。可当时，对于自闭症的社会认知度还远远不及现在。曹小夏说："有人说这是精神病，也有人将他们和脑瘫儿童混为一谈，众说纷纭。我虽然也没这方面的专业知识，但我知道，他们只是一群没有找到和现实世界沟通方式的孩子，他们需要我们的帮助，也需要整个社会一同来关怀。我对音乐跨越认知障碍、搭建心灵沟通桥梁的作用十分有信心。"

当她把自己的想法告诉父亲时，当即得到了曹鹏的大力支持，在他看来："音乐是能够直接对话心灵的语言，所以不论以往是什么阻挡了他们和外界的沟通和交流，但我相信从此以后，音乐一定能够打通这条道路！"

"我从小就被父亲灌输——音乐是最高尚的事业。既然正常人都需要音乐，那自闭症的孩子肯定也需要。电影里，地球人和外星人沟通还用音乐呢……"曹小夏这样想。

以音乐促知音，曹鹏再出发！

尽管开创"天使知音沙龙"时，曹鹏已84岁，但他却坚持至今："这条路，开始了就不能放弃！我很欣喜能看到孩子们在音乐的帮助下不断打开心扉、不断进步。"

成立"天使知音沙龙"，用音乐打开自闭症孩子的心灵，为他们组建一支专门的乐团，让他们通过对乐器的认识、掌握，从而一点一滴改变，帮助他们更好地融入社会。这看起来是一件顺理成章的事，但做起来却"难如登天"。

从此，曹小夏只有在讲自闭症孩子的时候会一改平时淡定、内敛的风格，手舞足蹈，饭桌上曹鹏总会逗她，"你自己也是自闭症，你是自闭症的头儿"。

最初，向父亲曹鹏提议要用音乐打开自闭症孩子心扉的曹小夏，也并不那么了解这群特殊的孩子，她只是觉得，为什么在日本受关注度如此高的群体，在中国却悄无声息？

"在日本，志愿者是很庞大的一个群体，无论是自闭症的孩子还是残疾人群，有需要帮助的人，就总会有志愿者出现。最初我以为都是家里人，后来才知道都是毫无血缘关系甚至最初互不相识的志愿者。"

既然决定了要成立"天使知音沙龙"，曹小夏便开始寻找需要帮助的自闭症家庭，她最先找到了上海师范大学特殊教育老师董颖苓。当随班观察，她看到有个孩子躲在角落里，不说话、不玩耍，也不和人交流，班级里孩子们各种嬉戏，唯他孑然独立。"我就觉得很奇怪，这么热闹，他不好奇，不过来吗？"董颖苓告诉曹小夏："这孩子是国外回来的，有情感交流障碍，症状很严重，几乎没有办法。"她还关照曹小夏："这样的孩子，你就不要去靠近他，不要碰他，你去和他说话反而适得其反，容易引发状况。"

坚定曹小夏决心的还有一次会议，那是2008年4月5日，她去日本开会，带去了一份关爱自闭症儿童的倡议书，日方朋友看后告诉曹小夏，三天前的4月2日，刚好是世界第一个"自闭症日"。她回国后给上海市慈善基金会副理事长夏秀蓉打电话，商量成立"天使知音沙龙"的事情。

2008年6月1日，上海曹鹏音乐中心与上海市慈善基金会共同成立了"天使知音沙龙"，致力于通过组建自闭症儿童乐团，开展"爱·咖啡""爱·课堂""爱·烘焙""爱·乒乓"等诸多自闭症儿童关爱项目，聚集数百名青年志愿者，为自闭症孩子带去爱与希望；还计划每周六下午在当时的卢湾区少年宫，组织城市交响乐团的乐手为自闭症儿童的家长开"迷你音乐会"。

14个孩子，招募过程并不那么顺利，最初也是通过自闭症儿童家长们的自发组织。曹小夏回忆说："我向家长们申明，我最怕复杂的人事关系，我只管孩子、负责教音乐和演出，至于孩子日常的管理，都由家长自治。"

"哇哇叫，蹬地板，自说自话。"这是著名指挥家曹鹏第一次见到自闭症儿童时的印象。冯鞍钢是两个自闭症孩子的父亲，而彩虹妈妈也有一个自闭症孩子，他们俩搭档，成为沙龙第一批家长联络和统筹人。第一次排练，曹小夏被现场奔跑尖叫着的孩子吓着了。"跑来跑去，不听指挥，都是小事。有的孩子拿头撞墙，或是哇哇大哭、就地躺倒，也有人拿手砸玻璃窗，虽然我们现场有志愿者，但场面一度失控，还是让我倒抽一口凉气。"

这时，还是父亲曹鹏的话，为曹小夏点燃了一盏心灯——音乐是直通心灵的钥匙，用这把钥匙可以打开心门！

于是，木琴嘀嘀咚咚响起来了，小铃鼓随之加入敲得欢快，小提琴奏出舒缓的乐曲，果然，一度喧哗失控的场面，一点点安静下来。"孩子们喜欢音乐，我能感受到他们的注意力一点一滴地被吸引，让我更惊喜的是，原本烦躁又无奈的家长，也在乐曲中得到了抚慰。"曹小夏最初的心愿便是，就算孩子们对音乐没反应，最起码能让被现实生活搞得疲惫不堪的家长们获得片刻安宁和休息。

更神奇的情景，发生在曹鹏到来后。因为有乐队演出"暖场"，那一天曹鹏来得略有些晚，可是和蔼又朝气的他仿佛有一种特别的魔力，他一出现，孩子们竟然都爱亲近他。这一次乃至之后无数次，只要曹鹏来到现场，孩子们就会自觉地围拢去，"曹爷爷，曹爷爷"的叫声不绝于耳。

"略微了解自闭症群体的人都知道，这种也被称为孤独症的病症，最大特点就是情感沟通障碍，他们不喜说话甚至回避眼神对视，他们行事刻板、喜欢重复动作，很多人不能接受哪怕是来自亲人的身体接触，握手、拥抱都不行。"曹小夏说："但是很奇怪，他们却都很喜欢曹爷爷。"团队里有个外国孩子，每当曹鹏来给孩子们普及音乐、讲解乐器，他都会主动去抱他，甚至会搂着他。这一举动，让孩子的妈妈都很吃惊。

和自闭症孩子在一起，必须有非常博大的爱。有一次，曹鹏在沙龙教音乐，一个孩子上前来问："曹爷爷，你去过北京吗？"曹鹏很耐心地说："我去过，北京很好。"过了一会，那孩子又过来问："曹爷爷，你去过北京吗？"曹鹏仍然和颜悦色地说："我去过，你去过吗？"孩子说："我没去过。"过了五分钟，那孩子又来了："曹爷爷，你去过北京吗？"一下午，那孩子足足问了三十多遍，曹鹏每次都极其耐心地回答。家长看在眼里，非常感动，他们说，有时候连做父母的都会缺乏耐心，可曹爷爷这么大的指挥家，却连一丝的不耐烦都没有，要是没有爱，怎么做得到？

看上去，曹鹏与这些自闭症儿童有着天然的"连接通道"，其实，他主张用耳朵来打开自闭症孩子的心，是根据多年经验，从实践中获得的"真知"。在曹鹏看来，这个"秘密"很早就被写进了中国古汉字中。"古人造字含义深远，你看这个'听'字，繁体为'聽'，左边耳朵下是一个'王'字，右边底下有个'心'。先辈们早就告诉了我们，耳朵是通向心灵的阶梯，'听'是打开人心的王道。"后来，有美国哈佛大学专家来中国，专程登门拜访曹鹏，讨教与自闭症孩子沟通的经验，他用英语解释——英语中的"heart"（心），也是先有"ear"（耳朵），加上个"h"成了"hear"（听见），再加"t"成了"heart"。

"中西方的先贤们，很早就将通往心灵的路告诉了我们，所以，我们第一步就是用音乐打开他们的耳朵！"曹鹏的这番独特诠释，让美国专家拍案叫绝，而"天使知音沙龙"却不是单纯的"理论家"，而是踏实的践行者。银发飘飘的曹鹏，亲自为孩子们编曲、排练、指挥演出，帮孩子们学会了打击乐、铜管乐、小提琴，能完整地演奏一支曲子，能安静地听完整场音乐会，能免费上优质的音乐课、文化课，能到"爱·咖啡"实践基地学一技之长，为日后自食其力打下基础。曹鹏说："'天使知音'这个乐团是很不容易的。学了乐器就可以打开自闭症孩子的耳朵，让他们整个身心都能融合在音乐里，这个对他们很重要。他们的家长都带着他们来学乐器，家长都非常高兴。"

曹鹏用一颗火热的公益之心，带动着身边的每个人。创立"天使知音沙龙"，大女儿曹小夏自始至终陪伴曹鹏并成为"左膀右臂"，她不但是沙龙的实际管理者，也是一批批从音乐中寻到与世界对话方式的自闭症孩子们的"顶梁柱"；小女儿夏小曹虽是世界知名的小提琴演奏家，她也追随父亲积极投身城市交响乐团，并担任乐团首席，带领青年人，也帮助自闭症孩子走入音乐世界。时间长了，接触多了，曹小夏、夏小曹姐妹俩对自闭症孩子的了解也越来越深，曹小夏回忆说："其实，自闭的症状并不是只有自闭症患者有，普通人也时常会显现。我记得夏小曹跟我这样比喻过，看起来自闭症孩子是对外界无知无感，那是从外界的角度来看待，细想就是注意力高度集中的表现。有时，你专心在看书或者回信息，身边的人跟你说话，你也同样会置若罔闻，这在别人看来似乎是对外界没反应，其实只不过是你太过于投入做一件事而已。自闭症的孩子，只是把这些太过专注、投入的瞬间延长了，成为常态。"

了解了这一特质，为曹小夏与自闭症孩子的相处打开了新通道。

"真的难以想象，当他们学会一件事，他们能干得出乎意料的好。"从事音乐教育多年的曹小夏说，只要能安抚了自闭症孩子的情绪，他们在某些方面的表现会很好。"比如在排练中，他们基本看几遍就能背出来谱子，演出的时候根本不看谱，也用不着摆谱架。现在大一点的孩子能帮我们抄谱子，他们抄的谱都不会有错，有时候反而能指出老师笔误的地方。"

当然，在最初上手的阶段还是很痛苦的，曹小夏记得刚刚开始教孩子们认识五线谱时，"我拿一个大黑板教学，可我说什么他们都不听，我们给每个孩子配两个志愿者，一个拉着他们防止他们乱跑，一个要不断提醒他们把头抬起来看着黑板。因为强度太大，我们一节课换三个老师，结果他们五线谱是学会了，我们的老师喉咙都叫破了。"然而，一旦渡过了这个难关，孩子们就如同开了挂一般。曹小夏说起学生们后来让人惊喜的表现，嘴角含笑："教木琴最有意思，当时我们已经普及了五线谱，能看懂基本的音符后，他们竟然一通百通，学习的进度居然超过了我备课的速度！"

信任孩子们，改变对他们"刻板"的成见，又是一次新的推进。自闭症的孩子有个特点，就是做事严谨、喜欢重复，也就是人们所谓的刻板印象。他们会在五线谱当中发现很多小记号，比如升降记号，"你说一遍他们就记住了，而只要记住就永远不会忘记"。曹小夏说："有时候，我真觉得一旦用音乐打开了他们的耳朵，那教起乐器来简直比普通孩子快太多。"和自闭症的孩子打交道多了，曹小夏也有了自己独特的沟通方式："这些孩子有时候就是很懒惰，懒得看、懒得听、懒得说，现在你看到沙龙里的这些孩子，跟我亲，那是自然的，他们都是从小头靠在我肩膀上一点一点学起来的。"

可能是承受的磨难太多了，自闭症的家长或多或少有些认命，还有就是对孩子没办法百分百信任。"天使知音沙龙"刚组乐队时，无论曹小夏想要做什么尝试，都有一群家长反对。她说要教孩子们学乐器，有家长却说"不行，不行，他们哪儿学得会？曹老师，您不要白费力气"。在坚持用半年、一年乃至三年时间，让孩子们学会了识谱、打击乐后，曹小夏想让其中进步快的孩子尝试学习铜管乐器演奏，但是铜管乐器分贝较高，这对于听力敏锐的自闭症孩子来说，可能会有些"挑战"，于是又有家长出来反对："铜管的声音太炸了，这个可能会对小孩产生刺激，不行的，绝对不行的。"曹小夏坚持："我不觉得有什么是他们一定不能克服或者天生注定做不到的。就拿打招呼来说，初来'天使知音沙龙'的孩子，或者年纪小，或者还没有习惯要打招呼，我每次都会像个校长似的站在排练厅门口，有的孩子目不斜视走进去，我们志愿者会带他重新走一遍，我会主动跟他问好，并要求他也向我问好。一次、两次，可能不会成功，但三次、四次，慢慢地孩子都会改变。"

不得不说，音乐就是那么神奇！

浩浩（化名）就是一个在沙龙里被挖掘出来的音乐天才。

浩浩两岁多了还不会说话，父母带他去医院检查，没想到一查查出个自闭症来，欲哭无泪。浩浩很聪明，智商达134分，逻辑方面也是满分，但社会性的指标却不及格。二年级前学习还是前十名，但到了三年级就慢慢跟不上了，语文课理解不了，手的握力差，拿笔很吃力，考试时卷子根本做不完，所以后来只能"随班就读"。有一次，父母带他到琴行去，谁知他这个摸摸那个弹弹，各种乐器都能玩上手，乐器店老板惊奇地对浩浩父母说："哎呀，你们要是不培养他，说不定就浪费了一个郎朗。"

尽管有天分，但接受正规的音乐训练还是在进沙龙以后。那时，浩浩已经10岁了，曹爷爷对他进行了测试，决定让他练习长号。很快，曹爷爷又找了几个孩子，一把长号，两把小号，一把圆号，组成了一个小小铜管五重奏。自闭症的孩子都活在各自的世界里，要他们学会相互配合、倾听，谈何容易，曹爷爷就一次次耐心地帮他们排练，教他们吹《小星星》《欢乐颂》。每次上台表演前，曹爷爷还会帮他们排几首难度大一点的曲子，并根据他们各自的条件修改乐谱，谁强一点，就让他多发挥一点。浩浩妈妈说，每次看见曹爷爷那么大年纪，一个顶级的指挥家却那么耐心地教几个自闭症孩子，都会感动得落泪，她始终矛盾着，既希望曹爷爷能多教教孩子，又希望曹爷爷别那么劳累，保重身体，多休息。

音乐带给浩浩的变化是巨大的，过去上课他坐不住，坐一会便躺在地上，感觉热了，在教室里就会脱衣服、脱鞋，学了音乐之后，他会乖乖地坐着听课，不吵不闹，舞蹈课也会举手抬腿了，这在以前是根本不可想象的。上海城市青少年交响乐团成立后，曹爷爷把浩浩和另一个吹圆号的孩子带去一起参加排练，有了一点点进步，曹爷爷都会当面表扬，请大家为他鼓掌。青少年交响乐团的成员是品行优良的好学生，浩浩在他们身上学到了很多好习惯，人也越来越自信。有一次，乐团的长号首席因为中考没能参加排练，浩浩主动要求吹了一次首席，事后开心了很长时间。

曹鹏带动全家，共同为自闭症孩子建立了"天使知音沙龙"，更是完成了一次极具意义的"跨界"挑战，他们摸着石头过河，不断尝试、探索，越战越勇，以实际行动证明了音乐的无限可能。就连曹鹏刚刚大学毕业的外孙石渡丹尔，也很早随着母亲曹小夏，共同参与到曹鹏的公益事业中，他为自闭症儿童拍摄的纪录片获得多个奖项。曹鹏一家三代人捐资百万元人民币，为自闭症家庭成立"万向曹鹏慈善信托"；又推动相关机构为心智障碍者家庭提供意定监护、监护监督服务。"他对事业的这份认真，他是不顾自己一切的，有钱出钱、有力出力，特别是自从我们做了'天使知音沙龙'，碰到自闭症孩子有什么事，他都会用很大的力量去帮助他们。"帮助父母实现毕生的理想，也是一种孝道，曹小夏、夏小曹，曹鹏的这一双女儿很是懂得父亲的心："他这一生沉浸在音乐里面。我们作为子女，能孝敬他的，可能就是音乐了。给他买衣服他不要，你给他吃得好，他也吃得很少，他什么也不要，他一生就是为了音乐。我们做小辈的不但是要孝敬他，现在还要传承他的音乐事业、慈善事业、教育事业。"

从花甲到耄耋，如今逾90高龄的曹鹏，依旧挥舞着指挥棒，风火轮般旋转在上海城市交响乐团、上海学生交响乐团、上海城市青少年交响乐团之间，而他为自闭症孩子们组建的乐团，也实实在在地用音乐打开了他们的心灵。

2021年5月10日，在第三十七届"上海之春"国际音乐节闭幕式上，96岁高龄、75年党龄的指挥家曹鹏，被授予组委会颁发的"特别荣誉奖"。颁奖时，剧场里回响着"上海之春"组委会对这位江阴籍国家一级指挥家的评语——

他始终不忘初心、勤耕不辍，几十年如一日活跃在乐坛，深耕"上海之春"的舞台，普及音乐教育，传播着红色经典的精神和力量，他始终不计功名、德艺双馨、热心公益事业，用音符播撒大美和大爱……

接过奖杯，曹鹏难掩激动却保持着一贯的儒雅，他诚挚而恳切地感言：

我要感谢这个舞台！是这个舞台让我忘记了年龄，忘记了身体的疲劳，完完全全沉浸在音乐里。我们这一代人都是从抗日战争时期苦过来的，太懂得饥饿、贫穷的滋味，看到如今祖国的繁荣富强，我真是无比高兴和自豪。

当晚，舞台下如雷的掌声，既是献给这位音乐舞台常青树的，也献给这位心怀大爱的音乐教育工作者的。在后台，当被问及此次获得"特别荣誉奖"的感受，曹鹏没有直面回答，而是若有所思地说道："如果要对'上海之春'说点什么，我就希望将来，这个平台能够给到我们自闭症孩子们一方舞台，那就太好了！"

2021年11月，第八届全国道德模范表彰活动在沪举行，曹鹏获颁全国"助人为乐"模范。这位年逾九旬的老人，缓缓走上舞台，一如既往带着和煦如春风般的笑容，他的身躯瘦弱，但每一步都踏得坚实，你能从他的步态中感受那种饱含着的蓬勃生命力。

付出千辛万苦，带着自闭症孩子们"归来"的曹鹏一家，要为"星星"们打造一方呼唤"知音"的舞台，连接世界……

第三章

让"星星的孩子"绽放舞台

　　2021年7月，夏日炎炎，但96岁的著名指挥家曹鹏却日程满满，步履不停。周日，他有一个特别的"约会"——要和"天使知音沙龙"的自闭症孩子们，到永嘉庭"忘不了"餐厅参加"梧桐·名家汇"专场活动。餐厅内，患有阿尔茨海默病的服务员，还有一些残障咖啡师、烧伤患者都将聚在一起，听曹爷爷讲讲艺术普及的故事——每个人都可以感受艺术之美。

　　城市的每个角落都有爱、有温度、有人情味和人文气息，这何尝不是城市软实力的美好展现！在"人人都是软实力""人人展示软实力"的上海，心怀大爱的艺术家曹鹏，持之以恒地滋养着城市文明，为提升上海的软实力奉献自己的光与热。

　　在曹鹏家中，摆放着许多大大小小的奖杯。而他觉得最珍贵的，是2020年95岁生日时，一个自闭症孩子送给他的生日礼物，用毛笔写着"寿"字，背面写着："祝曹爷爷生日快乐、身体健康、长命百岁。"

　　在静安区住了半个多世纪的曹鹏，对静安区有着别样的深情。静安区有着丰富的红色基因和深厚的文化底蕴,对于公益慈善事业的大力支持,也为"天使知音沙龙"项目提供了坚实的土壤。

这些孩子都是埋在沙漠里的天使,没有人发现他们内在的潜质。什么时候能从沙漠里长出个苗来,我们不知道。可是我们就要用雨水去滋润他们,如果整个社会都能形成一个滋润他们的氛围,也许一切就大不同了。

2015年7月7日,上海市教育发展基金会、上海曹鹏音乐中心共同设立上海市教育发展基金会曹鹏教育基金。该基金旨在通过西洋古典音乐的教育、普及与推广,帮助青少年自闭症患者康复、学习与成长,最终自信、愉快并独立地生活。曹鹏教育基金设立后,为筹建自闭症专门学校发起募捐并启动"名师一带一"活动,邀请著名艺术家以音乐、绘画和舞蹈等艺术形式,开启"星星们"的心灵之窗。

2019年,曹鹏、曹小夏又在江宁路街道打造了"爱·课堂"项目,为自闭症孩子们精心定制了语文、数学、英语、书法等课程,为他们提供一个学文化、学艺术的空间。"一个人也不要放弃,他们一定行的!"父女俩用音乐和爱,为"星星的孩子"打开了一扇又一扇通往新世界的大门。

事实上,经过了10年苦心探索与艰难实践,"天使知音沙龙"已经通过音乐,成功找到并尝试了向自闭症宣战的一条"兵法"。一个个小小"演奏家",已经在"天使知音沙龙"崭露头角,开始登上舞台,参加乐团演出了!这样的"奇迹",就发生在上海这座神奇的城市,音乐,已经让一个个自闭症家庭看到了日思夜盼的希望！

艺术的价值，在于舞台。

希望的意义，也在于登上舞台，让世界共同分享。

因此，曹鹏深知：一个公众视野中广阔的舞台，对于"天使知音沙龙"的孩子们和他们的家长，意味着什么。每年为孩子们举办一场音乐会，让全社会都听到"星星的孩子"奏乐，至关重要。

曹鹏、曹小夏、夏小曹，他们都把"天使知音沙龙"的孩子当作是自己的孩子来看待。他们理解自闭症孩子父母的无助、辛酸、艰难和坎坷，也明白他们内心既有一份亏欠又有很多无奈。所以，哪怕是遇到了阻力，他们也会用最大的理解和包容去对待。曹鹏带给"天使知音沙龙"孩子们的第一场音乐会是在2010年，当时，孩子们其实什么都还没学会，但为了让他们感受舞台、站到聚光灯下，曹鹏义无反顾，集结所有能够集结的力量，动用所有能够动用的人脉关系，让他们站上舞台。最重要的是，坚持举办这场音乐会，不仅仅是为让这群自闭症孩子"人生初登场"，感受舞台、灯光和掌声，更是希望这方舞台能成为一个窗口，让更多人来了解"星星的孩子"，了解这个群体，从而获得更多关注和帮助。

这场音乐会中有个压轴节目叫《让世界充满爱》，伴着孩子们的演奏，有一篇感人的诗朗诵。当时，曹小夏是希望家长们能够站上舞台，站在孩子们的身边，说出自己的故事。在她看来，这样做既能让家长参与到孩子们的演出中，感受他们为演出所做的努力，见证他们的进步和成长，也能让孩子们感受父母对他们的爱和支持。

然而，家长们起初却态度隐晦，一方面是没有登台表演的经验，另一方面依旧是担心社会异样的眼光。这也提醒了曹小夏：与自闭症孩子们相比，家长们也需要进行心理疏导。

"长久以来，自闭症这个群体都显得很神秘，其实，这一病症由来已久，过去时常被当作精神病去处理，这让很多家长对于孩子的病讳莫如深，更是担心别人知道后，会将他们当作异类看待，就更加不要说让孩子接触社会了。"

曹小夏明白，要改变孩子，就先要改变家长，要改变家长，就先要改变自闭症群体在社会中的处境。而处境的改变，首先就需要向大家普及自闭症，让人们了解这一群体，"打破那种神秘感——他们也只是孩子，不过对周遭事物没太多反应；他们也有敏感的心，但不过是一个人的地动山摇；他们略微有些强迫症，喜欢重复动作，但这让他们做有些事比别人更棒。他们并非洪水猛兽，他们就是和普通人不太一样的人群"。

秉着身体力行、从我做起的原则，曹小夏开始挨家挨户去动员、逐个去鼓舞家长们。"我跟他们说，没有谁来朗诵会比你们更合适，毕竟我知道你们每个人背后都有很多故事。这场演出，这篇朗诵，谁登台都不如你们自己来得真实和诚恳。你们若不为他们发声，谁来为他们发声？你们如果不站到他们身前，谁来站到他们身前？"

为给同样是"人生初登场"的家长们进行培训，当时，曹鹏80岁的老伴惠玲老师也"重出江湖"，曹小夏让妈妈来给家长们做朗诵培训，惠玲老师凭借大半辈子的教学经验，很快打消了家长们的顾虑，并帮助他们掌握了朗诵的技巧，他们纷纷夸赞这位慈祥又高水准的老师："为人随和、幽默风趣，讲课深入浅出、形象生动。"

惠玲奶奶帮家长排练

那晚，孩子和家长们的第一次合作演出获得了空前成功。曹鹏邀请了很多艺术界的至交好友前来"捧场"，而这场公益慈善演出，也吸引了很多医疗机构的专家观摩，甚至很多政府部门要员也受邀参加。由于音乐会前有过普及，人们不会因为某些孩子突然席地而坐感觉惊讶，也不会因为某些孩子突然跑下舞台而恐慌，无论怎样的"演出意外"都是寻常，现场唯有一浪高过一浪的掌声。掌声中，有席地而坐的孩子重新站起来拿起铃鼓，也有跑了一圈接收到观众温暖目光的孩子重新跑上舞台……这是一场音乐会，也是一场特别的欢迎仪式，人们用最大的善意、宽容和理解，等待着"星星的孩子"回到现实的世界，而这份善意、宽容和理解也解开了无数家长的心结，需要敞开心门的又何止是自闭症的孩子，还包括在黑暗中苦苦摸索、支撑前行的家长。

演出来到最后的谢幕，台上哭、台下也哭，人们眼含热泪为这群孩子鼓掌，也为承受着巨大压力仍不得不砥砺向前的父母们鼓掌。曹小夏说："那时候，大家真的不知道什么是自闭症。演出后，很多人来联系我，想为孩子们做些什么，然而他们其实也都不太清楚自闭症的孩子到底需要什么，他们不是唐氏综合征，也不是脑瘫宝宝，他们中的很多人有着特别的天赋，他们只是找不到和这个世界沟通的桥梁。"

从那一场音乐会开始，"天使知音沙龙"每年都会为自闭症孩子举行一场公开的演出，年复一年、坚持不懈，向外界传递"星星的孩子"用音乐奏出的温暖和热爱，也用爱的力量，汇聚、凝结了社会各界的力量。为了给自闭症儿童创造更多接触社会的机会，"天使知音沙龙"的孩子们从此也变成了城交的一个"小尾巴"，城交演到哪里，就把孩子们带到哪里。

2010年至今，曹鹏为自闭症孩子举办的公益音乐会，年年都办，年年都有新的感动。面对很多第一次来观赏演出的好友，他都会自豪地介绍："这是我们吹圆号的孩子，他的进步很大，你能给我们吹一下吗……非常好！谢谢你！"接着，他又介绍一个演奏长号的小朋友，在和第三个吹小号的孩子互动的时候，孩子小声地问他："吹什么？""吹什么都可以！"曹鹏鼓励道。没想到这个孩子竟然吹起了国歌，整个音乐厅的观众都开始鼓掌帮他打拍子。"好！真没想到你能把国歌吹得这么好，国歌很难吹的。"曹鹏笑着对孩子说。

与自闭症儿童共同演出《彼得与狼》

曹鹏经常会带着孩子们去上海大剧院、东方艺术中心表演，让他们在最好的音乐厅表演，就是希望能用音乐打开他们的心。更让曹鹏惊喜的是，其中几个孩子在音乐上所表现出的禀赋，比健康的孩子还要棒："一个吹圆号的孩子对乐理上的理解特别到位，而浩浩的音准也要好于普通孩子。"

曹鹏说，上海有很多志愿者都在关注自闭症孩子这个群体，"像我这个年龄能够和志愿者一起服务，我很高兴。我现在九十多岁，但是我和他们在一起，就觉得自己很年轻"。

　　过年时，这些孩子来家里看望曹鹏，他们会上前来吻他、抱他，向曹鹏喊："曹爷爷好！曹爷爷我爱你！"曹鹏真的很感动。有一次，音乐会演到一半的时候，有个敲木琴的孩子竟然走过来敲敲曹鹏的背，还敲敲他的指挥台。曹鹏没有阻止孩子，他心里知道，那是孩子发自内心地跟自己亲近。

曹爷爷与自闭症儿童一起演出

　　有一次，是为乡村教师项目举行一次慈善音乐会，当孩子们手握乐器依次在舞台上落座，灯光亮起，整个音乐厅内掌声雷动，曹鹏跨上指挥台，随着他手中那根轻巧的指挥棒一起一落，动听的音符刹那间在听众耳畔响起。这是他参加众多公益专场音乐会中的一次，也是他为乡村教师培训设置的一项课程。"交响乐并不是阳春白雪、高不可攀的，相反，音乐可以提高修养、丰富学识、启迪智慧。能有机会带着孩子们为这些乡村教师演出，我很高兴，因为他们是影响孩子的人。"

曹鹏在演奏间隙，和大家分享了一部他喜欢的苏联电影《乡村女教师》。曹鹏说："乡村条件很艰苦，那里教师的工作、品格，非常值得我们尊敬和赞扬，所以一听到有这样一个能为他们服务的机会，我说我一定要来。能请他们到上海来听一场交响乐，对他们而言非常重要，教师的文化素质提高了、眼界开阔了，他们回去带领孩子们就会不一样。"

音乐会结束后，曹鹏邀请台下的乡村教师们走到台前来："不要紧，大家一起来，难得有这样的机会，你们一起来给我力量。"在他的鼓励下，不少年轻教师走上前来。曹鹏将最基础的指挥动作手把手教给大家，随后带领着教师们一起指挥了一段《卡门序曲》，台下的观众也纷纷举起双手参与进来，甚至有几个学龄前孩子也跟着节奏像模像样地打起了拍子。对于大多数乡村教师来说，与交响乐如此近距离亲密接触并参与其中，恐怕是第一次，此时此刻，每个人脸上都洋溢着发自内心的笑容，整个大厅变成了欢乐的海洋。

曹鹏总说，自闭症的孩子尤其需要社会各界的关爱，他们应该被理解、被尊重，那要怎样才能让他们摆脱自我封闭的世界？唯有尝试用音乐的力量来找寻这把钥匙，但究竟打开哪一扇窗户才是他们的春天？道阻且长，但我们已经在收获改变。

2022年12月，97岁高龄的曹鹏又再度精神矍铄地站上了东方艺术中心的舞台，为"星星的孩子"举起指挥棒。从2010年至今，除了2021年因疫情被迫暂停，每年一次、整整12场音乐会，曹鹏从未缺席。他为自闭症孩子们振臂高呼，为他们凝聚社会力量，一同来关爱和呵护他们。曹鹏引用别人的话说："一个富有的人，无论是物质上的富有，还是精神上的富有，他应该不仅仅是一个富人，他还应成为别人的'贵人'。我希望自己能成为别人的'贵人'。"

当晚，曹鹏依旧盛装出席，一袭黑色燕尾服，雪白的衬衫、挺括的领结，头发梳得一丝不苟……毕竟年事已高，他的步伐有些缓慢，却坚持在主持人张民权的搀扶下，一步步走到舞台中央，坐上高脚凳，他神情严肃看向乐队，指挥棒轻轻扬起，铜管吹出第一声号角……

《养鸡场上的舞蹈》活泼而富有节奏感，对管乐声部要求很高，如果不是曹鹏提前"介绍"，并没有太多人能发现，在这支乐队的管乐声部中有11名自闭症孩子，他们都是"天使知音沙龙"培养出的孩子，之后考入了上海城市青少年交响乐团。他们用手中的乐器模仿动物的声音，雄鸡啼鸣，惟妙惟肖。

在当晚演出的曲目中，李斯特的《匈牙利狂想曲》是曹鹏特别加入的，在舞台上，他分享了选择这首曲目的初衷和作曲家一段鲜为人知的故事。

"李斯特在他所在的时代，是古典乐当仁不让的顶流，号召力比我们现在的明星可大多了。"曹鹏讲故事，还是一如既往地不失风趣："李斯特出名到什么地步呢？就是大街小巷、大大小小的乐团，都在演奏他的作品，他也收了很多学生，凡是他的学生参与的演出，无论到哪里，票卖得都很快，人们听到李斯特这个名字就趋之若鹜。有一次，他来到德国一个偏僻的小镇，看到小镇的教堂里挂着一幅演出海报，海报上那位要开音乐会的姑娘，宣称自己是著名钢琴家、作曲家李斯特的学生。李斯特百思不解，自己好像没有收过这样一位学生。于是在音乐会举行前，李斯特特地去看排练，当他出现在姑娘面前，姑娘吓得浑身颤动、脸色苍白，因为她明白谎言即将被拆穿。犹豫良久，她抽泣着说出了自己的孤苦身世，并央告李斯特不要拆穿她——因为如果她不写是李斯特的学生，音乐会的票就卖不出去了，而她也无法用自己的演奏费用来贴补家用。李斯特并没有责怪她，而是和蔼地跟她说，我们一起来想想补救的办法。李斯特让姑娘把当晚音乐会要演奏的曲目当场弹给他听，他边听边指点她，直到她的演奏让他满意为止。最后，他爽快地告诉这个姑娘，现在你可以大胆地上台演奏了，因为现在你已经是我的学生了。为了证明师徒关系，你还可以跟剧场经理要求增加一个曲目，而作为你的老师——我，要为我的学生献奏一曲。"

　　用李斯特的故事，曹鹏想要告诉大家的是，艺术家不仅仅要有艺，还要有德，就是一颗慈悲包容的大爱之心。

　　当晚的演出，在曹鹏的故事讲述中，又一次获得了空前成功，谢幕时，观众纷纷拍照留念发朋友圈并写下感人话语。自2010年第一届音乐会就受到曹鹏感召、成为"天使知音沙龙"志愿者的主持人张民权，也在当晚的朋友圈里贴出九宫格照片作为留念，并感慨："当全场一起高唱《星星之歌》，整个剧场里涌动着浓浓的爱的暖流。"事实上，当孩子们手举星星，而观众以手机作为照明，剧场里从舞台往观众席望去，那是一片璀璨的星空，而与星空一起闪烁着的是家长们眼中晶莹的泪花。很多人见证了这一动人时刻，也深深感受到了这股暖流带来的正能量。

张民权的感动并不仅仅是人们看到的这一面，而更多是为了曹鹏一家为这台音乐会在幕后的付出。并没有太多人知道，为了这场演出，曹鹏在家"自闭"了整整两天。当晚，在演出后台，曹小夏担忧地对老友张民权说："真不知道，今天爸爸的状态能不能完成这场演出，我们都有些担心。"原来，因这几天气候变化无常，骤然降低的气温让曹鹏有些不适，但音乐会紧张的排练，他却一日也不容耽误。忙碌了两个月，就在演出前一天，曹鹏却突然"自闭"了，他坐在家中那个他看书静思的沙发上，一言不发，不吃不喝，把夫人和一双女儿都吓坏了。直到临出门前往音乐会的那一刻，他才仿佛从梦中醒来，原来，老爷子是在为音乐会积聚能量，等待厚积薄发的那一刻。

虽然那场音乐会曹鹏未能指挥全场，但无论是他挥棒的气度、与孩子们的默契配合，还是那个精彩的故事分享，都成为这台音乐会的定海神针，让每个台上的人都有了底气和信心。他是团队的灵魂，也是所有自闭症孩子的信任和依靠。诚如很多在台下看到泪目的家长所说：

"看到曹爷爷在台上，我们就很放心自己的孩子，他们愿意听从他的指挥，不论是演奏乐曲或是在人生之路上，跟着他的指挥棒，你永远不用担心孩子会走丢或迷失，他就像是一盏灯，照耀着他们破开重重迷雾，走向光明之道。而得益于曹老师一家的鼓舞和帮助，我们也不会再迷茫或彷徨，不会一味埋怨命运的不公，而是面对现实、坚定向前！"

微光聚拢，照耀前方的路，星光四射，拓宽人生的路。是曹鹏一家人，如天使般带着"星星的孩子"，在这座温暖的大城，遍遇知音。曹鹏，就是星源！

2019年3月，上海市教育发展基金会、上海曹鹏音乐中心和上海复旦大学校友会在南京东路世纪广场合办"为爱放歌"慈善公益演出，曹鹏又率领着他的"子弟兵"们，在南京东路世纪广场举办世界自闭症日纪念音乐会，诠释该年自闭症日的主题"消除误区·倡导全纳"。

从铜管合奏《回旋摇滚》《号手志愿者》到五重奏《男子汉进行曲》《月亮代表我的心》，再到舞蹈《意大利童谣》《豆豆龙》，此次公演的主要演职人员是被称为"星星的孩子"的自闭症儿童，他们用乐器、歌声、舞步传递爱的音符，与观众沟通。94岁高龄的指挥家曹鹏亲自执棒，带领上海城市交响乐团、上海城市青少年交响乐团、上海学生交响乐团，以及"天使知音沙龙"的自闭症孩子们，共同演绎《天使拍手歌》《号手的假日》《龙舌兰》等经典曲目。活动最后，曹鹏还指挥台上、台下齐唱《我的祖国》，奏响最强音。

活动主办方邀请了上海一位城市诗人傅亮，专题创作了一首朗诵诗《星星在绽放》，曹鹏读了，觉得写出了自己对自闭症孩子们的一腔心声，在电台的专题直播采访中，他特地亲自朗诵了这首诗的片段：

走一走就近了，走一走就近了

有时，我们和远远的星星

也就是一步之遥的距离

靠一靠就亲了，靠一靠就亲了

有时，我们和暖暖的拥抱

也就是一线之隔的迟疑

这一片星空是你们的星空

有些孤单，远远地独自冥想与怅惘

但这一片蓝天，同样也是你们的蓝天

并不寂寞，真真切切地有我们的晴朗与热量

你们是闪光的星星

闪光的星星总有与生俱来的亮色

与美轮美奂交相辉映

我们并非永恒的太阳

却期待像一缕阳光洒在未知的心田

与本色天籁共享时光

走一走就近了

这一片星空，是你们、我们交融拥抱的星空

靠一靠就亲了

这一片蓝天，同样也是你们、我们共创的蓝天

第四章

用艺术实践提供"中国方案"

一件乐器、一个乐团,让社会认识了"星星的孩子"。

这些年,曹鹏带领来自上海的自闭症孩子们,在英国爱丁堡艺术节、阿伯丁国际青少年艺术节、意大利佛罗伦萨星星音乐会上大放异彩,帮助自闭症孩子登上国际舞台,并参与各类音乐会逾百次,让一个个濒临绝望的家庭看到了希望。

如何为自闭症孩子打开通往人生的大门? 这是一个世界性难题。但我们可以自豪地说:曹鹏与他的"天使知音沙龙",用艺术实践为全球提供了一个卓有成效的"中国方案"!

只有实实在在地为孩子们做些事,才有可能让他们改变自己的命运,真正地走出来。

面对鲜花与掌声,曹鹏开始了更为深入的思考与推进。

在"天使知音沙龙"基础上,为满足自闭症青少年接受教育的需要,"爱·课堂"项目应运而生。在这里,孩子们能学到各种基础知识,并参与社会实践,提升社交能力。而帮助他们完成这些课程的是志愿者随时随地的陪伴与教导。尽管曹鹏始终在努力用音乐打通"星星的孩子"与现实沟通的那扇门,但孩子们毕竟都会长大,紧随其后的问题,便是如何自力更生、独立生活。在上海曹鹏音乐中心先后创立"天使知音沙龙""爱·课堂"等公益项目后,曹鹏一家也意识到了自闭症青少年成长过程中面临的困境。

打开那扇门以后,还要打通融入社会的最后一段路!

曹小夏谈到了她在日本的经历,她说,在日本崇尚"身残志坚",鼓励残疾人出外工作,"我们时常能够收到号召,定时定点会有残疾人出来摆摊卖咖啡,我们会开车走很远的路过去支持。你会看到有那种简易的面包车,是按照轮椅能够通行的尺寸度身定制,面包车里有刚烘焙出炉的面包,还有咖啡"。

既然连残疾人都能获得这样的关注和帮助,为什么自闭症孩子要被"圈"在家里?"我们教他们学乐器、跳舞、绘画,但是发现他们没有文化、没技能不行,将来怎么工作呢?"在曹小夏看来,单单让孩子们学会弹奏乐器、能与人交流,还远远不够。让他们走向社会、独立生存,才是最终目标。因此,她想到了开咖啡馆的主意。在咖啡馆里工作,孩子们有机会接触更多"陌生人"和处理"突发情况",从而锻炼孩子们适应环境的能力。因此,自闭症患者社会实践基地"爱·咖啡"应运而生。

2018年,也就是"天使知音沙龙"成立10年后,为了帮助"星星的孩子"更好地适应社会,沪上第一个自闭症患者社会实践基地"爱·咖啡"，在环境优美的静安公园8号开张。而随着这家"孤独咖啡馆"的悄然走红，曹鹏的爱心接力棒也从曹家的第二代传到了第三代，作为"爱·咖啡"的负责人，曹鹏的外孙石渡丹尔也走入了人们的视线。

从高中起，就以志愿者的身份与"星星的孩子"一起成长，石渡丹尔坦承，"爱·咖啡"的创意并非凭空产生，陪伴的过程是建立信任的过程，从最初的"天使知音沙龙"到后来的"爱·课堂"，孩子们从漠不关心到愿意听取志愿者的建议或要求，再将注意力也转移到音乐上来，最后甚至能组成管乐队，完成一场正式演出……这是一个漫长的过程。

2018年，最早一批参加沙龙的孩子已经长大成人。如何帮助他们就业，成为家长和志愿者们的心病。"我们经过调研发现，自闭症青少年走上社会，多数只能从事一些简单重复性工作，比如，在图书馆摆放书籍、在运动服装店摆放衣物，或者从事手工艺品制作等。为此，才有了'爱·咖啡'自闭症实践基地公益项目。"石渡丹尔希望每个患者都能有一技之长。

咖啡馆，说到底是个服务行业，在接待顾客、倾听要求以及产品制作、递送的过程中，越来越多的陌生面孔出现在孩子们眼前，帮助他们学会与陌生人打交道、学会融入社会，就是一个现实课题。石渡丹尔坦言，选择咖啡并不是随意为之，也有出于陪伴孩子们的考量："咖啡的制作方式简单易学，同时出杯率高，自闭症孩子在咖啡馆可以拥有更多时间与志愿者交流。"

如果你去过"爱·咖啡",一定会率先被那个彩色logo所吸引,那是由一个自闭症儿童天天设计的。那是一个用五颜六色的拼板拼成的A,拼板是自闭症孩子最喜欢的玩具,他们往往拼一次就能记住,而严丝合缝的拼板,也很符合他们一丝不苟的个性和刻板重复的特质。推开咖啡店的门,200平方米的店面里分布着几张盖着格子布的方桌,桌子被各色的凳子围着,如果是第一次来,顾客很容易将这里认成是某个学校的活动室。实际上,从进门的那一刻起,志愿者的陪伴工作就开始了。

志愿者唐莉每周都会抽出时间去"爱·咖啡"。大多数情况下,她会点一杯拿铁,度过接下来的三小时,有时候,她还会故意征询一下咖啡师的建议,"你想做什么,那就来杯什么"。这种场景式的对话,目的就是鼓励自闭症青少年主动分享,主动交流。任何普通咖啡馆可能发生的场景,"爱·咖啡"里一件都不会少。磨咖啡豆、撒咖啡粉、打奶泡,这里咖啡师的操作也几乎与其他同行别无二致。志愿者与店员的聊天也随时都会发生,咖啡种类有哪些?制作咖啡的步骤是什么?最近在做什么事……这些话题,都有可能成为一次志愿服务的"开场白"。

聊天看似简单,实则并不容易。自闭症孩子小林(化名)是到店最晚的,刚到店时还不能与人随时交流,唐莉与几位志愿者曾去店里看望他。有人问,"咖啡多少钱一杯",他懵住了,随口说了一句"三块",但没一会儿就又反应过来自己说少了,又补充说"五块";当有人询问他，"今天做了什么"，他又会天马行空地说自己学了一首诗，实际上那是很久之前学到的。每当遇到这种情况，志愿者不能表示出不耐烦，要耐心听完，并寻找对方可能有兴趣的内容展开交流。

石渡丹尔说，为了更好地服务自闭症青少年，每位参加活动的志愿者都要经过培训。在服务过程中，还会安排主管老师陪同，一旦有聊不下去的时候，还会有人紧急"救场"。如今志愿者来源不断扩大，逾6700余人报名参加了项目。很多志愿者来自不同职业，他们在聊天中，会为孩子们带来更多不同领域的知识。

"爱·咖啡"最早推出时，有这样的一段宣传语：

"如果一家咖啡店，不需要付费，只需与店员聊天，就能品尝到香醇美味的咖啡，你会去吗？"

"虽然这是一家特殊的咖啡店，只有报了名的志愿者才可以来喝咖啡，但来这里的客人必须要和服务员聊天，辅助他们做一些事，纠正一些错误。"石渡丹尔说，咖啡馆最开始营业的几天状况很多，客人说不加糖不加奶，店员就不能理解。"自闭症患者有一个特点，当你让他们做一件事时，他们格外专注刻板。他们做起事情来一丝不苟，喜欢重复和流水线操作，也就是现在年轻人常说的强迫症，过于复杂的要求，实际上是挑战他们的刻板。"

在这家特殊的咖啡馆里，客人若要更改订单，或是台号写错了，需要重新来过，服务员都得从"您好，欢迎光临，您要什么咖啡"开始，把既定程序再走一遍。而这些也希望顾客能够理解并及时纠正，石渡丹尔说："交流障碍和行为刻板是自闭孩子最大的障碍,成立'爱·咖啡'不是真的要让他们去卖咖啡,而是通过这一社会实践,让他们慢慢融入社会。"与此同时,也锻炼自闭症患者的逻辑思维和语言能力,哪怕需要重复百次万次努力,才能换来一次通畅的交流,也是值得。

就像千万次的排练不如一次登台,实践是帮助孩子们进步最好的机会。在"爱·咖啡"实践后,孩子们有了明显的改变。刘际元本来是典型的社交障碍,不愿意和人说话,后来竟会主动去跟别人说话,还能主动找话题。16岁的天天也因为有了咖啡馆的这份工作,重新燃起了希望,素来冷漠的他居然有一天主动对爸爸说:"爸爸,我爱你,你能不能陪陪我,不要去上班。"这样的撒娇,就一般的家庭而言可能是寻常,但居然从天天嘴里听见这样恋恋不舍的话,爸爸妈妈的眼泪顷刻就下来了。天天妈妈说:"以前也不够了解自闭症,其实天天很聪明,一页英文书,他翻开来拍三下手,就能背出来。他还拿过新加坡国际钢琴比赛的二等奖。但最初没有学校收他,我们只能送去特殊学校,和智力发育迟缓的孩子一起上学,他学不到任何东西,也没有进步,变得越来越孤独。是因为有曹鹏老师一家,有'天使知音沙龙',让我们看到了天天一点一滴的改变。"

"在咖啡馆里工作,孩子们一个下午说的话相当于以前一个礼拜说的话。"曹小夏说道。孩子们在咖啡馆里工作,不仅说话的"量"多了,"质"也得到了提升。来咖啡馆的志愿者会针对性地出一些难题,说一些孩子们可能听不懂的话,锻炼他们处理"突发情况"的能力,这也是活动现场孩子们有条不紊、秩序井然的原因。

2018年，"爱·咖啡·自闭症社会实践基地"正式在上海市青少年活动中心挂牌，曾经拒绝和外界交流的孩子们，现在能勇敢站到柜台前，向客人介绍："我们的咖啡是免费的，但可以接受爱心捐助。"2021年，"爱·咖啡——自闭症实践基地公益项目"又将咖啡店开到了汉中路188号，如同城市一道特殊的风景线，每天都有志愿者从四面八方赶来，他们利用一杯咖啡的时间，陪伴自闭症患者，帮助他们融入社会。

这家咖啡店，如今仅卖四个品种的咖啡饮品，也没有甜点，但始终热闹而温馨。为了方便人们更好地帮到"星星的孩子"，咖啡店的顾客不需要付费，却需要一些简单的培训，下午1点到3点，小店每日就营业两个小时。在这里，陪伴不是零碎的、复杂的，而是场景化的、具体的。正是有了这种简约但不简单的陪伴，自闭症青少年打开心门，学习与人交流，并试探着进入社会的所有可能。

学一技之长，过上简单幸福生活。孩子们的进步，让大家看到了希望。天天妈妈说："我的希望很简单，就是想如果未来有一天，他能有一份简单的工作，跟这个社会有交流，就是幸福人生……"而石渡丹尔也说："希望他们能越来越好地沟通，我们能探索一条属于他们这个群体的成长之路，让他们找到自己在社会中的价值，让他们快乐地生活下去，找到属于自己的人生。"

据统计，我国目前自闭症人群已经超过1300万，其中，14岁以上人群约800万人。据《中国自闭症教育康复行业发展状况报告》，我国自闭症现患率和其他国家相似，约为1%。大龄自闭症孩子的就业还处于民间探索阶段。公益的力量、社会的爱心令人感动，但也应该看到，自闭症孩子更需要的是对就业、生活、养老制度化的保障和帮扶，需要专业的教育和培训。曹鹏一家人的实践，无疑具有十分现实的推广价值。

"哈佛大学、耶鲁大学的自闭症研究专家每年来沙龙考察，明确告诉过我们，外国教材没办法套用到中国孩子身上。"石渡丹尔说，由于缺乏有效治疗手段，中国的自闭症患者恢复缓慢，"上海有很多自闭症相关的民间机构，多以学龄前孩子为疗愈对象，水平参差不齐"。

"天使知音沙龙"成立18年来，汇聚了5000多名青年志愿者，其中不少是城市交响乐团的团员，他们认识到，音乐不仅仅是为自己，还可以服务社会。在曹鹏的言传身教下，他们传承他的理念，坚持连续为自闭症儿童义务服务，开始由打击乐手沈璘带领他们入门，以后根据他们的特长和爱好，建立了"天使知音合唱团""铜管五重奏""管乐小合奏"等比较专业的队伍。作为"天使知音沙龙"年龄最大的志愿者，仅2017—2019年，曹鹏就为自闭症儿童排练演出、改编乐谱、参加各种活动400余小时。志愿者中有南模的、上海交大的，也有从南模考到上海交大的，毕业后就加入了城交，无论事业发展或是职位升迁，无论是单身还是成家生娃，城交就像他们的另一个家，是"时间之外"的理想国，工作之余始终坚持，不抛弃、不放弃。这些看似平常的同台演出，给自闭症家庭带来了希望和慰藉，也在年轻的城交团员们心中，播下了爱的种子。

"打击乐对这些比较特殊的孩子来说，可能上手比较容易一点，我就觉得这是一份爱心，也是曹老师给我们的一种传递。"打击乐声部乐手王维瑜学的是学前教育专业，是一位工作在徐汇的幼儿园老师，不仅在"天使知音沙龙"做志愿者，爱音乐爱孩子的她也会把交响乐知识带回给校园里的宝贝们。

而在汪宁眼中，不苟言笑的曹鹏内心的大爱，都藏在了舞台上下的点点滴滴里。"自闭症孩子难以控制自己，有时我们一起演奏，他的木琴棒子挥来挥去，我们眼睁睁看到是砸到爷爷的，但是他很坦然，他就还是抱着这种爱心，说着'没关系，没关系'，在台上这样去呵护孩子们。无论是说爷爷也好，长辈也好，我们其实看着很感动。城市交响乐团、'天使知音沙龙'，曹爷爷花了很多的心思在里面，他是一个对我们来讲身体力行的榜样。"

汪宁有些哽咽，"我们平时私下里比喻他像一座在海边的灯塔，他为我们指引了人生道路的方向，整个城交团队里面的团员，其实一直在受到他以身作则的感染和影响，你现在看他在舞台上指挥很潇洒，很舒展，但是他在台下就是很安静。我们就感觉到，他是很安静在那边休息，调整自己；我们在国外演出的时候，他也会跟我们玩在一起、生活在一起，开开玩笑，但是一上台，在排练的场合，就能够感受到他坐镇在那边指挥，我们就要开始排练了"。

在城交，像汪淳、汪宁、王维瑜这样从学生交响乐团开始，十几年、二十几年跟着曹鹏一路长大的团员不在少数，这里是他们工作之外延续音乐爱好的一个家。其中还有一对在乐团相识相恋的年轻人赶在"双十一"之际脱单，特地给大家带来了喜糖。

"音乐让我们进入南模交响乐团，在乐团中成长了很多，学到了很多，也有机会通过南模再加入学生交响乐团，因为对音乐的共同爱好，那个时候就认识了我的另一半。"乐团小提琴手、准新娘甘璐告诉记者，"肯定会觉得爷爷很辛苦，但是爷爷对指挥、对音乐的热情影响到我们"。而从上海学生交响乐团，上海城市青少年交响乐团，到上海城市交响乐团，曹鹏父女俩实际上为上海构建起了一个业余交响乐团的成长阶梯。随着沙龙的知名度提高，更多的人加入了志愿者的队伍，上海交通大学、上海大学、南洋模范中学、上海师范大学附属中学的学生，还有很多专业院团的演奏家，只要有需要，他们夹着琴、拿着乐器就过来了，甚至连美国费城交响乐团的演奏家和世界著名小提琴家宓多里教授等国际友人，也都亲自参与了对自闭症孩子的关爱活动。很多志愿者在帮助孩子们的同时，自己也在成长，他们学会了爱，学会了付出，他们的精神得到了升华。

支持着父亲一路走来，一起全身心投入公益事业的曹小夏说："不管下雨，不管再冷再热，大家就是一下班就冲到这里，所以我觉得其实挺开心的。"

一个晴朗的上午，上海众仁花苑敬老院迎来了一群特殊的小客人，"天使知音沙龙"的志愿者们带着孩子们来到敬老院，举行了名为"用爱和音乐回报社会"的联欢活动。原上海译制片厂配音演员赵慎之为自闭症孩子们写了一首诗——《我爱蓝天的星星》，城交的演奏员们当场为她的诗朗诵配了乐；敬老院的几个老爷爷为孩子们排练了男生小组唱《卖报歌》。自闭症的孩子们则为老人们带来了铜管小重奏、木琴演奏，他们还伸出左手、伸出右手、互相击掌、有节奏地拍打背部，用"手舞足蹈"表达他们的快乐。最后，全场又一同唱起了《同一首歌》和《如果幸福你就拍拍手》。这是"天使知音沙龙"给自闭症儿童上的又一堂社会教育课，让他们在得到社会关爱的同时，也能用自己小小的爱心进行回报，更好地融入社会。

2010年10月20日，由共青团上海市委主办的"公益面对面"首届"青年影响社会"上海十大最具潜力公益项目评选大会上，"天使知音沙龙"在"最具潜力"十大公益项目评选中位居榜首。2014年初，"天使知音沙龙"再次入选上海2013年度"十大青年公益项目"。

在"2019感动上海年度人物"揭晓活动上，一群特殊的孩子来到舞台，为国家一级指挥曹鹏演奏了一曲《感恩的心》。95岁的曹鹏挂着拐杖，站着听完了整首曲子。"我一生能奉献，这是最幸福的大事。"曹鹏一字一句，说得很有力。"只要对他们有耐心、有爱心，就能用音乐打开他们的心扉。"

从"天使知音沙龙"到"爱·课堂"，再到"爱·咖啡"，技能帮扶，点亮"星空"，曹鹏引领着身边的人一步步往前迈，每一步都充满艰辛，但无论遇到多少困难、遭遇多少挫折，曹鹏一家和广大的志愿者们都没有想过要放弃。多年来始终追随父亲脚步的曹小夏说："相比自闭症家庭，相比那些自闭症孩子的父母所承受的压力和困难，我们遇到的困难都不算什么。但哪怕这条路布满荆棘，我们也不会停下脚步，唯有仰望星光，执着前行，希望总在前方！"

余　音

"莫道吾今九十寿,俯首甘为交响牛。"

　　曹鹏用理想书写人生征途,用音乐展示文化力量,用奉献滋养文明沃土,用品格赢得世界赞誉,用大爱诠释城市精神。在国际乐坛久负盛名的指挥家曹鹏,是上海文化艺术界、教育界最名副其实的先行者和示范者,也是广大艺术家和教育工作者的人生楷模和行动榜样。

　　据《解放日报》2019年3月16日报道,在上海南京东路世纪广场的快闪表演《我和我的祖国》,用涌动的热忱,把陌生的人们紧紧凝聚在一起,引领了向新中国成立70周年献礼的热潮,耄耋指挥家曹鹏携女儿夏小曹和曹小夏的倾情参与令人动容。这场快闪由中央电视台新闻频道和东方卫视中心大型活动团队联合策划,并拍摄制作成了一段不足5分钟的视频,持续在朋友圈刷屏,精简版视频还上了央视新闻联播。

　　时年94岁的指挥家曹鹏,一早就在南洋模范中学指挥了一场排练,中午时分赶到拍摄现场。上海城市交响乐团的20位乐手,早已带着乐器,从四面八方来到世纪广场。曹鹏站在中央,被不断涌来的人群层层围住。一开始指挥，他就忘了自己的年龄，四处走动，十分投入。他的眼神，他的动作，把大家紧紧连接在一起。指挥这样一首歌，对这位新四军老战士来说，格外动情。去年夏天，在罗马机场，坐在轮椅上的曹鹏曾指挥正在候机的上海城市交响乐团乐手们即兴演奏《我爱你，中国》，视频流传到网上，引得网友纷纷点赞。这次，周围簇拥着成百上千人，他更加激情澎湃。曹鹏的大女儿、上海城市交响乐团团长曹小夏说："这么多人同唱一首歌，让人感到一股强大的力量涌上心头。"

"曹老在现场指挥的幅度非常大，他的精气神深深地感染了我们。""力量之声"组合成员宋罡说。虽然在不同的场合，"力量之声"已经将《我和我的祖国》唱了许多遍，但这一次很不一样。"这次唱得不是最高亢的，但却是最走心的，我们希望用歌声柔软地去触碰人们的心。"虽然是学院派歌唱组合，但"力量之声"一直希望能走出象牙塔，直接面对观众，这样一次快闪，就是与观众最近的距离，最好的互动。

其实，他们已是快闪"老手"。2018年在罗马机场，因为飞机延误，上海城市交响乐团在曹鹏指挥下，即兴快闪演奏了《我爱你，中国》，轰动一时。

曹鹏动情地回忆说：

每次身处海外，不论在哪里，总有一种思乡情绪，总想歌唱祖国。那些对祖国的热爱和眷恋，全都在音乐里。

从新四军老战士到交响乐普及志愿者，从著名指挥家到自闭症孩子们最爱的"曹爷爷"，近一个世纪的光阴，曹鹏对于奉献与爱的坚守从未改变。"趁我干得动，你们尽管用！"这是曹鹏常对身边人说的一句话。

2019年4月26日夜，来自沪苏浙皖的9支合唱团队近600位合唱队员，齐聚上海大剧院，带来了一场"艺江南"合唱音乐会。一开场，94岁的指挥家曹鹏登上舞台，带领台上、台下近2000人共同唱响《我和我的祖国》，以嘹亮的歌声献礼新中国70华诞。"今年我94岁了，但一登台就变成了49岁。"精神矍铄的曹鹏一拿起指挥棒，就调动了全场的热情。演出结尾，曹鹏再度登台，台上、台下观众同唱《歌唱祖国》，全场再次沸腾。

2021年6月，在静安区江宁路街道主题党日活动中，96岁高龄的著名指挥家曹鹏，作为街道党龄最长的老党员，带领新党员们进行入党宣誓。当"90后"的曹鹏与"90后"新党员们共同高声宣读入党誓词，在场的每一个人都为之动容。现场，曹鹏向年轻党员们讲述了自己的入党经过，他动情地说："每年党的生日，我都感慨万千，今年特别激动。非常荣幸能够见证党的百岁华诞，看到祖国的繁荣昌盛，看到建党百年的丰硕成果，心里无比自豪。虽然自己年事已高，但还是希望能继续为党的事业多做贡献。"

2021年12月15日，第十三届"爱在城市"自闭症专场音乐会暨上海市曹鹏公益基金会成立仪式，在捷豹上海交响音乐厅举行。台上，96岁的指挥家、"全国道德模范"曹鹏，指挥与之相伴13年的"天使知音沙龙"自闭症孩子们，带来了精彩的演出；台下，爱心企业、爱心人士纷纷施以援手，踊跃捐助。

这场长达一个半小时的音乐会，三分之二以上的节目都由这些"星星的孩子"参演。这群在外人眼里无法正常交流、正常生活的孩子，在舞台上成了真正的主角，他们弹奏美妙的旋律，跳起爵士舞展现热情，小号三重奏、低音号合奏、弦乐合奏等颇有难度的演出也一一呈现。一位现场观众说："整场音乐会，就像一个奇迹，让这个冬夜如此温暖！"

"这些年，自闭症孩子们身上的变化令我们欣喜。"曹鹏说，"十几年前来到'天使知音沙龙'的孩子，总是低着头，沉默不语。如今的他们，不仅可以在舞台上演奏，文化课也学得不错。他们都是聪明的孩子，只是他们的耳朵没被打开。只要多一点耐心，多一点爱，一定能用音乐唤醒他们的耳朵"。

基金会成立短短三天，捐款已超百万元人民币！在这"奇迹"的背后，有着一支强大的队伍。上海市曹鹏公益基金会成立后，将继续开展"爱·课堂""爱·咖啡"等关爱自闭症患者的项目，未来还将通过资助开展儿童健康宣教、自闭症康复科学理论和实践研究、残障人士的生活关爱和生命关怀、志愿者培训培养等方式，使自闭症患者及其家庭获得应有的生命尊重和生活保障，使关爱自闭症患者的项目向品牌化方向发展，也让更多爱心企业和爱心人士参与关爱自闭症患者的行动。

曹鹏的家，在一幢位于苏州河畔的大楼里，每一天黎明，他都要迎着晨曦，推窗注视两岸日新月异的滨水风情，内心不息的情怀，随着阵阵清波，向这座大爱之城倾诉衷肠；每一次入夜，他也要迎着闪烁亮丽的霓虹，凭窗眺望璀璨活力的街景，心中跳跃的灵感，随着四射光影，为这座不夜城的未来牵动那根有力挥动的指挥棒。98岁的曹鹏还在用行动，不遗余力地为上海这座城市增添色彩和温度。

曹鹏是1944年参加革命的新四军老战士，从青年到壮年，他的音乐生涯一直与国家的命运连在一起。音乐是曹鹏一生的挚爱，属牛的曹鹏，把自己称作"交响牛"，他把一生都奉献给了指挥事业，奉献给了国家和人民。深耕于海派艺术源头、活跃于国际交流码头、挺身于开拓奉献潮头，他那一段跨越两个世纪、长达90余年的人生实践，值得被新中国记取、值得被不夜城颂扬。曲折艰难的奋斗、百折不回的坚守、独树一帜的风格、独特求新的探索、无私忘我的奉献，折射出一位优秀共产党人和杰出艺术家的初心和品格，无疑是激励人民大众的精神财富和价值导向，是上海建设人民城市、提升城市软实力、倡扬城市精神的生动启迪和现实教材。

著名作家彭瑞高曾经这样评价：

曹鹏的硬汉精神和铁骨柔情，"军人风骨"恰恰是一个重要的注释。他对孩子们的爱，对音乐走向民间的执着，难道不正是一个91岁的老战士对世界最深情的凝望吗？

2021年，在第十一届"中华慈善奖"评选中，曹鹏荣获慈善楷模称号。在他70多年的指挥生涯中，不仅因高超的音乐造诣而享誉海内外，更因博大的慈善情怀而备受尊崇，他用近一个世纪的时光，谱写着城市间一曲曲关于音乐与爱的交响……然而面对种种赞誉和表彰，务实的他总说，希望大家不要把目光聚焦在他身上，他愿意是一个媒介，将这份万众瞩目转移到自闭症患者这个特殊的群体，希望大家多多关注孩子们。

谈及用音乐做公益，他只有一句话：

还能做公益、做慈善，是我这个年纪的人最大的福气。

虽然荣誉等身，但曹鹏至今仍在不懈追求他心中的"文教结合"之梦：

教育界、文艺界"本是同根生"，皆属德、礼之根。我这一辈子能脚踏"文、教"两只船，荡起青春双桨，撑起公益大舵，畅游五线，畅游四海，幸哉！

心怀大爱，这位不忘初心的城市楷模，用最为朴实的语言，道出了从未放弃的目标和对人生最为深刻命题的回答：

如果音乐是一座金矿，我愿做一名永不言弃、永不退休的老矿工，用一生的挚爱和激情不停地挖掘，不停地开采，因为这座金矿中有道德的真谛、文明的精华、人性的光辉……

从他挥动的人生中，我们听见了一位共产党员内心最美的交响回声，这也是一位杰出艺术家和道德楷模对世界最为美好的祝福：

我经历过吃不饱的日子，经历过出生入死的日子，我很高兴看到建党百年，看到今天中国国富民强，看到一个充满希望的时代。

我们和谐的生命伴随着爱在快乐地歌唱，永远散发着芬芳。

美丽的鲜花在处处绽放，美好的一切正在开始。美丽的心灵啊，快来接受艺术的馈赠……

扣魂悟道，与美同行。大爱交响，响彻世界！

附　录

曹鹏大事记

1925年12月，出生于江苏省江阴市；1945年参加新四军文工团；1949年进入华中建设大学，后进入山东大学文艺系学习指挥。

新中国成立后，先后担任上海和北京电影乐团指挥，曾指挥《龙须沟》《智取华山》等数十部电影音乐。

1955年，考入莫斯科柴可夫斯基音乐学院歌剧、交响乐指挥系，师从著名指挥家列奥·莫兹维奇·金兹布尔克教授；学习期间，多次指挥莫斯科音乐学院交响乐团、莫斯科交响乐团，举行音乐会并指挥演出歌剧《塞维利亚理发师》；1960年指挥全苏广播交响乐团举行中国作品专场音乐会，并首次在海外演出小提琴协奏曲《梁山伯与祝英台》等中国优秀作品。

1961年3月12日，曹鹏毕业回国，担任上海交响乐团常任指挥；1962年应邀担任上海歌剧院指挥，在上海首演歌剧《蝴蝶夫人》。

1975年，率上海交响乐团赴澳大利亚、新西兰等国家和中国香港地区进行访问演出。

1981年2月，应邀担任上海音乐学院客座教授，任教指挥专业。

1982年8月，在大世界夏季露天音乐会上连演30场。

1985年10月，为纪念奥尔夫诞生90周年，指挥上海乐团在我国首演大型清唱剧《卡尔米娜·布拉纳》。

1986年应邀指挥福建省歌舞剧院连演24场交响音乐会，掀起福州市交响乐热。

1988年，兼任上海室内乐团团长、首席指挥；同年9月任上海乐团艺术总监、首席指挥及上海声乐爱好者协会主席。

1990年4月，为纪念柴可夫斯基诞生150周年，率上海乐团130人赴苏联列宁格勒，于大音乐厅演出两场音乐会；同年7月应邀赴美国，参加坦戈坞音乐中心为期两个月的50周年大庆，出席波士顿中国音乐研讨会，于曼纽斯音乐学院讲学。

1993年3月，兼任马可·波罗交响乐团艺术总监、首席指挥；与香港HNH国际唱片公司合作录制系列中国交响乐作品大全CD，同年应邀指挥上海民族乐团演出。

1994年1月，兼任上海市中学生（南洋模范中学）交响乐团顾问、首席指挥。

1995年7月，应邀赴中国台湾指挥高雄市交响乐团等，首次与女儿夏小曹合作同台演出；同年8月为纪念抗日战争胜利50周年，指挥多次千人参加的广场音乐会；同年11月率上海乐团赴新加坡，参加亚洲艺术节并与国际音乐大师、印度音乐之神香卡合作。

1996年起，指挥上海乐团举办交响乐发展史系列讲解音乐会；同年2

月，为庆贺个人70诞辰及从艺50周年，在上海音乐厅举办音乐会。

1997年6月，兼任上海市大学生交响乐团（上海交通大学）艺术总监、首席指挥，并被聘为上海交通大学兼职教授；同年11月，应邀赴葡萄牙，指挥里斯本大都会交响乐团举行音乐会，再次与女儿夏小曹合作同台演出。

1998年5月，应邀赴香港指挥香港中乐团，并与钢琴演奏家刘诗昆合作演出；同年10月，指挥上海广播乐团、上海大学生交响乐团在上海大剧院演出。

1999年，纪念《梁山伯与祝英台》问世40年，第三次与女儿夏小曹合作同台演出。

2010年，担任上海学生交响乐团首席指挥。

2013年，受聘为上海大学音乐学院名誉院长。

2021年12月31日，参加"梦圆东方·2022东方卫视跨年盛典"。

2022年1月，加盟"中央广播电视总台2022网络春节晚会"。

曹鹏主要荣誉

1945年—1949年，获华东军区文工团二等功、三等功、普通功。

1949年—1953年，获上海、北京电影局"先进工作者""模范工作者"荣誉称号。

1986年，获上海市文学艺术界联合会"首届上海文学艺术奖"。

1990年，获上海市文化局"一九八九年度局先进工作者"荣誉称号。

1991年，获国务院"表演艺术突出贡献证书"及"特殊津贴"。

1994年，先后载入美国世界名人录、美国世界名人传记学会及英国剑桥名人传记中心名录。

1995年，获中华人民共和国文化部、中华人民共和国人事部"全国文化系统先进工作者"荣誉称号。

2009年，获中共中央组织部"全国离退休干部先进个人"荣誉称号。

2009年，获中共上海市委组织部"上海市离退休干部先进个人"荣誉称号。

2009年，获第七届中国金唱片组评委会"第七届中国金唱片组评委会指挥奖"。

2011年，获上海市精神文明建设委员会办公室、上海市慈善基金会"第五届上海市慈善之星"荣誉称号。

2012年，获中共上海市委统战部、上海市人力资源和社会保障局、上海市公务员局"上海市统一战线（工作）先进个人"荣誉称号。

2012年，获中共上海市委宣传部"上海市宣传系统创先争优优秀共产党员"荣誉称号。

2013年，获上海市教育委员会"上海市终身教育工作先进个人"荣誉称号。

2013年，获中共中央组织部"2012年度上海群众文化个人先进奖"。

2014年，获中共中央组织部"全国离退休干部先进个人"荣誉称号。

2014年，获上海市精神文明建设委员会、上海市志愿者协会"2012-2013年度上海市杰出志愿者"荣誉称号。

2015年，获中国老龄事业发展基金会"全国首届最美敬老志愿者"荣誉称号。

2016年，获中共中央宣传部、中央文明办"全国最美志愿者"荣誉称号。

2016年，被全国宣传推选志愿者服务"四个100"先进典型活动组委会授予全国志愿服务"四个100"先进典型。

2016年，获爱丁堡艺术节"亚洲艺术奖终身成就奖"。

2017年，获中华人民共和国文化部、中央文明办"2016年文化志愿服务典型"荣誉称号。

2017年，被授予中国儿童少年基金会"自闭儿童关爱基金终身爱心大使"荣誉称号。

2018年，为表彰在上海城市文明建设和教育事业发展中做出突出贡献者，上海市教育发展基金会倡议并设立了"关爱青少年成长特别贡献奖"，成为首批获奖者。

2019年，获中共上海市委宣传部、上海市文明办"光荣与力量——2019感动上海年度人物"荣誉称号。

2019年，被国务院残疾人工作委员会授予"全国助残先进个人"荣誉称号。

2019年，被中共中央、国务院、中央军委颁发"庆祝中华人民共和国成立70周年"纪念章。

2019年，被中共中央宣传部、中央文明办、全国总工会、共青团中央、全国妇联、中央军委政治工作部授予"第七届全国道德模范提名奖"荣誉称号。

2019年，获上海市教育发展基金会"铭志善举"荣誉证书。

2019年，入选中华全国妇女联合会"最美家庭"。

2019年，为"中国网事·感动2019"二季度获奖人——"一个世纪的志愿者"。

2019年，获上海市"最美奋斗者"推荐人选。

2019年，获中国文学艺术界联合会和中国音乐家协会颁发的中国音乐金钟奖"终身成就音乐艺术家"荣誉称号。

2021年，被中华人民共和国民政部授予"第十一届中华慈善奖-助人为乐奖"慈善楷模称号。

2021年，被中共中央宣传部、中央文明办、全国总工会、共青团中央、全国妇联、中央军委政治工作部授予"第八届全国助人为乐道德模范"荣誉称号。

2023年，被上海市民政局授予"上海首届慈善奖"。

致　谢

"申光计划"丛书由"申光计划"丛书编委会编,上海市教育发展基金会、上海工商界爱国建设特种基金会提供资助,由上海人民出版社、学林出版社出版。

上海市教育发展基金会于1993年正式成立,30年来始终秉持"支持教育、服务教育"的宗旨,牢记为党育人、为国育才的使命,积极凝聚社会各界力量,汇成襄助教育的不竭源泉,设立的系列人才培养计划、专项基金、资助项目等形成了诸多品牌,有力助推了上海各级各类教育事业的发展,受到了政府部门、社会各界的高度肯定和广泛好评。"申光计划"与上海市教育发展基金会之前已实施的"曙光""晨光""阳光""普光""星光"及"联盟"计划等品牌一脉相承,形成系列,同时通过独立运作,进一步深化公益服务内涵,提升基金会组织服务社会的功能。

成立于1992年的爱建特种基金会是我国改革开放后第一家民营企业——爱建公司的发起人股东,其首任理事长刘靖基曾任全国政协副主席,是老一辈民族工商业者的杰出代表。参与发起"申光计划",对于爱建特种基金会来说,即发扬爱建"爱国建设"的光荣传统,做好新时期的社会公益工作。近年来,爱建特种基金会认真贯彻落实党的十八大、十九大和二十大精神,强化依法开展社会公益活动意识,大力弘扬慈善文化,进一步提升爱建特种基金会的品牌影响力。

本书在编辑出版过程中,得到以下专家学者(按姓氏笔画为序)的悉心指导和大力支持:

王伟、邢建榕、权衡、吴强、吴雪明、闵辉、沈飞德、洪民荣、徐昀昉、高渊、高德毅、熊月之等提供了很好的评审、修改意见;

王树滨、王海燕、王增藩、计琳、宋艳雯、卢铭德、刘念驹、李吉林、吴晗怡、吴默晗、余瑾芳、张田岚、张有斐、张利雄、张浩平、陆婧、陆佩珏、陈军、陈丽娜、赵家圭、胡廷楣、夏斌、曹畏、曹以楫、董少校等参与书稿的整理、补充和润色。

上海金融文化促进中心及计琳、沈文韬、徐汇、黄沂海、黄音、曹小夏等提供图片支持。

凌悦扬参与史料整理。

谨向以上单位和个人深表谢忱。

图书在版编目（CIP）数据

大爱交响：曹鹏传 / "申光计划"丛书编委会编.
--上海：学林出版社，2023
（"申光计划"丛书）
ISBN 978-7-5486-1944-4

Ⅰ.①大… Ⅱ.①申… Ⅲ.①曹鹏—传记 Ⅳ.
①K825.76

中国版本图书馆CIP数据核字（2023）第130835号

责任编辑	尹利欣　李沁笛
封面设计	肖晋兴
内页装帧	居永刚　沈　梅
特约审校	陆海龙

"申光计划"丛书

大爱交响——曹鹏传

"申光计划"丛书编委会 编

出　　版	学林出版社
	（201101　上海市闵行区号景路159弄C座）
发　　行	上海人民出版社发行中心
	（201101　上海市闵行区号景路159弄C座）
印　　刷	上海盛通时代印刷有限公司
开　　本	720×1000　1/16
印　　张	22.75
字　　数	21万
版　　次	2023年8月第1版
印　　次	2025年1月第2次印刷
	ISBN 978-7-5486-1944-4 / K·232
定　　价	168.00元